供应链智慧仓配运营

主　编　王晓凤　胡永锋
副主编　刘玉花　乔伦伦
参　编　张　霞　马子翔　黄　强　范　崩
主　审　李朝鹏

北京理工大学出版社
BEIJING INSTITUTE OF TECHNOLOGY PRESS

内容简介

仓配业是现代物流业的重要组成部分，在国民经济发展中居于重要地位。目前，我国仓配业快速发展，许多先进的物流设备与技术得到了广泛的应用，如自动分拣系统、机器人、无人机等。

《供应链智慧仓配运营》是供应链运营专业的核心课程之一，旨在培养学生在供应链仓配领域中应用智慧技术进行运营管理的能力。通过对《供应链智慧仓配运营》课程的学习，使学生能够全面了解供应链智慧仓配运营的概念、作业及流程；掌握供应链智慧仓配的概念、供应链仓配系统的构建、供应链智慧仓配的规划与设计、供应链智慧仓配经营管理、供应链智慧仓储管理、供应链智慧配送管理、供应链库存控制管理、供应链仓配绩效管理、供应链智慧仓配数字化运营的内容，能够正确进行相关作业的管理与执行；具备管理意识、职业素养、质量意识、环保意识、安全意识、信息素养、工匠精神、创新思维等综合素质。

本教材可作为高等职业院校物流专业的教学用书，也可作为相关企业的岗位培训和自学用书。

图书在版编目（CIP）数据

供应链智慧仓配运营 / 王晓凤，胡永锋主编.
北京 ：北京理工大学出版社，2024. 6.
ISBN 978-7-5763-4184-3

Ⅰ. F25-39

中国国家版本馆 CIP 数据核字第 2024J639Q9 号

责任编辑：王梦春　　**文案编辑**：芈　岚
责任校对：刘亚男　　**责任印制**：施胜娟

出版发行 / 北京理工大学出版社有限责任公司
社　　址 / 北京市丰台区四合庄路 6 号
邮　　编 / 100070
电　　话 / （010）68914026（教材售后服务热线）
（010）68944437（课件资源服务热线）
网　　址 / http：//www. bitpress. com. cn

版 印 次 / 2024 年 6 月第 1 版第 1 次印刷
印　　刷 / 三河市天利华印刷装订有限公司
开　　本 / 787 mm×1092 mm　1/16
印　　张 / 14.75
字　　数 / 373 千字
定　　价 / 75. 00 元

前言

当今信息技术的快速发展正引领着供应链领域的革命性变革。现代信息技术如物联网、人工智能、大数据分析和区块链等在供应链中的应用取得重大进展，实现了仓储和物流的数字化转型。这些技术的应用不仅提高了供应链的效率和可见性，还为企业提供了更强大的战略决策支持，同时也促进了可持续发展实践的蓬勃发展。

党的二十大报告提出，要“加快发展物联网，建设高效顺畅的流通体系，降低物流成本”。目前，我国已经初步构建了“通道+枢纽+网络”的物流运行体系，国内物流市场规模连续7年位居全球第一。以创新驱动发展，实现联动融合。网络货运、数字仓库、自动分拣系统、无人码头……当前，物流领域新业态、新模式加速涌现，信息技术、新型智慧装备广泛应用，现代产业体系生产质量不断提升，既为物流创新发展注入了新活力，也加快了现代物流业数字化、网络化、智慧化进程。

“十四五”规划提出要加快开发现代物流转型升级新功能，推进重点产业供应链体系建设，发挥供应链核心企业组织协同管理优势，搭建供应链协同服务平台，提供集贸易、物流、信息等多样化服务于一体的供应链创新解决方案，打造上下游有效串接、分工协作的联动网络。贵州牛郎关智慧物流园库区的二期项目将以硬件设施支撑发展为核心，打造具备信息化、网络化、智能化、平台化功能，集信息交易、集中仓储、配送加工、多式联运、辅助服务和产品批发交易中心等于一体的智慧物流仓配体系。利用现代技术持续加快物流信息化、标准化和智能化升级，提高物流基础设施的系统性、兼容性，着力扩大辐射范围，全面提升贵阳物流枢纽的综合竞争力。

本书为校企合作的新型教材，深入分析了物流企业及其相关部门的仓配岗位所应具备的操作技能和管理能力。本教材以实际的仓配作业流程为导向，以岗位所需的职业能力为基础，结合学生的实际情况和职业要求，对课程教学内容进行了合理的组织与整合，旨在帮助学生培养与实际工作需求相符的职业技能。本教材理论与实际相结合，使学习者能够独立或合作完成仓配任务，并对完成任务的效果进行科学、合理的评价。

本教材由河北机电职业技术学院王晓凤和胡永锋担任主编，负责全书构思设计、内容优化和定稿工作，王晓凤教授负责编写项目一，胡永锋完成项目二和项目九，刘玉花副主编负责编写项目三、项目五和项目七，乔伦伦副主编负责编写项目四、项目六和项目八，张霞和马子翔担任参编，参与部分微课的录制和习题的编写工作，李朝鹏教授担任主审，负责全书的统稿和校验工作。河北交投怡亚通供应链服务有限公司总经理黄强和深圳市怡亚通供应链股份有限公司范崩参与编写了部分企业案例，提供了企业供应链仓配运营岗位的相关素材，并在全书的编写过程中给予了大力支持与协助，在此表示诚挚的感谢。

本教材参考了大量的国内外专家、学者的论著和文献，引用并采纳了其中鲜明、精辟的观点和见解，在此向各位专家、学者致以诚挚的感谢。

由于编者水平和经验有限，书中难免有欠妥和错误之处，恳请物流界的专家学者和广大读者批评指正，多提宝贵意见，使本书日臻完善。

编　者

目录

项目一　供应链智慧仓配概述

项目概述

物流是供应链中的一部分，仓配是物流中的重要环节。仓配就是仓储配送，是仓和配的结合。智慧仓配具有节省仓储成本和运输成本，提高存货周转率，改善客户体验的优势。本项目从供应链环境下的智慧仓配出发，讲解供应链与智慧物流的相关知识，分析供应链环境下的仓配发展现状。

项目导航

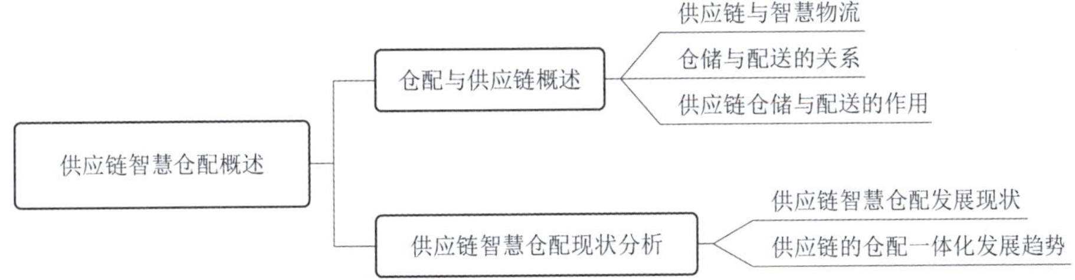

学习目标

知识目标：

了解供应链的基本结构与特点；
了解供应链与物流的关系；
掌握供应链下仓储与配送的概念及关系；
掌握供应链仓储与配送的作用；
了解传统仓配与智慧仓配的区别；
了解供应链智慧仓配的发展现状；
掌握供应链智慧仓配未来的发展趋势。

技能目标：

能够讲述供应链智慧仓储与配送的概念和内容；
熟悉供应链对仓储和配送的需求；
能够讲述当前供应链智慧仓配的发展状况。

素养目标：

培养协同运作的供应链思维模式；
培养供应链仓配运作所需的市场意识、竞争意识和成本意识。

任务一 仓配与供应链概述

一、供应链与智慧物流

（一）供应链概述

1. 定义与内涵

供应链是指围绕核心企业，从配套零件开始，经过供应、加工，制成中间产品以及最终产品，最后由销售网络把产品送到消费者手中的，将供应商、制造商、分销商直到最终用户连成一个整体的功能网链结构。一般来说，供应链包括以下基本要素。

①供应商。供应商指为生产厂家提供原材料或零部件的企业。

②厂家。厂家即产品制造企业，是产品生产的最重要环节，负责产品生产、开发和售后服务等。

③分销企业。分销企业是为将产品送到经营地理范围内每一角落而设立的产品流通代理企业。

④零售企业。零售企业是将产品销售给消费者的企业。

⑤消费者。消费者是供应链的最后环节，也是整条供应链的唯一收入来源。

2. 供应链的基本结构模型

供应链的四个组成部分分别是供应商的供应商、核心企业的供应商、客户及客户的客户。其中，每个企业作为一个节点，节点企业之间形成了一种供需关系。如果想要对供应链的构建和设计进行有效的指导，必须深入了解和掌握供应链结构模型。

（1）链状结构模型。

如图 1-1-1 所示，链状结构模型 1 是最简单的一种静态模型，显示了供应链的轮廓概貌和基本组成。商品要经过供应商到制造商再到分销商的三级传递才能从供应源到达需求源，而且在商品运输过程中，还经历了加工、装配等转换过程。经过消费者的使用后，最终产品会回归大自然，完成物质循环。

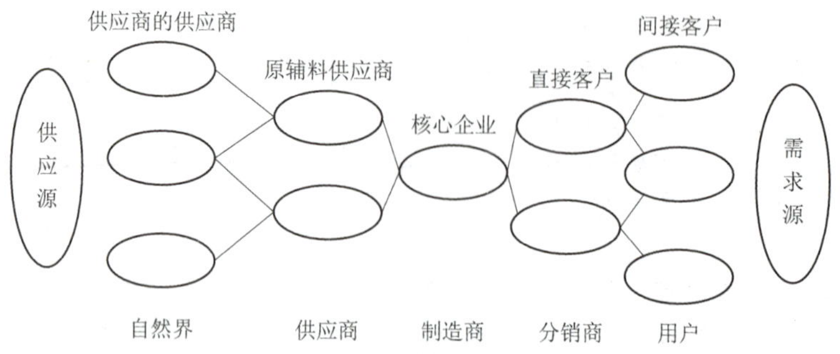

图 1-1-1 链状结构模型 1

如图 1-1-2 所示，链状结构模型 2 在模型 1 的基础上进一步地抽象，把商家看作一个个节点，所有商家按照特定的顺序串联在一起，构成一条链，而产品的供应源和需求源都被掩盖了。模型 2 更有利于对供应链中间过程进行研究。

在模型 2 中，如果 C 表示制造商，那么 B 就是一级供应商，而 A 则是二级供应商，以此类推。当然，如果 D 表示一级分销商，那么 E 就是二级分销商，以此类推。对于企业而言，应该为分销商和供应商设立多个级别，这对充分掌握供应链的整体运作情况更有利。

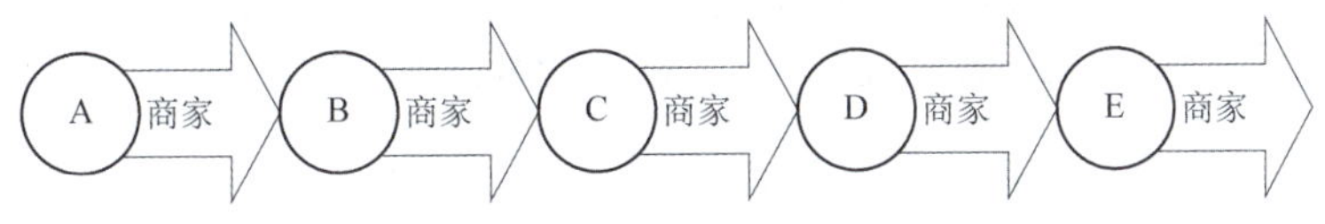

图 1-1-2　链状结构模型 2

（2）网状结构模型。

从图 1-1-3 可以看出，供应链实际上不是链状的，而是呈现复杂的网状结构。它是一个供应和需求的网络，在这个网络中，企业可以有许多供应商，也可以有许多用户。

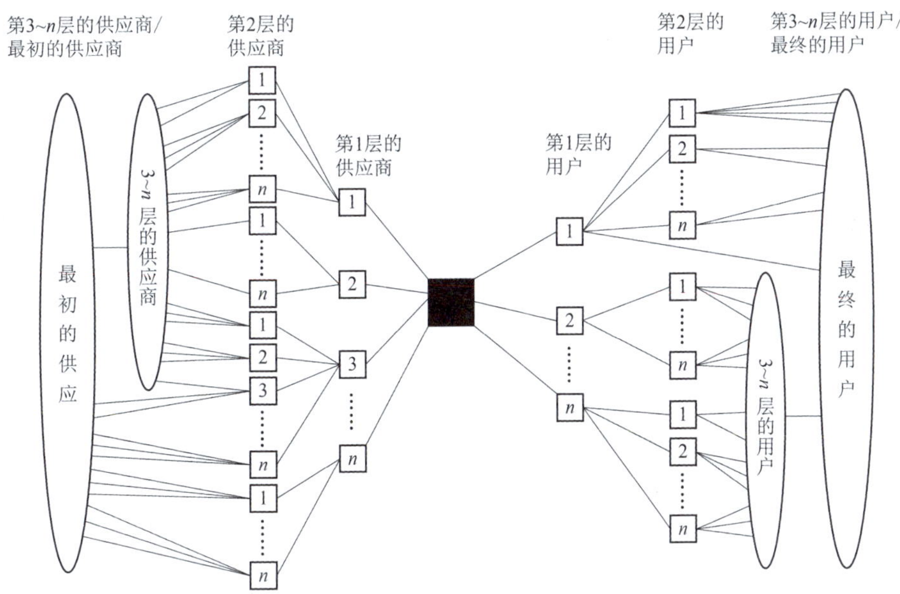

图 1-1-3　网状结构模型

■—核心企业；□—核心企业供应链中的成员企业

3. 供应链的特点

①复杂性。因为供应链节点组成的跨度（层次）不同，供应链往往由多个、多类型甚至多国企业构成，所以供应链结构模式比一般单个企业的结构模式更为复杂。

②动态性。为适应企业战略和市场需求的变化，供应链管理需要动态更新节点，这就使得供应链具有明显的动态性。

③面向用户需求。供应链的形成、存在、重构，都是基于一定的市场需求而发生，并且在供应链的运作过程中，用户的需求是驱动信息流、产品/服务流、资金流的源动力。

④交叉性。对于产品而言，每种产品的供应链都由多个链条组成。对于企业而言，每个企业都可以是某个链条的成员，同时又是另一个链条的成员。众多的链条形成交叉结构，增加了供应链协调管理的难度。

⑤创新性。供应链扩展了原有的单个企业的物流渠道，充分考虑了供应链整个物流过程以及影响此过程的各个环节和因素。它向着物流、商流、信息流、资金流各个方向同时发展，形成了一套相对独立而完整的体系，因而具有创新性。

⑥风险性。供应链的需求匹配是一个持续性的难题，供应链上的消费需求和生产供应，始终存在着时间差和空间分割。通常，在实现产品销售的数周或数月之前，制造商必须先期确定生产

的款式和数量，这一决策直接影响供应链系统生产、仓储、配送等功能的容量设定，以及相关成本的构成。因此，供应链上的供需匹配隐含着巨大的财务风险和供应风险。

（二）供应链与物流的关系

供应链是物流运营的平台。目前，物流管理的范围已经扩大到整个供应链，企业对物流的关注已经延伸到了供应链的全部环节。供应链与物流之间的关系主要体现在以下几个方面。

1. 物流是供应链中的一部分，并服务于供应链

物流不等同于供应链，物流管理也不等同于供应链管理。物流是供应链中的一部分，除了物流活动以外，供应链还包括采购、生产制造等活动。物流解决的是物资的合理流动问题，并协同商流、信息流和资金流共同服务于采购、生产、分销与客户服务等供应链环节。供应链活动中，有相当大的部分涉及物流活动，物流活动组织的效率很大程度上影响了供应链运营的效率。

2. 物流活动的优化已经延伸到了整个供应链

随着传统企业管理走向供应链管理，企业的物流活动也拓展到了整个供应链。也就是说，企业对物流活动的优化已经不局限于企业自身，而是要从供应链的视角来考虑整条链上物流活动的优化，这个物流又称供应链物流。所谓供应链物流，就是以物流活动为核心，协调供应领域的采购、生产制造和销售领域的客户服务和订货处理业务，包括对涉及采购、外包、转化等过程的全部计划和管理活动及全部物流管理活动。更重要的是，它也包括了与渠道伙伴之间的协调和协作，涉及供应商、制造商、销售商和第三方物流企业等。

3. 物流的形态会随着供应链的变化而变化

十余年来，随着商业的加速变革，特别是电商的高速发展，传统商业纷纷从线下走到了线上。近两三年来，线上和线下又走到了一起，并进一步融合，形成了新零售商业模式。一方面，电子商务使得供应链渠道更加扁平化，让品牌商与消费者的直接对接有了可能，物流的形态也从传统的 B2B（business to business）物流走向了 B2C（business to customer）物流，从合同物流走向了快递。另一方面，随着供应链线下和线上渠道的进一步融合，消费者可以线上下单线下提货或者商家提供送货上门服务，物流的形态又从传统的 B2B 物流、基于电商的 B2C 物流走向了面向周边消费者的末端 B2C 物流配送。

（三）供应链物流与智慧物流的发展

供应链物流是为了顺利实现与经济活动有关的物流，协调运作生产、供应、销售活动和物流活动，进行综合性管理的战略职能。供应链物流是以物流活动为核心，协调供应领域的生产和进货计划、销售领域的客户服务和订货处理业务，以及财务领域的库存控制等活动，包括涉及采购、外包、转化等过程的全部计划和管理活动及全部物流管理活动。

1. 传统物流与现代物流

传统物流将主要力量集中在仓储和库存的管理上，而有时又把关注点放在仓储和运输方面，以弥补在时间和空间上的差异。

而现代供应链物流是为了满足消费者需要而进行的从起点到终点的原材料、中间过程库存、最终产品和相关信息有效流动及储存的计划、实现和控制管理的过程。它强调了从起点到终点的过程，提高了物流的标准和要求，是各国物流的发展方向。

学习案例
阿里智慧供应链中台 2.0

知识拓展
供应链物流发展趋势

2. 智慧物流的应用与发展

（1）智慧物流的内涵。

智慧物流是具有感知、分析和思维能力，可进行自主决策的物流形态。它集成应用先进的物联网技术、大数据技术、传感技术、控制技术、人工智能技术于物流活动的各个环节和主体，在有效感知和高效学习的基础上实现整个物流系统的智能化、自动化运作和高效率优化管理，从而降低成本，减少自然资源和社会资源消耗。

智慧物流中的新技术、新管理、新模式是智慧物流区别于传统物流的主要方面，如图 1-1-4 所示。新技术的应用使得物流的无人化、数据化、可视化成为可能，也使得物流中感知、分析、决策、执行等各环节更加精准高效。

由此延伸，如图 1-1-5 所示，智慧物流存在三大系统，即物流大脑的智慧思维系统、物流网络的信息传输系统和物流自动化的作业执行系统。

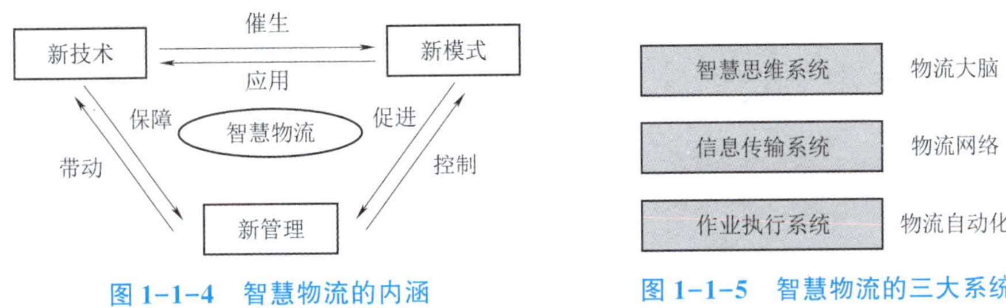

图 1-1-4　智慧物流的内涵　　图 1-1-5　智慧物流的三大系统

智慧物流是物流互联化、全程数智化、作业自动化、产业链一体化的智能系统，在智慧物流时代，物流与产业链和供应链深度融合，成为产业经济的新基础设施。

（2）智慧物流的发展历程。

智慧物流是物流发展的高级阶段，是现代信息技术发展到一定阶段的必然产物。智慧物流的发展经历了粗放型物流、系统化物流、电子化物流、智能物流和智慧物流 5 个阶段，如表 1-1-1 所示。粗放型物流是现代物流的雏形，系统化物流是现代物流的发展阶段，电子化物流是现代物流的成熟阶段，而现代物流的未来发展趋势是由智能物流向智慧物流发展。

表 1-1-1　智慧物流的发展历程

发展阶段	时间	特点
粗放型物流	20 世纪 50 至 70 年代	专业型的物流企业很少，大部分企业自成体系，没有行业协作和大物流的意识。盲目扩张生产使企业很快不能维持下去，迫使企业放弃原来的大规模生产消费型经营模式，寻找更适合的物流经营模式，以降低成本
系统化物流	20 世纪 70 年代末到 80 年代初	系统化物流时期的特点表现为新技术和新模式的出现，企业对物流的理解从简单分散的运输、保管、库存管理等具体功能，上升为对从原料采购到产品销售整个过程的统一管理，开始在物流成本和效益方面做文章
电子化物流	20 世纪 90 年代中后期	电子化物流时期的特点主要包括三点：第一点，电子化物流需要借助互联网来开展业务运作；第二点，电子化物流体系以满足客户对物流服务的需求为导向，让客户通过互联网参与物流运作过程，以更好地实现以客户为中心的物流服务发展目标；第三点，电子化物流注重追求供应链整体的物流效果，供应链合作伙伴之间通过互联网建立起密切的业务联系，共同为提高供应链物流的效率和效益以及降低物流运作的总体成本和时间占用而努力

续表

发展阶段	时间	特点
智能物流	21 世纪以来	智能物流时期的物流运营呈现精确化、智能化、协同化的特点：精确化物流要求成本最小化和零浪费；智能化是指物流系统需要智能化地采集实时信息，并利用物联网进行系统处理，为最终用户提供优质的信息和咨询服务，为物流企业提供最佳策略支持；协同化，是利用物联网平台协助，实现物流企业上下游之间的无缝连接
智慧物流	2009 年我国提出“智慧物流”概念	随着人工智能、物联网和大数据技术的不断发展，智慧物流已经成为许多行业企业关注的焦点。未来，这种趋势将会越来越明显

（3）智慧物流的特征。

与传统物流相比，柔性化、社会化、一体化和智能化是智慧物流的典型特征。

1）柔性化。

柔性化本来是为实现“以顾客为中心”的理念而在生产领域提出的，即真正地根据消费者需求的变化来灵活调节生产工艺。物流的发展也是如此，必须按照客户的需要提供高度可靠的、特殊的、额外的服务，“以顾客为中心”的服务内容将不断增多，其重要性也将不断增强，如果没有智慧物流系统，柔性化的目的是不可能达到的。

2）社会化。

随着物流设施的国际化、物流技术的全球化和物流服务的全面化，物流活动并不仅仅局限于一个企业、一个地区或一个国家。为实现货物国际性的流动和交换，以促进区域经济的发展和世界资源优化配置，一个社会化的智慧物流体系正在逐渐形成。构建智慧物流体系对于降低商品流通成本将起到决定性的作用，并成为智能型社会发展的基础。

3）一体化。

智慧物流活动既包括企业内部生产过程中的全部物流活动，也包括企业与企业、企业与个人之间的全部物流活动。智慧物流的一体化是指智慧物流活动的整体化和系统化，它是以智慧物流管理为核心，将物流过程中运输、存储、包装、装卸等诸环节集合成一体化系统，以最低的成本向客户提供最满意的物流服务。

4）智能化。

智能化是物流发展的必然趋势，是智慧物流的典型特征，它贯穿于物流活动的全过程，随着人工智能技术、自动化技术、通信技术的发展，智慧物流的智能化程度将不断提高。智慧物流不仅可以处理库存水平的确定、运输道路的选择、自动跟踪的控制、自动分拣的运行、物流配送中心的管理等问题，随着时代的发展，它还将不断地被赋予新的内涵。

知识拓展

智慧物流的新发展理念

知识链接

物流元宇宙

二、仓储与配送的关系

（一）仓储概述

传统的仓储定义是从物资储备的角度阐发而来的，进入 21 世纪，现代仓储不仅是传统意义上的“仓库”“仓库管理”，而且是在经济全球化与供应链一体化背景下的仓储，是现代物流系统中仓配一体化的一个重要环节。尤其是信息技术的快速发展与逐步普及，为现代仓储模式创新带来了很多机遇。

现代物流系统中的仓储，本身是一个动态的概念，是系统要素中的重要构成，它表示一项活动或一个过程，是以满足供应链上下游的需求为目的，在特定的有形或无形的场所，运用现代技术对物品的进出、库存、分拣、包装、配送及信息进行有效计划、执行和控制的物流活动。

（二）配送概述

配送是仓储功能的推进和延伸，是物流的一个缩影或在某一小范围中物流全部活动的体现，它是伴随人类城市化进程而产生的城区短距离物资的空间移动形式。经科学统计，城市配送的经济半径为 60 km 左右。从物流来讲，配送囊括了所有的物流功能要素，实质上是物流管理整体活动的浓缩。一般的配送集装卸、包装、保管、运输和物流加工于一身，通过这一系列活动实现物流全部或部分功能。

总之，配送是物流中一种特殊的、综合的活动形式，其将商流、物流同信息流、资金流紧密结合，不仅包含了商流、物流、资金流、信息流活动，也包含了物流中若干功能要素的延伸。

现代配送分类的依据仍然以功能为主，这是未来仓配分类的基础和前提。

①按仓储节点不同可分为配送中心配送、仓库配送、商店配送。

②按仓储商品种类和数量不同可分为少品种大批量配送、多品种小批量配送、配套成套配送。

③按配送时间和数量不同可分为定时配送、定量配送、定时定量配送、定时定路线配送、即时配送。

④按经营形式不同可分为销售配送、供应配送、销售供应一体配送、代存代供配送。

⑤按照空间位置不同可分为国内仓、海外仓、前置仓。

知识拓展

现代仓储与配送的内涵

（三）仓储与配送的关系

1. 仓储与配送的联系

从功能和逻辑演进方面看，先有仓储后有配送，配送是在仓储功能基础上延伸出来的一项综合性功能。

①仓储是配送的基础和前提。现代配送大部分都是在原有的仓储功能完备的基础上产生的，尤其是现代技术，首先在仓储业中使用，再逐渐在配送活动中推进。

②配送是仓储功能的立体化演进和扩展。现代配送活动基于市场需求，采取客户导向，实施功能驱动，利用现代技术支撑，进一步模糊了仓储与配送的功能边界。其是在电商企业进入后，在互联网技术的推动下发展起来的。配送功能在原有的仓储功能基础上，正在朝着立体化方向拓展，海外仓、融通仓、前置仓等仓配模式使得原有的仓配功能在金融、海关、零售等领域构建了一个经济生态圈。

③配送活动是物流管理流程的浓缩。从逻辑关系上看，配送与仓储互相包含对方的功能，具有属种与交叉的复合型关系。在互联网经济时代，电子商务活动对物流功能的整合趋势日益明显，现代物流在仓配一体化趋势下，已非传统意义上的物流功能的有形呈现，它包括所有可以为

客户增值的相关业务内容。在整个成本中，伴随资本有机构成全面提升，成本权重更倾向整合之后的配送活动。

2. 仓储与配送的区别

从传统意义上看，仓储与配送的主要区别如下。

①仓储属于物流相对静态的活动，配送则为物流动态性活动。

②仓储一般指内部存储与管理，配送则特指外部送达与相关延伸服务。

③仓储服务的内容相对具有单一性，配送则是一项综合性、复合性的服务。

表 1-1-2 从 6 个方面比较说明了仓储与配送的区别。

表 1-1-2　仓储与配送的区别

项目	配送	仓储
服务对象	特定用户	所有企业需求用户
功能	配送核心作业等功能	物流功能健全
辐射范围	小	大
配送特点	多品种、小批量、高频率	少品种、大批量
经营特点	以配送为主、储存为辅	储存、吞吐能力强
应用场景	货物的运送过程	货物的保存与管理

三、供应链仓储与配送的作用

（一）供应链对仓储的需求

1. 仓储在供应链中的作用

（1）保障生产顺利进行。

在生产、制造、加工领域，生产用的原材料需要不间断地供应，产成品下线后要有地方存放，这样才能保证生产连续进行。因此，仓储是保障生产顺利进行的必要手段。

（2）保障销售和订单履行。

在流通领域，为了能够及时满足消费者的需求，批发商或零售商需要储存一定量的商品以保证市场供应，这就形成了批发商仓储和零售商仓储，它们的作用就是保障销售。在电子商务时代，电商平台卖家需要事先在仓储配送中心备货，以便客户下单后能快速交付商品。仓储的作用之一就是保障订单履行。

（3）调节生产和消费、供应与需求。

仓储可以调节生产和消费之间的时间差别。许多产品的生产和消费存在时间差异，例如，空调的消费具有季节性，然而在销售旺季突击生产大批量的空调是不大可能的，也是不经济的，空调厂家只有安排全年性的均匀生产，将产品通过仓库储存下来，在销售旺季供应市场，才能达到经济生产的目标；而小麦是季节性生产，对小麦的消费则是全年性均匀地消费，同样需要利用仓储调节生产和消费之间的时间差别。仓储还可用来调节市场供求关系，维持市场稳定；当供大于求时，可将商品储存起来；当商品供不应求时，再将储存的商品投放市场，以此稳定市场供求关系。

（4）衔接运输、平衡产能。

仓储可以衔接不同运输方式，例如，衔接水路运输和公路运输，解决船舶和汽车运力不平衡的矛盾；仓储可以衔接上下游生产工序，作为中间在制品的储存场所，可以平衡上下游工序的生产，保证生产物流畅通。

(5) 协助运输整合和货物配载。

由于运输具有规模效益特性，运输的批量越大，单位运输成本就越低。运输整合是指将多种货物配载（轻重搭配、大小搭配等），以达到充分利用运输工具载重量和容积的目的，或者将众多供应商所提供的产品整合成一票运输，以实现大批量运输的目的。将多种货物配载或将多票货物整合成一票运输，需要通过仓储来实现，如图 1-1-6 所示。

(6) 承载物品分拣和转运。

物流过程中，往往需要根据客户订单内容或物品的流向对物品进行分类拣选、配货、打包，然后配载到不同的运输工具并送往各地的客户手中。在实际运作中，许多运输是不能从甲地直达乙地的，往往需要由甲地经过丙地中转再运往乙地，这就是运输中的“转运”。物品的分拣和转运都离不开仓储，如图 1-1-7 所示。

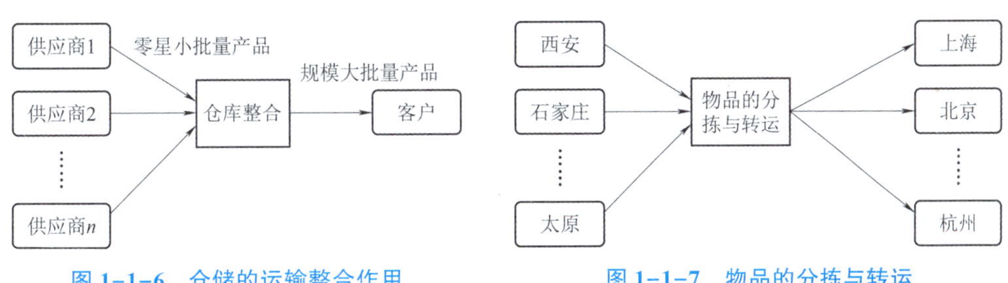

图 1-1-6　仓储的运输整合作用　　图 1-1-7　物品的分拣与转运

(7) 开展流通加工等增值服务。

在物流过程中，可以利用仓储阶段进行流通加工，既不影响商品的流通速度，同时又能更好地满足用户的需要，增加物流企业的效益。

(8) 市场信息传感器的作用。

仓储是市场信息的传感器。对于生产者来说，可以根据物品的库存信息，调整生产计划；对于经销商、批发商、零售商等流通者，可以根据物品的库存信息，决定订货计划；对于终端消费者，可以根据物品的存量信息，决定购买策略。

2. 现代仓储在供应链中的角色

随着物流行业的不断发展和进步，当前社会中的物流，已经逐渐向着供应链管理的方向发展，对于系统化、规模化的要求程度越来越高。众多企业将仓储作为供应链中的一个重要资源，仓储逐渐转变为一个具有重要意义的物流环节，形式从仓库逐渐转向配送中心。

在供应链中，仓储扮演着 4 个中心的角色。

(1) 库存控制中心。

库存是供应链运营的主要成本来源，而要管理库存、减少库存，就需要将其与仓储结合考量，形成库存控制中心，从而在供应链框架下对库存进行有效控制，实现总成本的降低。

(2) 调度中心。

仓储是供应链运营网络的重要节点，因此，仓储的选址布局与运作效率，直接关系到供应链的快速反应能力，在供应链中仓储必须扮演起调度中心的角色，不断提高精确度、及时性和灵活性，以满足客户需求。

(3) 增值服务中心。

现代仓储的价值不只是储存本身，在制造业的延迟策略下，供应链仓储业也提供后期组装、包装、打码、客户服务等增值服务，以增强供应链弹性，并提高客户满意度。

（4）技术应用中心。

在供应链一体化的管理进程中，各项现代管理技术和科技手段的应用必不可少。作为管理系统与硬件设施的综合体，人工智能、射频识别（radio frequency identification，RFID）、物联网等先进技术手段也开始广泛应用在仓储之中。

知识拓展

仓储在供应链管理中的目标

（二）供应链对配送的需求

配送端是供应链的一环，有围绕配送端打造的供应链，有围绕产品端打造的供应链，归根结底，就看供应链是为谁服务，链主是谁，需要产生什么价值。但正因为如此，在这个大流程中，如果配送端单独作为面对市场的产品，就一定需要特殊的定位，才能为供应链提供最大公约数的价值。

1. 配送在供应链中的作用

①完善了运输和物流服务。配送处于支线运输环节，协调性好，可以在干线运输实现低成本化的基础上，完善物流服务，适应顾客多品种、小批量需求特点，实现运输和仓储、装卸搬运等物流环节的合理化。

②提高了末端物流的经济效益。在配送方式上，可以通过增大订购批量实现经济批量，并且配送往往是将用户所需的各种商品集中起来或将多个用户小批量商品集中起来一起发货，既适应了用户的多品种、小批次的消费特点，也降低了物流运营成本，从而提高了末端物流经济效益。

③通过集中库存使企业实现低库存或零库存。实现了高水平配送之后，尤其是采取准时制配送方式之后，生产企业可以完全依靠配送中心的准时配送而不需要保持自己的库存。或者，生产企业只需保持少量保险储备而不必留有经常性储备，这样就可以实现生产企业的零库存，减少企业大量的储备资金，从而改善企业的财务状况。再者，集中库存实现了规模经济优势，降低了单位产品的存货成本。

④简化手续、方便用户。通过集货、配送等服务，用户只需向配送中心一处订货，就能达到向多处采购的目的。这一过程减少了订货等一系列环节的费用开支，简化手续，方便用户。同时，配送提高供应保证程度，使得用户因缺货而影响生产的风险降低。

2. 配送对供应链的增值潜力

配送作为物流系统的重要环节，具有很强的发展和增值潜力。配送流程的增值潜力具体表现在以下几个方面。

①减少库存。配送的流程有助于减少供应商的库存量，从而提高企业的库存管理效率，降低库存管理成本。

②降低采购和生产费用。由于配送系统的不断优化，配送线路的不断改进，订货的客户可以采取联合集中订货的方式，降低用户采购货物的成本，从而有利于产品生产成本的下降。

③形成规模经济。通过配送流程，可以有效提高货物的运输效率，从而推动运输规模经济的形成，进而缓解城市的交通拥堵和环境污染。

知识拓展

配送合理化的判断标志

素养园地

积极促进智慧物流发展

课后习题

仓配与供应链概述

任务二　供应链智慧仓配现状分析

一、供应链智慧仓配发展现状

（一）传统仓配与智慧仓配

1. 传统仓配的不足

传统物流仓配问题诸多。传统物流线上线下货品和仓库分离，各渠道数据不通、不全、不准，销售周期长，导致企业决策不准、不及时。库存无法共享，分仓不合理，甚至有单仓发全国的现象。遇到节假日需要提前大量备货，库存压力大，占用资金多，会给企业带来很大的运营困难。如果备货少，又容易断货，就会出现仓储配送弹性不足的情况。

2. 智慧仓配的进步

智慧仓配相较传统仓配的进步可归纳为以下几个方面。

（1）体系变革。

智慧物流实现了电子商务、云仓储系统、配送车辆、门店零售、智能快递柜的深度链接，从而打破了物流与商流、资金流、零售场景的传统边界，实现了线上线下的全面融合。智慧物流技术的应用与创新推动了新零售的发展，也带来了仓储与配送体系的变革。

知识拓展

新零售发展带动仓储与配送体系变革

（2）链接深化。

随着移动互联网的快速发展，大量仓储物流设施设备接入互联网。目前，我国安装使用北斗终端的重点营运车辆超过 700 万辆，大部分城市配送车辆建立了车联网系统，还有大量托盘、集装箱、仓库、货物接入互联网。物流连接呈快速增长趋势，以信息互联、设施互联带动物流互联，推动仓配系统在线化发展。

仓配在线化产生大量业务数据，使得物流大数据从理念变为现实，数据驱动的商业模式推动产业智能化变革，大幅度提高生产效率。其典型场景如表 1-2-1 所示。

表 1-2-1　仓配大数据的应用场景

应用场景	作用
数据共享	实现仓储数据互联互通，减少物流信息的重复采集，消除物流企业的信息孤岛
销售预测	利用用户消费特征、商家历史销售等海量数据，通过大数据预测分析模型，对订单、促销、清仓等多种场景下的销量进行精准预测，为仓库商品备货及运营策略制订提供依据
网络规划	利用历史大数据、销量预测，构建成本、时效、覆盖范围等多维度的运筹模型，对仓储、运输、配送网络进行优化布局
库存部署	在多级物流网络中科学部署库存，智能预测补货，实现库存协同，加快库存周转，提高现货率，提升整个供应链的效率
行业洞察	利用大数据技术，挖掘分析 3C、家电、鞋服等不同行业以及仓配、快递、城配等不同环节的物流运作特点及规律，形成最佳实践路径，为物流企业提供完整的解决方案

(3) 资源共享。

依托智慧物流技术高效地整合、管理和调度资源，整合社会闲散的仓库、车辆及配送人员等物流资源，通过仓库租赁需求分析、人力资源需求分析、融资需求趋势分析和设备使用状态分析等，合理配置，实现资源共享。

例如，通过搭建互联网平台，实现货运供需信息的在线对接和实时共享，将分散的货运市场有效整合起来，改进了运输的组织方式，提升了运输的运作效率。通过“互联网+智能仓储”，建立云仓网络共享系统，实现全国仓储资源联网，推动仓储资源的共享共用。

(4) 技术与设备创新。

智慧物流推动了智慧仓储与配送技术创新，传统的自动化立体库接入了网络，实现了“自动化+网络化”；先进的仓储机器人，通过自主控制技术，进行智能抓取、码放、搬运及自主导航等，使整个物流作业系统具有高度的柔性和扩展性；高速联网的移动智能终端设备，使物流人员操作更加高效便捷，人机交互协同作业更加人性化；送货机器人和无人驾驶飞机（unmanned aerial vehicle，UAV，简称无人机）研发已经开始在校园、边远地区等局部场景进入了实用测试阶段，并取得巨大进展。

学习案例

智慧医院物流供应链系统设计

（二）供应链智慧仓配发展特点

1. 信息化

在自动化和智能化的进程中，信息化是基础。信息化借助信息技术，改造流程、运营乃至协作模式，通过信息共享，实现资源的优化配置、业务的高效运作。

①信息技术的革新。整合条码、电子数据交换（electronic data interchange，EDI）、RFID、数据采集、地理信息系统（geographic information system，GIS）、全球定位系统（global positioning system，GPS）等技术，提供仓储配送业务一站式服务操作平台，支持物流业务各个环节之间的信息及时对流，规范业务流程。仓配实时监控技术能实时跟踪库内作业情况、配送货情况反馈等，对突发情况能够及时感知并调整。

②信息系统的构建。信息化的发展离不开信息系统的构建。在一条完整的供应链中，必然存在多个信息系统，而不同信息系统的设计目的在于为其服务对象提供价值。现代物流的信息系统规划需要采用“开放式的仓配一体化”系统架构模型，对内可以实现物流子系统之间无缝共享和交换数据的需要，对外需要与外部系统互联，从而从根源规避问题，发挥物流综合服务能力。

③信息互联互通。信息化推进的基础是信息的互联互通。只有依托信息的采集和应用，才能通过智能化为仓配活动进行有效指导，提升供应链效率，最终实现降本增效的目标。

2. 自动化

自动化是指机器设备、系统或生产、管理过程，在无人或较少数量的人参与的情况下，按照既定需求，借助自动检测、信息分析、操作控制等手段，自动实现预期目标。近年来，机器人等人工智能技术正在被广泛应用到仓配领域，以实现仓配自动化操作。而在实践过程中，自动化也是提升供应链运营效率的重要手段，有利于实现成本的削减。

仓配自动化实现和发展的三个阶段如表 1-2-2 所示。

表 1-2-2　仓配自动化实现和发展的三个阶段

阶段	需求
流程优化与整合	自动化的实现基础是畅通的供应链流程，如果流程过于复杂或需要过多人员临时决策，则必然难以实现自动化。 同时，如果业务流程相互孤立，同样会影响自动化的发展。因此，首先要对仓配和供应链上下游各个流程进行优化与整合，确保整个供应链流程能够连贯、顺畅
标准化	标准化是对流程优化与整合的进一步发展，仓配物流领域较强的操作性对标准化提出了更大的挑战。每个企业、每个供应链都可以根据自身实际制定标准，再以企业或联盟企业之间的标准为基础，逐渐形成统一的行业标准，进而确立为国家标准。在这样的过程中，任何标准的落实，对仓配、物流和供应链的发展都具有重大意义
全流程自动化	在仓配全流程的自动化过程中，系统通过数字化方式自动选择最佳的行动方案，并由系统、机器人自动执行。例如，“准时达”将物流过程切割为多段操作，并为每一段操作设计可能的仓储解决方案，借助无人小车等机器人技术，最终将所有的执行方案串联在一起，实现自动化运作。在这样的切割与自动化的过程中，“准时达”将整个流程从 25 步大幅简化为 5 步，并提前做好了预测和方案设计

3. 智能化

现代仓配业务处理，需要在短时间内对成千上万件货物进行采购、入库、出库、运输、分拣及配送，这些工作仅靠人力难免力有未及。事实上，当下的各种快捷消费体验，正是源自智能化的发展。

现代仓配正在加速走向智能化。然而，在智能技术的不断发展中，智能化的定义仍然不明确。仓配智能化通常表现为各种智能技术的应用，但在各类实践的背后，却蕴含三个层面的内容，如表 1-2-3 所示。

表 1-2-3　仓配智能化的三个层面

项目	特点
算法驱动	由于海量数据的采集和应用，供应链仓配开始运用算法驱动业务，如智能车货匹配和智能仓储等，从而提升效率、改善质量、获取更大的市场空间
自我进化	与传统的信息化管理相比，智能化管理的一个突出特征就是自我进化。在人工智能、深度学习技术的支撑下，无人机、无人车等智慧系统完全可以实现自我进化，而无须人工干预
全面智能化	智能化并不只是针对管理系统或设施、设备，而是各环节的全面智能化。小到 RFID 标签，大到机器人，都能够实现智能化，以帮助智慧系统快速了解商品

（三）现代供应链管理目标与仓配服务要求

1. 供应链管理目标

供应链管理主要涉及四个领域：供应、生产计划、物流、需求。

供应链管理的目标，是通过调和总成本最低化、客户服务最优化、总库存成本最小化、总周期时间最短化以及物流质量最优化等目标之间的冲突，实现供应链绩效最大化。

①总成本最低化。总成本最低化目标并不是指运输费用或库存成本，或其他任何供应链物流运作与管理活动的成本最小，而是整个供应链运作与管理的所有成本的总和最低化。

②客户服务最优化。供应链管理的实施目标之一，就是通过上下游企业协调一致的运作，保证达到客户满意的服务水平，吸引并留住客户，最终实现企业的价值最大化。

③总库存成本最小化。按照准时制（just in time，JIT）管理思想，库存是不确定性的产物，任

何库存都是浪费。因此，在实现供应链管理目标的同时，要使整个供应链的库存控制在最低的程度。

④总周期时间最短化。供应链之间的竞争实质上是时间竞争，即必须实现快速有效客户反应，最大限度地缩短从客户发出订单到获取满意交货的整个供应链的总时间周期。

⑤物流质量最优化。达到与保持物流服务质量的水平，也是供应链管理的重要目标。而这一目标的实现，必须从原材料、零部件供应的零缺陷开始，直至供应链管理全过程、全方位质量的最优化。

2. 现代供应链视角下的仓配服务要求

仓储配送是供应链不可或缺的重要环节，存货管理与控制是仓储企业与生产流通企业供应链的管理核心，仓配企业融入供应链产业链是仓储与配送的现代化发展方向。

仓配的核心是服务，是支撑供应链。基于这个定位，仓配服务应该要做到帮助品牌商/制造商（B 端客户）更好、更省地做好交易，为用户（C 端）带去更好的交付体验。不管是在生产侧还是消费侧，仓配都是以客户为中心的，要做到保真、保供、快速、安全、低成本。

（1）满足动态和多层次的需求。

仓配需求从它的产品端和销售策略端来看是动态化的。以商品生命周期的视角来看，在新品上市时，库存量很难满足全国销售的需求。但是，随着商品的上市、销售、从新品变成一个常规品，再到尾部销售的阶段，仓配需求量一定是有起伏的。商品的生命周期决定着仓内服务、仓储资源、区域的分布结构，选择配送的方式方法，包括性价比的结构，都应该和该商品的特征相吻合，实施动态的仓储服务。如果在整个商品的生命周期当中都使用单一的仓配服务模式，便无法与需求形成柔性的匹配。

同时，消费侧的促销活动，也会影响仓配需求。业务量大的时候能够满足客户需求，少的时候能提供较好的仓配服务体验，这是以高性价比的形式对客户进行成本管理。产品有季节的变化，旺季时动销率高，淡季就处于深度库存的滞销状态。在这种状态下，仓配服务要以优质的管理模式让货物在日常的保管当中实现成本最低化，并且在需要调用货物的时候能快速调配。

（2）最小库存支撑最大销售。

如何实现以最小库存支撑客户最大销售是仓配的价值所在。基于最小库存支撑最大销售，落脚点在三个一盘货上。

第一个是全渠道销售一盘货。最近几年，各个销售渠道的销售量占比越来越均衡化，全渠道销售库存共享通过指定库存共享、活动库存共享、比例库存分配等方式得以实现。第二个是线上线下一盘货。在库存上形成物理空间上的一盘货，在操作上将面向企业和面向消费者的订单分开处理，以这种方式实现线上线下一盘货。第三个是多发运渠道一盘货。

知识链接

消费品行业运营模式

（3）精益管理。

生产质量接近的情况下，仓配服务效益产生差距的原因在于是否进行精益管理，其主要体现在三个方面。首先是规划设计，包括整个场地、库位、设备和作业流程的规划。其次是作业流程管理，包括操作流程、库位和波次管理。最后是生产日常的组织，包括人员排班、绩效管理和工具优化等。

（4）自动化刚性与销售策略柔性的平衡。

自动化是仓配在生产资源组织上的必经之路，因此必须解决自动化天然的刚性和客户柔性需求之间的矛盾。为了平衡这一问题，对于新建仓库，可以针对平日计划性强、标准性强的生产组织实施自动化，同时必须形成人工的双通路。而对于旧仓库，可以通过运用自动化环节并结合传统的人工操作来实现。

二、供应链的仓配一体化发展趋势

（一）仓配一体化概述

1. 仓配一体化的概念

仓储和配送是物流服务升级的关键环节，在传统物流服务中，仓储和配送相互独立，导致物流运作时间长、差错率高；而在市场的推动下，传统物流服务开始向仓配一体化的新型仓配业态转型。

如图 1-2-1 所示，仓配一体化的基本模式是将收货、仓储、拣选、包装、分拣、配送等功能集成起来，使服务贯穿整个供应链的始终。比起各环节独立运行的物流服务模式，仓配一体化简化了商品流通过程中的物流环节，缩短了配送周期，提高了物流效率，促进了整个业务流程无缝对接，实现货物的实时追踪与定位，减少了物流作业差错率。同时，货物周转环节的减少，势必降低物流费用，降低货物破损率，可以根据供应链的性质和需求定制服务流程。

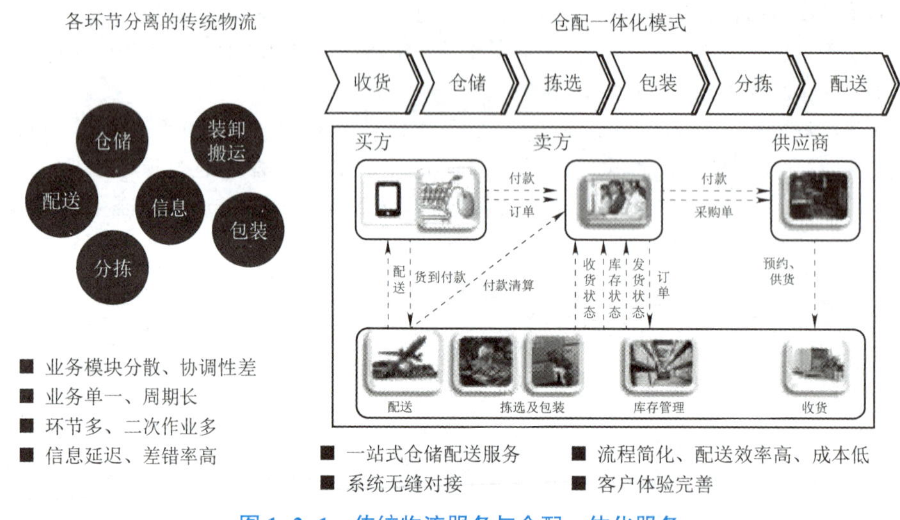

图 1-2-1 传统物流服务与仓配一体化服务

2. 仓配一体化与供应链

如图 1-2-2 所示，仓配一体化打通消费物流和生产物流，推动供应链纵向集成。不论是消费零售还是生产制造都离不开仓储，仓储是消费物流和生产物流的接合点，是影响全链路效率的关键环节，解决好仓储的链接效率才能推动供应链的纵向集成，实现一体化管理。

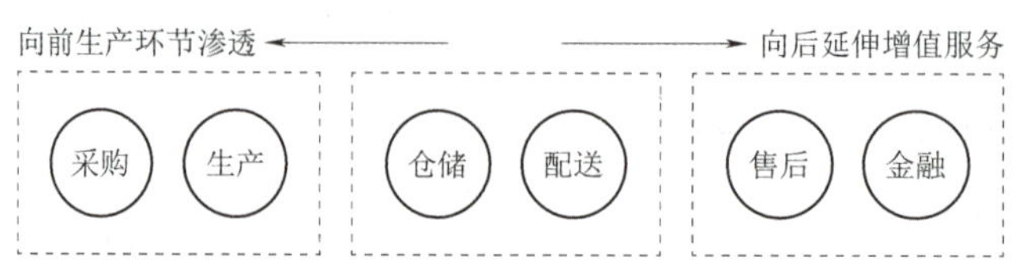

图 1-2-2 仓配一体化与供应链

（二）仓配一体化的产生背景

1. 电子商务模式下以仓为轴心的供应链运营模式

过去的供应链物流跟随多层级的经销体系，即货物从工厂出来后，被送到一级一级的销售代理手中，再由销售代理到门店，相应的物流运输也只能逐级分段进行。

随着商品流通方式和消费者行为的变化，物流也发生变化，原来以整车运输、零担运输为主的物流体系，向仓储、快递、零担、整车、到门服务等综合方向演化，物流链路和产品形态更加“复杂”。

从物流到供应链的整个变化是围绕“仓”进行的。核心仓建设，多级分仓体系，仓仓调拨，仓的辐射，自营仓、外包仓、共建仓的协同等，都带动着运输、配送、整车、合同物流等各个形态的转型。

2. 新零售“人货场”转型的必然结果

需求端推动物流业向高效转型的核心点，在于零售要素“人货场”转型后，零售模式的更新和落地场景的丰富化。仓配一体化这一模式的创新，是新零售全渠道重构的必然产物。

仓配一体化服务体系，让新零售企业的管理更加便利，线下的生鲜超市、实体门店实现了“仓店配”一体化的功能布局，承担前置仓功能。利用大数据预测、互联网、物流前沿技术和先进设施，促成产品、用户和场景这三个要素之间最合适的匹配，在保障配送时效的同时，还减少了配送的成本。仓配一体化是生鲜零售的一个发展趋向，是新零售企业转型的必然结果。

3. 快递快运、技术设备企业跨界入局

基于提前布局所打造的科技优势，快递快运、技术设备企业已“弯道超车”，领先于传统仓储企业，跨界入局仓配行业，加速仓配一体化的进程。

一是快递快运企业积极融入产业链。面对日益激烈的竞争，快递快运企业将仓储作为业务的新增长点。如圆通提供“服务一站式、仓配一体化、售后一条龙”的全产业链服务。二是技术设备供应商依托科技延伸服务。作为仓配企业的上游供应商，越来越多的技术设备企业直接面向仓储企业的客户提供基于“场景应用”的“技术设备+运营服务”仓配一体化升级或解决方案。

（三）供应链的仓配一体化需求

1. 一体化设计

大多数商家无法通过投资超出承受能力的配送队伍来实现一体化配送，因而需要将商品运送至配送公司的转运中心进行二次分拨，递送周期延迟一天。因此，需要全国性的“多仓+一体化配送”和前置仓与中心仓的配置作为仓配一体化的基础需求。仓配一体化实施所需的支持来自供应链和企业服务要求，也是顶层设计与格局构建的基础。

2. 打通信息化、实现自动化

从表面看，仓配一体化是“仓储+配送”，实际牵涉环节众多。以制造型供应链为例，供应链从原材料入厂、产品生产、分销、配送，到消费终端，环节众多。一个环节掉链子，就会影响整体效益。而要实现全链条的无缝对接，就必须具备供应链思维，实现全流程可视化，出现问题及时查漏补缺。因此，打通信息化、实现自动化是仓配一体化进程的重点和难点所在。

知识拓展

仓配一体化打通信息化、实现自动化的要求

3. 大数据的应用

新型仓配一体化增值的服务在于，通过掌握的大数据进行销售预测，提前做好库存调配，在

一点入仓，辐射城区，使商品能更贴近消费者，并以更快的速度满足客户订单需求。

仓配体系不仅要根据销售大数据进行库存分布，还要有很强的自动化订单履行能力，主动以货主为单位对全渠道库存分布进行自动调拨，对库存进行集中和优化管理，并拉动上游供应链的补货。所以，供应链整体设计、物流解决方案的制订能力已成为仓配一体化企业争取客户的增值服务内容之一。基于总成本的观点，为终端客户在库存控制、销售预测、售后服务方面制订供应链层面的解决方案，通过物流设备、信息系统与服务，做好有助于商家推进成本节约和市场拓展的实质性工作。

4. 第三方的整合服务

新的仓配一体化解决方案的提供者，主要是第二方物流（second party logistics，2PL）提供商（包括设施能力提供商）与第三方物流（third party logistics，3PL）提供商（物流运作管理方）的有机结合，既要具有仓储、运输、配送等密集网络服务能力，也要具有很强的定价和议价能力。仓配一体化公司的营运建立在一定规模成本的基础之上，还需要具备提供处理客户所需要的市场、客户等销售数据的能力，能够提供供应链管理能力的规划设计，通过数据共享、系统整合，在信息上获取高附加值。

（四）影响仓配一体化发展的因素

影响仓配一体化发展的因素主要有以下几点。

1. 网络和服务能力

目前，考验仓配一体化公司的主要是各类中心仓、卫星仓的布局和开仓能力，以及干线运输调拨能力、服务标准和服务质量等。现阶段，受技术等因素的影响，云仓发展受阻，这不仅是仓库建设问题，也是连通能力不足所致，所以干线运输调拨能力及柔性尤为关键。

2. 供应链设计能力

供应链以信息数据为构建基础，大数据掌控技术对供应链上下游组织的协调与沟通能力的提升十分重要。就对不同行业客户供应链的掌控与设计能力、客户大数据服务能力、销售预测模型设计的精准程度这三方面来说，大多数企业都只处于能力的初级构建阶段。

3. 物流设施与技术应用能力

物流园区与物流设施的新建和改造水平，以及自动化物流技术的研发和方案定制能力，对于仓配一体化行业发展的影响巨大，却被很多企业低估乃至无视。不同的能力水平，导致整体服务成本不同，随之而来的客户体验也将不同。

4. 综合 IT 能力

综合信息技术（information technology，IT）能力主要包括信息系统、订单管理系统（order management system，OMS）、仓储管理系统（warehouse management system，WMS）、运输管理系统（transportation management system，TMS）的建设能力。其中，支持多种销售平台管理、为客户提供仓储配送透明化服务、提供开放的应用程序接口（open application program interface，Open API）的 OMS 系统尤为重要。一个公司的综合 IT 能力越高，越能受到用户的信赖，也更能在行业内迅速打开市场，在仓配一体化服务体系内站稳脚跟。

素养园地

全球现代供应链的国家安全战略

课后习题

供应链智慧仓配现状分析

项目评价

<table>
<tr><td colspan="3">知识巩固与技能提高（40 分）</td><td>得分：</td></tr>
<tr><td colspan="4">计分标准：任务课后习题得分＝2×单选题正确个数+3×多选题与填空题正确个数+1×判断题正确个数+5×简答题正确个数
得分＝项目任务课后习题得分总和/任务数量</td></tr>
<tr><td colspan="3">学生自评（20 分）</td><td>得分：</td></tr>
<tr><td colspan="4">计分标准：初始分＝2×A 的个数+1×B 的个数+0×C 的个数
得分＝初始分/22×20</td></tr>
<tr><td>专业能力</td><td>评价指标</td><td>自测结果</td><td>要求
（A 掌握；B 基本掌握；C 未掌握）</td></tr>
<tr><td>认识供应链与仓配</td><td>1. 供应链内涵与特点；
2. 供应链物流的关系与发展；
3. 仓储与配送的内涵；
4. 仓储与配送的关系；
5. 供应链对仓配的需求</td><td>A□ B□ C□
A□ B□ C□
A□ B□ C□
A□ B□ C□
A□ B□ C□</td><td>在理解供应链与物流的基础上，能梳理两者之间的关系与发展历程；明晰仓储与配送之间的关系，熟悉供应链对仓储和配送的需求</td></tr>
<tr><td>了解供应链仓配的发展现状</td><td>1. 传统仓配与智慧仓配；
2. 供应链仓配发展特点；
3. 供应链与仓配的管理目标；
4. 仓配一体化的产生与发展</td><td>A□ B□ C□
A□ B□ C□
A□ B□ C□
A□ B□ C□</td><td>了解仓配发展历程，掌握现代供应链管理目标与仓配服务要求，把握仓配一体化的概念与发展趋势</td></tr>
<tr><td>职业道德思想意识</td><td>1. 与时俱进，保持危机意识；
2. 吃苦耐劳，提高素养</td><td>A□ B□ C□
A□ B□ C□</td><td>具备供应链仓配运作所需的市场意识、竞争意识和成本意识</td></tr>
<tr><td colspan="3">小组评价（20 分）</td><td>得分：</td></tr>
<tr><td colspan="4">计分标准：得分＝10×A 的个数+5×B 的个数+3×C 的个数</td></tr>
<tr><td>团队合作</td><td>A□　B□　C□</td><td>沟通能力</td><td>A□　B□　C□</td></tr>
<tr><td colspan="3">教师评价（20 分）</td><td>得分：</td></tr>
<tr><td>教师评语</td><td colspan="3"></td></tr>
<tr><td>总成绩</td><td></td><td>教师签字</td><td></td></tr>
</table>

项目二 供应链仓配系统的构建

项目概述

随着供应链管理体系的不断发展，现代物流中的仓储与配送已经不再是独立的环节，两者的融合度越来越高。与此同时，市场竞争日趋激烈，企业需要以更高效、更灵活、更智能化的供应链管理方式来满足客户需求。在这种背景下，仓配一体化服务应运而生，成为许多企业实现供应链优化的关键。构建供应链仓配系统是实现供应链协同管理的重要手段之一。

项目导航

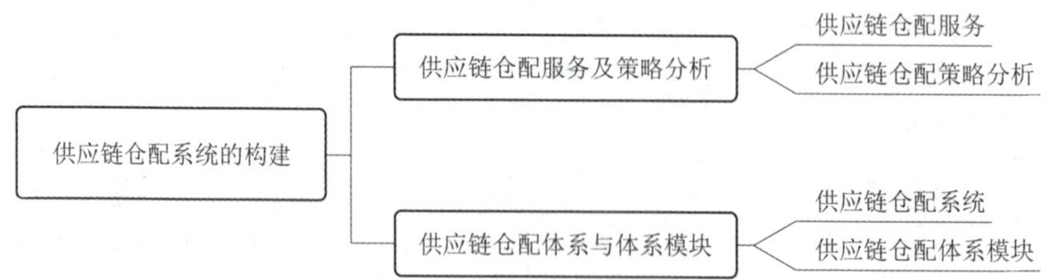

学习目标

知识目标：

熟悉供应链仓配一体化服务的特点；

掌握仓配一体化体系的主要构成要素；

掌握供应链仓配策略分析方法；

掌握供应链仓配 WMS、TMS、OMS 系统的功能模块；

掌握供应链 ERP、SCM、CRM 体系。

技能目标：

掌握不同环境下仓配一体化服务的目标、模式及运作特点；

掌握供应链智慧仓配系统的构建流程及方法；

掌握供应链仓配系统的基本模块。

素养目标：

培养系统运作所需的战略统筹思维模式；

培养企业运行中所需的服务意识、全局意识。

任务一 供应链仓配服务及策略分析

任务导入

在了解当下供应链仓配的发展概况后，小陈从供应链仓配服务及策略分析两个方面出发展开了学习和任务操作。小陈应该如何借助所学的知识来帮助企业完善仓配服务的管理，提高效率？

一、供应链仓配服务

（一）供应链仓配服务对象

仓配是供应链上的重要环节。需要仓配业务的企业类型如表 2-1-1 所示。

表 2-1-1 需要仓配业务的企业类型

类型	含义
规模型流通企业	包括大型电商、连锁经营企业，大批发商，被称为流通领域的大 B，如京东、优衣库等。这种类型的企业，其仓储多属于流通中转仓，即配送中心，由企业来管理，有独立的 WMS，与其他企业管理系统相对接
中小流通企业	包括中小电商、小型零售店、小经销商，被称为流通领域的小 B，如五星淘宝店、专业市场店等。这种类型的企业，其仓储也属于流通中转仓，一般委托第三方专业仓储公司来管理
生产制造企业	包括 B2B 型的生产资料制造企业，如宝钢、万向等；B2C 型的生活资料企业，如蒙牛等。这种类型的企业，为了在生产基地之外的地方设置库存，也会委托第三方的仓储企业进行管理
物流企业	包括快递、快运等。总体上，靠近 C 端客户，流通速度快，距离市区较近。仓储企业的仓库主要供给外部企业使用，而第三方物流企业的仓库主要用于自身物流货物的存储和流转

学习案例

沃尔玛帝国的核心竞争力

（二）供应链仓配服务的分类

供应链仓配服务内容可大致分为以下几类。

1. 仓储运营服务：“仓库+仓内”运营

仓储运营服务应基于企业的灵活仓储需求，整合各类优质仓库资源，提供多仓及仓内作业流程优化服务的管理平台，为客户提供仓储一站式解决方案。作为仓储运营服务提供者，既要对上游仓主负责，也要给下游客户带来高质量的产品和服务体验，并保证流程的标准与规范。

2. 仓库租赁服务

仓库租赁就是为有需求的用户提供一个暂时存放货物的地方，并且库房出租方应给用户提供管理服务。仓库租赁与传统意义上的库房出租的差别在于，公司除了为用户提供一个库房以外，还有一些增值服务，比如仓储配送、同城配送、市场拓展等。

3. “前置仓+即时配送”服务

前置仓指区别于传统仓库远离最终消费人群，在社区附近建立仓库的模式，又称卫星仓或者云仓。前置仓一般是租赁社区底商或小型仓库，密集构建在社区周边。前置仓的布局规划是配合新物流兴起而设计的，其基本思想是前置仓的仓储物流离实体店距离最近。

4. 托管服务

托管属于外包行为，是借助第三方物流公司的效率将企业非核心业务转包出去。第三方仓配物流公司的种类如表 2-1-2 所示。

表 2-1-2 第三方仓配物流公司种类

类别	典型公司
传统物流类型转电商仓储配送	中外运、中远、嘉里大通、科捷物流
电商平台类型转电商仓储配送	京东物流、苏宁物流、菜鸟物流
第三方仓储配送公司	发网、网仓、标杆、快仓、Geek+、牧星智能
快递体系类型做仓储配送服务	顺丰、圆通、韵达、申通

第三方仓配物流公司的托管服务内容如表 2-1-3 所示。

表 2-1-3 第三方仓配物流公司的托管服务内容

服务项目	服务内容列举
收货管理	收货物流、货物暂存、卸货、限时上架等
库存管理	货位优化、补货管理、库存盘点、退仓等
发货管理	拣货、包装、称重、出库扫描、装车等
额外服务	条形码打印、大宗运输、货运代理等
信息交互	数据统计、系统对接、订单管理等

5. 仓配一体化服务

供应链仓配服务的核心在于运营效率的提升。仓配一体化服务旨在为客户提供一站式、全程化服务，也就是提供订单后阶段一体化服务的综合解决方案。传统简单的“进销存”管理服务已经满足不了现代仓配物流服务的需求，单点（店）、单仓模式也无法推动现代物流的进一步发展。随着电商的充分发展，网络型快递基本补足了中国供应链的运输管理能力、自动化能力。但与此同时，电商对后端仓储配送的要求也不断提高。为了实现物流提速和成本降低，仓配一体化这一物流服务模式得到了越来越多的关注。

学习案例
圆通速递仓配一体化服务介绍

知识拓展
现代仓配一体化服务应满足的条件和特点

（三）供应链仓配一体化服务

1. 仓配一体化服务的内容

仓配一体化服务的基本内容是仓储与配送服务内容的融合，即在这两种服务基础上的整合和提升，如图 2-1-1 所示。代表性的供应链仓配一体化服务内容及服务流程如图 2-1-2 和图 2-1-3 所示。

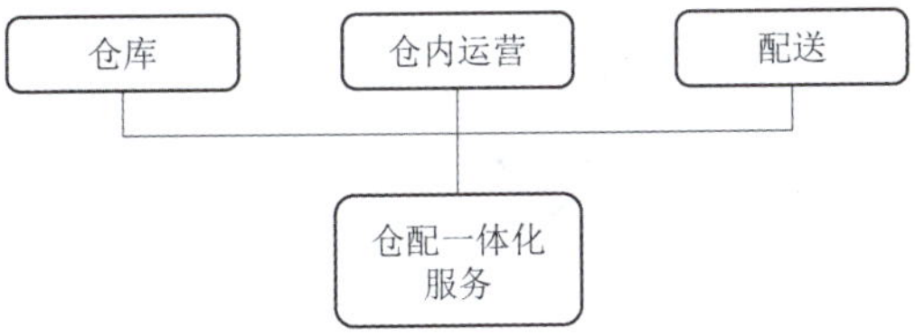

仓库　仓内运营　配送
仓配一体化服务

图 2-1-1　仓配一体化服务

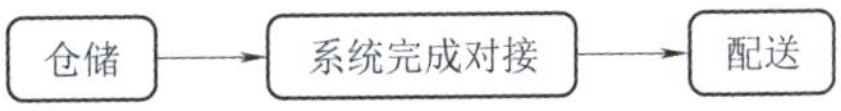

仓储　系统完成对接　配送

图 2-1-2　仓配一体化服务内容

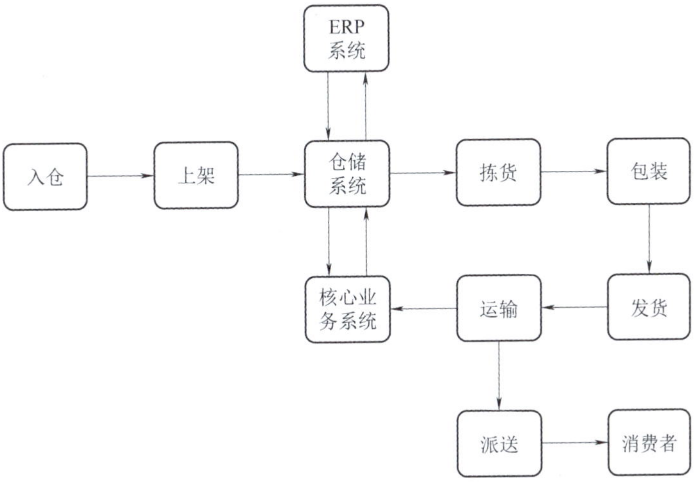

ERP系统
入仓　上架　仓储系统　拣货　包装
核心业务系统　运输　发货
派送　消费者

图 2-1-3　仓配一体化服务流程

知识拓展
仓配一体化的服务目标

2. 仓配一体化服务的模式

目前，电商已成为仓配一体化服务发展的主要引擎。以电商供应链仓配服务为例，分析其一般服务模式和延伸的多仓服务模式。

(1) 仓配一体化服务一般模式。

仓配一体化服务是订单后一体化解决方案。电商企业专攻市场销售，产生订单后，后续的合单、转码、库内作业、发运配送、拒收返回以及上下游的账务结算等工作全由电商仓配一体化服务商来完成，如图 2-1-4 所示。可以将电商仓配一体化服务商提供的服务分为仓库管理、配送管理、退货管理和信息管理系统设计及对接四个部分。

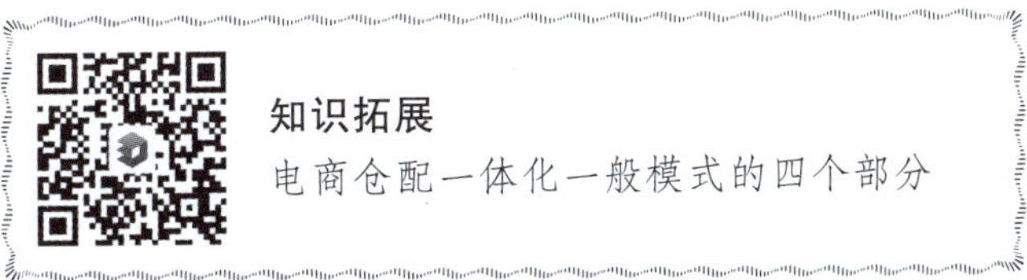

(2) 仓配一体化服务分仓模式。

仓配一体化服务的分仓模式相对呈现出个性化的特点，它是一般模式的延伸。通常分仓模式有单体仓、总分仓、平行仓和落地配仓四种。

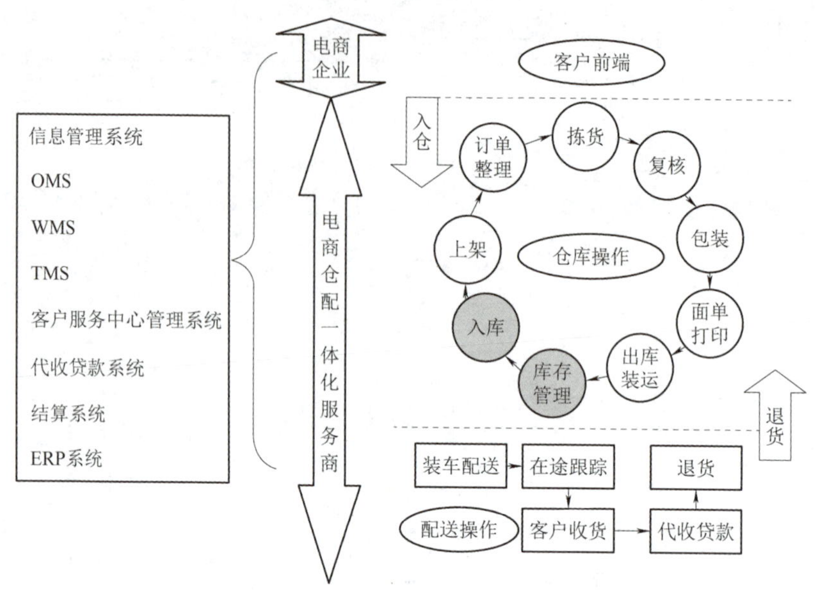

图 2-1-4　仓储一体化服务一般模式

1）单体仓。

在这种模式下，企业在全国只设置一个仓库。仓库选址方式有三种：一种是选择距离企业最近的仓库，一种是选择仓配一体化服务商的总仓，另一种是根据历史销售，找出订单聚集区域，选择距离这些区域最近的仓库。

2）总分仓。

在这种模式下，企业会在全国设置一个主仓和若干个分仓，所有商品放置在主仓，以“根据区域订单销售比例进行商品配比，根据实际库存进行分仓配比”的方式完成分仓调拨。主仓选址方式有两种：一种是选择距离电商企业最近的仓库，一种是选择仓配一体化服务商的总仓。分仓选址方式是根据历史销售，找出订单聚集区域，选择距离这些区域最近的仓库。

相比单仓储存，多仓储存有一定的优点。一是降低成本，提高配送时效：全国网络化分仓，缩短平均配送距离，大幅提高配送时效。二是减少风险：满足区域订单，减少分拨环节，减低破损、遗失等异常风险。三是优选快递组合：基于数据分析，系统智能筛单，匹配最优配送方式及承运商。

3）平行仓。

在这种模式下，企业会在全国设置多个仓库，根据历史销售进行仓库配比。平行仓与总分仓的不同在于，平行仓没有主仓，它的所有仓库都是同一个等级的，各个仓库之间能够实现调拨。仓库选址方式是根据历史销售，找出订单聚集区域，选择距离这些区域最近的仓库。

4）落地配仓。

这种模式是为订单波动较大的企业提供的解决方案，能够分解突增订单压力。企业在全国只设置一个仓库，在新产品上市、节假日、同行竞争、政策性促销期间，通过数据分析，将货物分散运输到销量最为集中的异地配送中心，订单产生后，将订单分配给距离最近的配送中心，后续的仓库操作、配送操作和退货操作都由仓配一体化服务商来完成。

二、供应链仓配策略分析

供应链仓配是智慧物流里的重要一环，它在降本增效上展现出很明显的作用。但行业走向成熟化还面临不小难度，需了解其面临的问题，并找到合适的应对措施。

（一）供应链仓配存在的问题

1. 仓库网点与配送能力的局限

仓配服务最大的瓶颈是仓库网点和配送能力的局限。如果仓配网点和配送网络无法覆盖到地市一级，更别提县市级，要进入目前市场需求最大的 to C（面向用户）仓配业务领域障碍重重。

2. 多样化和专业化的仓配需求无法满足

由于消费市场的多样性，传统的单一仓配服务已经不能满足需求。首先，消费市场对仓配种类的需求是多样化的。比如，随着餐饮食品行业的发展，低温仓储和冷藏仓库的市场需求量上升。在“懒人经济”的推动下，同城配送正在成为新的物流增长点。同时，由于仓配种类的细分，在仓储和配送作业的操作上要求专业化，例如，冷库按货物分类包括肉禽类、水产类、蔬果类和乳制品类等。如此细的分工使市场对仓配服务的需求呈现多样化和专业化的趋势。

3. 标准化体系未建立

主要体现为：①仓储与配送标准数量较少，且很少涉及作业规范、管理、服务质量等方面；②现有仓配服务发展不均衡，不但没有标准体系，而且现有标准尚未在全国统一，系统化方面欠缺，配套性不强；③现有的物流服务标准大多是推荐性的，很少有强制性执行的标准，贯彻普及起来困难重重；④物流仓储标准化研究和教育还比较落后，缺少具备综合物流知识的管理和技术人才；⑤企业对标准认知度不高，标准公布后宣贯力度不强；⑥物流服务标准化管理职责交叉、政出多门，导致标准很难得到贯彻落实。

知识链接

冷链集配中心标准化评价内容

4. 高端物流资源稀缺

在我国经济飞速增长和消费升级的大背景下，高端制造业、高端消费品企业、第三方物流等各行业主体，对供应链管理的深度和效率，对物流的专业化、规模化运作，以及信息化水平都提出了更高的要求。虽然从广义的仓储设施角度来看，我国拥有大量的工业用地和仓库面积，但这些仓库以通用型仓库或“农民仓”为主，主要用于工业制造和进出口物流。相较于现代高端仓储设施（又称高标仓），这些仓库在选址、建设标准和管理运营方面都存在显著差距。大部分库房层高较低，自动化程度不足，在人效、坪效和拣配差错率等方面都还有较大的提升空间。

5. 运输成本居高不下

虽然物流业在我国已经逐渐成熟，但是由于物流业本身在我国起步较晚，整个运转体系还不够健全，物流企业仓储中心的配送水平还处于较低的状态。我国仓储中心配送过程中的运输成本占据了仓储管理较大的支出比例，在整体支出方面表现出一定的劣势。所以，有效降低运输成本成为仓储中心提高经济效益的重要抓手，也是在竞争激烈的物流行业中生存和发展的关键要素。

（二）供应链仓配管理的对策

1. 完善仓配服务标准体系

要在对现有标准规范进行完善的基础上形成一个新的仓配服务标准体系，就需要参与各方共同推进，加快仓配服务标准化建设步伐。

政府部门需要进一步完善政策支持，加大对物流强制性标准和基础管理类标准的制、修订；

行业协会应进一步加强桥梁和纽带作用，做好物流标准需求分析、调查研究、推广实施、人才培养等方面的重点工作。企业的积极参与，是物流服务标准化顺利实施的基础。

2. 自建仓配网点，提高壁垒门槛

流通领域的大企业往往选择自建仓储。大型的电商和连锁零售企业一定会建立自己相对封闭的供应链体系，投资建立自身的仓储和配送中心，在流程上强化管控，从而建立高效的供应链管理体系，形成卓越的客户服务体验。虽然投资额度很大，回收期很长，但一旦建成就会形成巨大的壁垒门槛和效率优势。目前国外的零售企业以连锁模式为主，如日本便利店只有全家和7-Eleven，流通领域都已经进行了高度整合，建立了非常高效的供应链体系。而国内流通企业的供应链效率相对较低，层层设置的经销、分销体系体现在终端是遍布各地的各种分散的小超市、服装店和便利店等。由于缺乏整合，供应链的链条过长，整个效率明显低下，尽管可以为电商发展提供较大的空间，但是由于合作企业之间实力相差悬殊，仍会为供应链实现整合、提升效率带来很大难度。

3. 高效使用第三方物流

对于本身供应管理能力不强的小型企业来说，因为投资太大，很难拥有足够的仓配资源，所以必须借助外部的公共仓储，以及外部的供应链体系。

把仓配的部分业务外包托管给第三方，这样企业可以更专注于产品与通道及增值业务的拓展，同时也节省费用，也能使传统的仓库货物所有权归属更加明晰。现代仓配可能一个仓库内有多家的货品，应实现弹性库位配比，也可以通过委托第三方，实现多地分仓管理。尤其在电商背景下配送时，有些企业为了提升物流服务、缩短配送时间，进行多地的配仓，这也是仓配一体化的一种延展。

4. 整合和共享仓配物流资源

随着共享经济的发展，共享物流的概念逐渐走入大众视野。物流领域可以共享的资源很多，包括物流信息、技术与设备、仓储设施、终端配送、人力资源等。面对中国零散分布的物流资源，任何企业如果能整合这些零散资源，必将极大地降低物流成本、提升物流效率。因此，协同多方、共创价值也是发展物流"轻"模式的必由之路。基于开放、共享的理念，新物流不仅可以横向进行物流产业内部协同，如强化物流设施、信息系统，还可以纵向进行供应链内部协同，优化采购、库存等环节。

5. 注重技术投入，实现智慧仓配

相比于物流"轻"模式，物流"重"模式的核心能力并不是整合能力，而是技术能力。对专注于"重资产"投入的物流企业而言，新物流最重要的资产并非更大的仓库、更多的车辆，而是更智慧、高效的技术。通过技术创新，物流"重"模式可以打造出全方位智慧化的物流体系，随着这套模式的不断完善，它必然能够延伸至供应链的其他环节，最终实现供应链的全局优化。

任务实施

基于目前物流行业对仓配一体化服务强烈的市场需求，小陈所在公司正在计划依托企业自身的优势物流资源，架构起稳定、全覆盖的配送网络，为客户定制高标仓，配备先进设备，提供入库、质检、储存、分拣、包装、配送和分仓全程托管的一站式物流服务。

步骤一：确定服务目标和对应的业务要求

1. 服务目标

①优化仓配效果。采用全链条的物流解决方案，提高仓库使用价值与配送效率，降低边际成本，让客户企业能够专注于生产、销售等核心业务环节，不必花费大量的时间在物流上。

②提供个性化服务。用户需要的不只是简单地从 A 点搬送货物到 B 点，而是全面的、个性化的服务。企业要能根据客户的需求，提供菜单式的自选服务以及个性化的定制服务，帮助客户一站式地解决仓配相关问题。

2. 业务要求

①通过对仓库合理化布局，提升库区整体利用率。合理安排库内作业区域，进行存储策略优化，做到拣货路径最优化，提高货物周转效率与仓库“吞吐量”。

②通过标准化流程、运用智能化工具，提高作业效率。基于客户所在行业的特性，定制相应的仓配作业流程，包含人、车、货、仓四大场景，配送、逆向物流、调拨三个方面。运用 WMS、RFID 技术等，提供自动数据采集、库位分配、货物定位、流程监控、库存查询、扫码出入库等智能服务。

③通过设备安全运行流程、库存安全管理机制、优质驾驶员等，提供安全可靠的服务保障。在设备上，使用新型物流设备，对仓库实行后端远程监控，以全面保障货物安全。在人员上，库内操作人员及配送工作人员，在上岗前要经过专业化的培训，熟悉相应的操作技能，并进行定期考核，不断优化作业标准。

步骤二：整合物流资源，设计网点和配送路线模型

在充分考虑原有物流中心建设情况、物流设施设备投入情况及未来发展规划的前提下，充分整合利用物流资源，结合各区域仓配一体化建设条件，逐步形成区域物流建设新模式。

1. 升级配送中心

整合现有的多家网点，形成覆盖全国的网络布局，各网点之间能实现物流资源和利益的共享。根据区域的仓配需求量搭配不同等级的配送中心，优化各个区域的仓配能力。

在现有的物流配送中心的软硬件基础上，为增强物流核心竞争力，可将作业量较小、服务能力较弱的配送中心的仓储分拣业务优先整合至地理位置更优、作业能力更强的配送中心，由整合后的区域物流配送中心代其完成工业到货入库、商品在库保管、出库打码包装和一级配送或二级中转等业务。

2. 网点和配送路线模型设计

首先设计网点选址标准模型。在现有网点的基础上，以物流运行成本最优作为站点选址规划的主要标准，研究建立物流运行成本与站点分布、站点数量、送货线路数量、送货里程等相关因素之间的关系模型。以总成本最低为原则，寻求送货成本和管理成本的“平衡点”。

其次设计送货线路设置标准模型。在对送货作业环节进行细分的基础上，分析研究送货多维数据指标，以物流送货综合作业时间作为单维指标，研究建立送货综合作业时间与送货量、送货户数、行驶里程等相关因素之间的关系模型。

步骤三：引入高标准物流设备，应用新技术

目前，企业大部分仓库里只有搬运、输送设备，仅有少部分仓库使用了高位货架以及自动化分拣系统。为满足仓配一体化的服务要求，需在每个转运中心根据业务规模和产品结构等配备全自动/半自动物流系统，加大穿梭式货架、机器人分拣系统等自动化设备来增加仓储容量，提高分拣效率以及准确性。

步骤四：更新仓配系统，做好系统对接

1. 完善仓储和配送系统

WMS 需拥有全面的仓库管理功能，可以实现从订单履行、作业效能优化、人力管理优化到

设备控制等各个方面的管理。TMS 也要完善托运单管理、订单跟踪、货物跟踪、从业人员管理、运输业户管理，实现运输业务流程的可视化监控、结算管理，可实时跟踪车辆，保持信息流和物流的畅通。

2. 开发专门的仓配系统，具备透明化、计算和预测的功能。

①透明化。能标识人（驾驶员）、车、货、仓等各个要素，实现仓配全要素在线，同时通过车辆定位、运输轨迹可视、电子回单等技术，实现仓配运营过程全透明化。

②计算。通过算法进行智能定价、智能排线、智能派单、共同配送，用计算来优化配送效率、成本和体验。

③预测。通过大数据挖掘和用户画像，精准描述和预测一个区域、一个客户未来的需求，实现货未动、车先行、仓已备的高效仓配体系。

步骤五：制作仓配一体化服务产品预案

分别为仓储运营类产品、仓配服务类产品、物流科技类产品制作仓配一体化服务产品预案。

1. 仓储运营类产品

仓储运营类产品的仓配一体化服务产品预案如表 2-1-4 所示。

表 2-1-4　仓储运营类产品

服务类型	服务内容
仓储类产品	货物装卸、验货入库、存储管理、批次管理、订单接收、单据打印、箱单配发、整箱拣货、复核校验、例行盘点、出库发运
作业增值服务	产品贴标、产品组装、产品拆包、更换包装、发票打印、拆零分拣、特殊包装、绿色包装、库内拦截、专项盘点、加急发运、商品溯源、退货验收、退货入库、耗材代采、赠品配发、报废处置、产品称重
数据增值服务	效期管理、保险代购、周转分析、库龄分析、订单合并、订单拆分、包装录像

2. 仓配服务类产品

仓配服务类产品的仓配一体化服务产品预案如表 2-1-5 所示。

表 2-1-5　仓配服务类产品

服务类型	服务内容
运配类产品	电商入仓、配送到家、配送到店、商超配送、仓间调拨、干线分拨、渠道配送
作业增值服务	在途拦截、定时配送、送货上楼、开箱验货、电子签单、纸单返还、保险代购、逆向回收、路由规划、客户走访
数据增值服务	短信通知、送货预约、订单追踪、运单修改、妥投分析、时效分析、地址管理、电话回访

3. 物流科技类产品

物流科技类产品的仓配一体化服务产品预案如表 2-1-6 所示。

表 2-1-6　物流科技类产品

服务类型	服务内容
软件产品	订单管理系统（OMS）、仓储管理系统（WMS）、运输管理系统（TMS）、仓库控制系统（WCS）、产品溯源系统（TTS）
系统集成	电子标签拆零拣选集成系统（DPS/DAS）、自动称重测方集成系统（DWS）、订单视频追踪系统（OTV）、AS/RS 托盘存储系统、箱式高速分拣系统

续表

服务类型	服务内容
系统维保	日常维保、系统升级、软件更新
定制化服务	系统接口开发、软件功能开发

素养园地

"十四五"时期物流业转型升级的新路径

课后习题

供应链仓配服务及策略分析

任务二　供应链仓配体系与体系模块

任务导入

为进一步落实仓配一体化业务，公司计划搭建仓配一体化的供应链智慧云平台。小陈需要了解供应链仓配服务体系的构成和各个模块的具体应用，为公司开发科学的供应链仓配管理平台做好准备工作。

一、供应链仓配系统

（一）供应链仓配系统功能

图 2-2-1 是供应链仓配系统定位及构架的基本模型。从中可以看出，在供应链仓配系统中，有 WMS、TMS/DMS（delivery management system，配送管理系统）和 OMS 几个关键的管理系统。

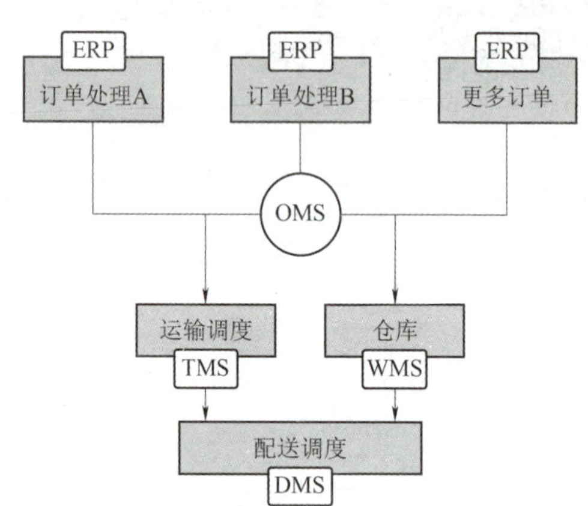

图 2-2-1　供应链仓配系统定位及构架

1. 仓储管理系统（WMS）

仓储管理在物流管理中占据核心地位，仓储管理的主要内容包括仓储系统的布局设计、库存最优控制、仓储作业操作。仓储管理系统是一个实时的计算机系统，它能按照物流运作的规则和运算法则，对信息、资源、货物移动、存货和分销运作进行优化，使其最大化满足有效产出和精确管理的要求。

WMS 具备基础信息管理、入库管理、仓位管理、库存管理、库内管理、出库管理和统计报表等功能版块，从货物入库到出库每一个操作环节都覆盖，为仓库操作人员、仓库管理人员提供有效的支持，更好管理仓库每一个环节，提高仓库管理水平。其系统架构如图 2-2-2 所示。

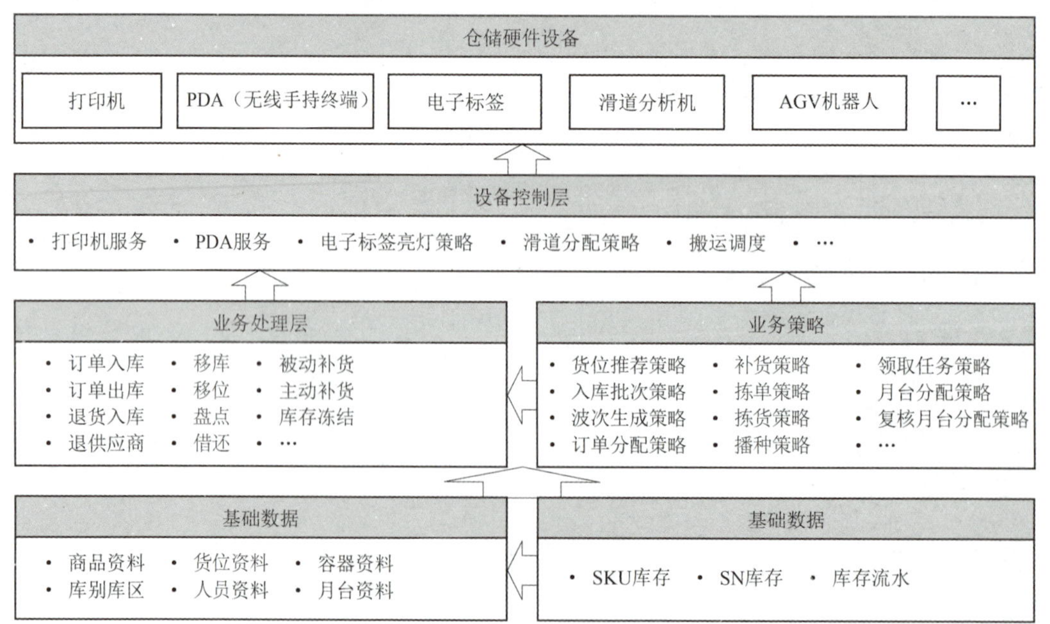

图 2-2-2　WMS 架构

一个完整的 WMS 架构，可以抽象为四层，最底层是支撑业务开展的基础数据和库存服务，中间层是基于基础数据和库存服务开展的各类仓库相关业务，以及支撑业务开展的各项业务策略，上层是辅助仓储业务开展的各类设备控制，由 WMS 提供设备的调度与指令传输，顶层是执行指令的各类硬件设备，由仓库控制系统（warehouse control system，WCS）驱动。在实现时，要保证底层建设的稳定性，只有底层足够稳定，才能支撑起上游业务和设备的可扩展性。

WMS 对上由企业下达收货和订单的原始数据，对下通过无线网络、手提终端、条码系统和射频数据通信等信息技术与仓储现场连接。上下相互作用，传达指令、反馈信息并更新数据库，同时，生成所需的条码标签和单据文件，如图 2-2-3 所示。

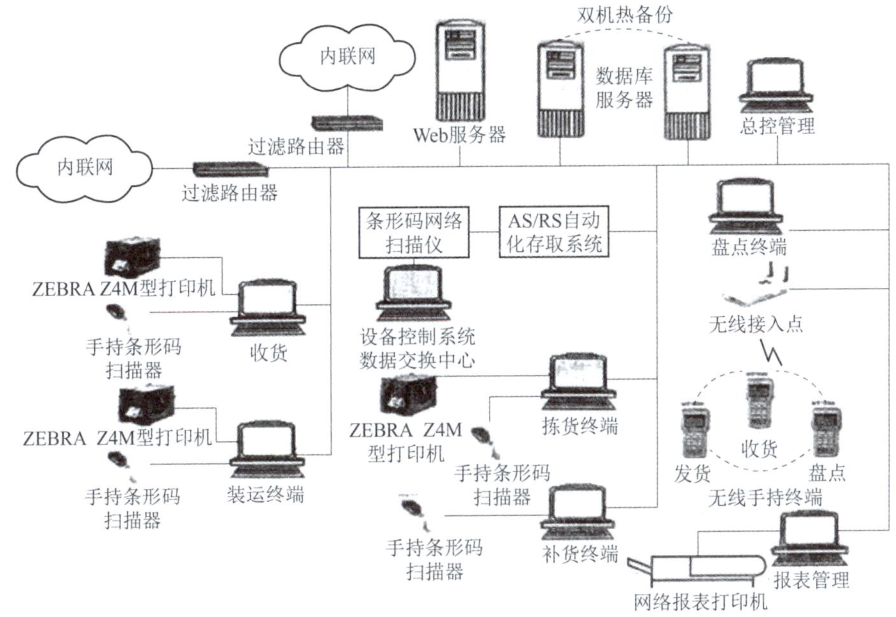

图 2-2-3　WMS 的网络架构图

在供应链仓配系统中，在 WMS 整体规划设计上，要分多个维度来考虑规划系统架构，如图 2-2-4 所示，图中的维度并非要全部考虑兼容，可以根据每个公司的现状和业务模式灵活选择。

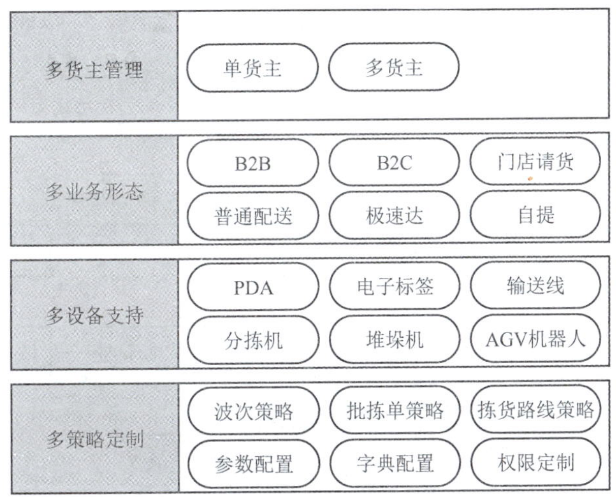

图 2-2-4　WMS 整体规划设计的考虑维度

2. 运输管理系统（TMS）和配送管理系统（DMS）

运输是物流环节中的一个重要部分，也是物流企业效益与创收的中心部分。TMS 是一种“供应链”分组下的（基于网络的）操作软件，是基于物流运输全流程业务管理的应用平台，是以运输业务信息数据为基础，将运输业务中的客户、车辆、运输线路、人员、货物等通过系统管理和优化整合方式，实现业务全流程的快速、精准处理的应用平台。其核心功能如图 2-2-5 所示。

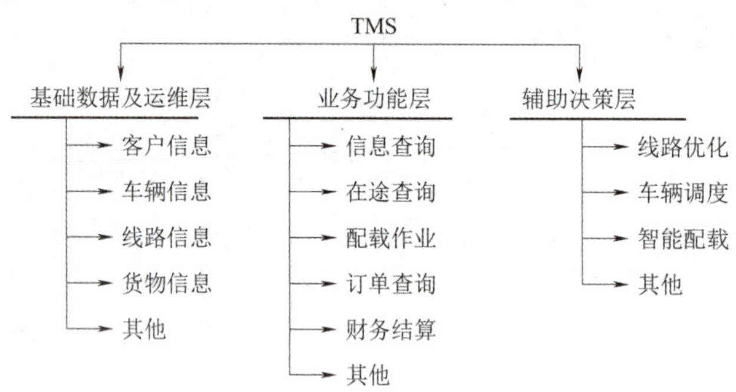

图 2-2-5　TMS 平台核心功能结构

DMS 是通过数据分析确定最省时间、最低成本的配送方式。配送管理的核心，第一是根据商品的属性以及地域特征，匹配相应的车型；第二是根据订单密度和配送半径，选择相应的线路配送方式，常见的如集中区域配送或按线路配送。

3. 订单管理系统（OMS）

在新零售时代，往往多销售平台、多业务模式并行，供应链侧又存在多仓库、多门店的情况，加上多个系统之间需要联动，多种形态组合到一起就形成了一个庞大的订单中心，需要兼容各类业务场景。为客户提供更好的履约服务需要订单管理系统。订单履约流程和物流分配如图 2-2-6、图 2-2-7 所示。

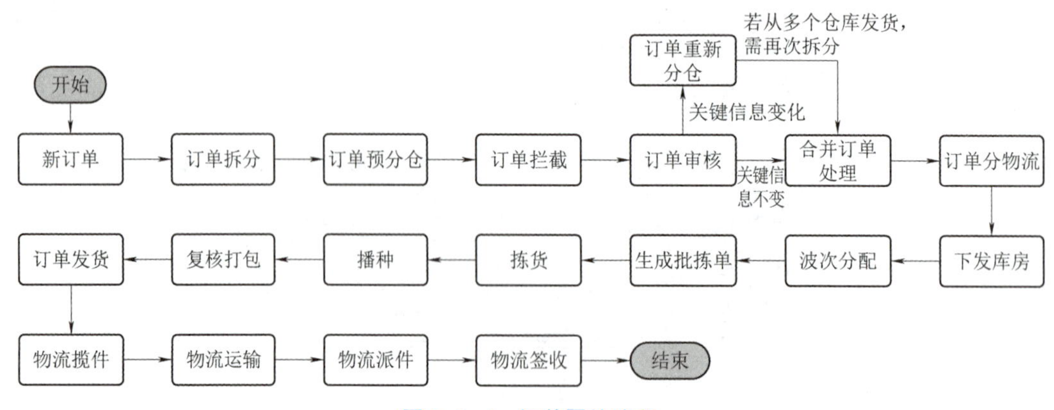

图 2-2-6　订单履约流程

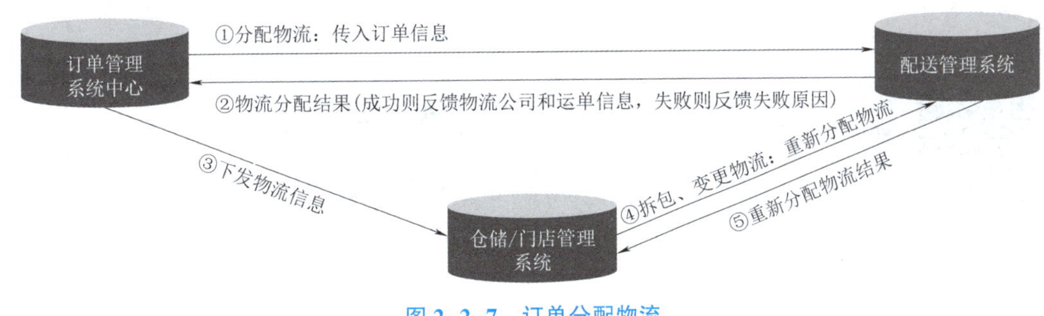

图 2-2-7　订单分配物流

OMS 是接受客户订单信息，然后调用 WMS 的库存信息，按客户和紧要程度给订单归类，对不同仓储地点的库存进行配置，并确定交付日期的系统。通过对订单的管理和分配，使仓储、运输、订单、制造成为一个有机整体，满足供应链物流系统信息化的需求。

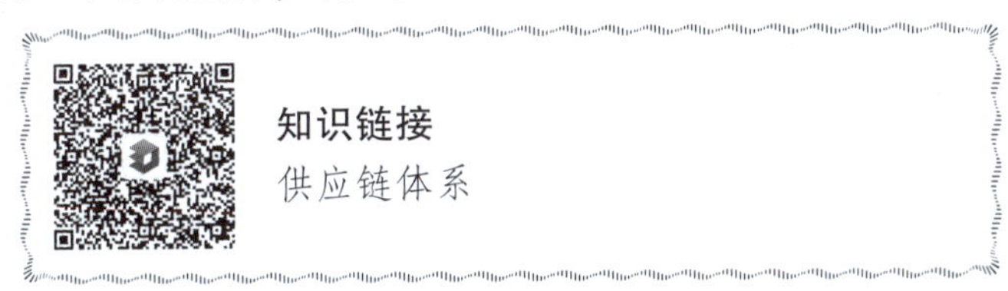

（二）供应链管理理念背景下仓储模式的发展

在供应链管理理念出现后，仓储管理呈现出以下新发展模式。

1. “零库存”管理

零库存并不等于不设库存，而是对某一企业或组织来说，把自己库存向上转移给供应商或向下转移给零售商，以实现自己的零库存。在科学技术迅猛发展的今天，零库存是完全可以实现的。

2. 整合化管理

整合化管理是指把社会的仓储设施，各相关供应商、零售商、制作商、批发商，甚至客户的仓储设施进行整合，以达到企业库存管理的优化。也就是说，在供应链管理的框架下，实行仓储管理，对相关仓储管理的作业或设施进行重建。

供应链管理模式下的仓储管理，能够在动态中达到最优化这一目标，在满足顾客要求的前提下，尽最大努力降低库存，从而提高供应链的整体效益。

3. 计算机与网络化管理

计算机技术能把仓储管理工作进一步简化并大大提高效率。它具有准确计算能力，使人们增强了对它的信赖；它可以对临时变化进行快速应对，对临时需要进行适时处理。因此，计算机已经成为库存控制信息系统的核心，作为对各项管理业务发出企业指令的指挥中心而发挥巨大的作用。

（三）供应链管理理念背景下配送模式的发展

在供应链管理理念出现以前，传统的物流配送范畴有限，各个需要物流配送服务的企业在传统物流管理的理念下构建自己的配送网络，很少涉及和上下游企业的合作或竞争，难以实现企业间物流配送的无缝衔接。供应链管理理念被广泛采用，企业之间的供应链关系确立后，就急需构建与之相匹配的配送模式。供应链管理（supply chain management，SCM）系统配送与传统的物流配送相比，其新的特点可以简单概括为信息共享、过程同步、合作互利、交货准时、响应敏捷、服务满意。

知识拓展
供应链配送与传统配送的区别

学习案例
戴尔供应链管理的分析

从供应链管理体系物流配送的主体及其服务内容来看，配送模式主要有四种。

（1）自营物流配送模式。

自营物流配送模式是指核心企业和各个节点企业物流配送的各个环节由企业自身筹建、组织、经营和管理，可通过建立全资或控股物流子公司的形式，实现对企业内部及外部货物配送活动进行业务控制的一种运营模式。

学习案例
京东——自建仓配一体的物流体系

（2）协作物流配送模式。

协作物流配送模式是指在货主企业自营物流配送模式下，当自身的物流资源难以满足企业的物流需求并造成资源的紧张，或当本身的物流资源能力大于企业的物流需求而造成资源的闲置时，在供应链关系协调下，与处于相同或不同供应链阶段的供应商、制造商、分销商、客户联合起来，为有效地解决物流需求和降低物流成本而开展的一种物流运营模式。

（3）第三方物流配送模式。

第三方物流配送模式是指由参与供应链系统的物流配送的第一方（供方）、第二方（需方）之外的专业化或综合化的物流企业以契约合同的形式，向供需双方提供全部或部分物流服务的业务模式，如图 2-2-8 所示。它的服务内容包括设计物流系统、电子数据交换能力、报表管理、货物集运、选择承运人、海关代理、信息管理、仓储、咨询、运费支付和谈判等。第三方本身并不拥有专业性资源，而是通过参与供应链，利用整合手段去整合专业性资源，为物流配送的第一方、第二方提供物流配送服务。

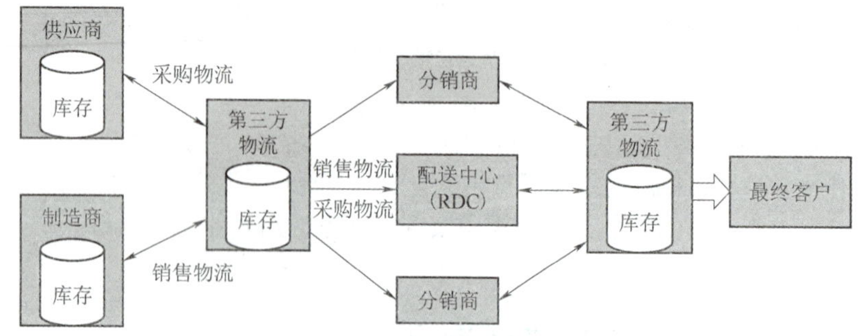

图 2-2-8 供应链中第三方物流配送模式

第三方物流源于企业战略核心竞争力发展观点和外包理论的成熟，这一理论使企业能更好地配置自身资源来实现产品的生产和销售，因此第三方物流在早期是面向单个企业的。虽然第三方物流企业同时服务于多个客户，但将每个客户都作为一个单独的实体来对待。

(4) 第四方物流配送模式。

随着供应链中的制造商和零售商日益趋向外包其物流业务，对一种能提供全方位、整合供应链管理服务模式的要求越来越迫切，第四方物流服务开始显现。所谓第四方物流，是指集成商利用具有互补性的服务供应或分包商所拥有的资源、能力和技术来控制、整合与管理客户公司的一整套供应链运作模式。第四方物流商是有领导力量的、侧重于业务流程外包的、中立物流服务集成商，其通过对整个供应链的影响力，解决物流信息共享、社会物流资源充分利用等问题，向客户提供可评价的、持续不断的客户价值。其服务模式如图 2-2-9 所示。

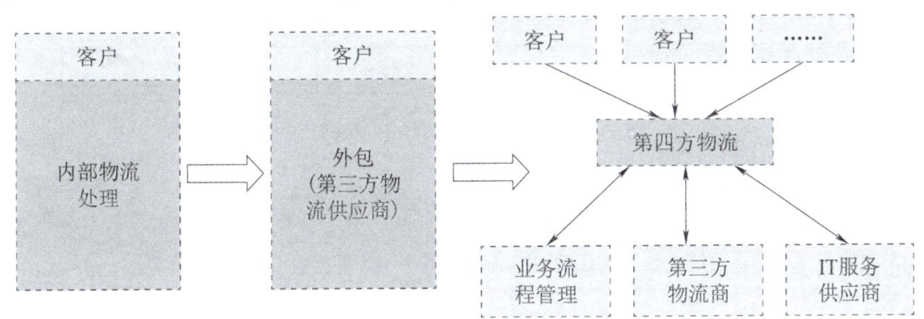

图 2-2-9　供应链中第四方物流服务模式

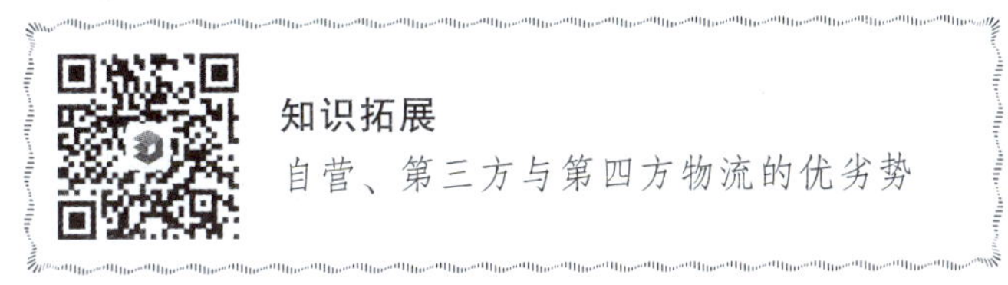

二、供应链仓配体系模块

供应链仓配体系模块主要分为仓储配送企业资源计划（enterprise resource planning，ERP）体系、仓储配送 SCM 体系和仓储配送客户关系管理（customer relationship management，CRM）体系三种体系模块。

ERP 是现代企业管理系统。仓储配送 ERP 是 ERP 中的一个模块，在企业经营运作中发挥着重要的作用。当一个企业发展到一定程度的时候，对各方面的控制都要加强，基础 ERP 肯定是不能满足需求的，这时候就会需要更专业的系统取代其中某些功能模块。

供应链是企业赖以生存的商业循环生态系统。SCM 是在 ERP 基础上发展起来的。SCM 覆盖了供应链上所有环节，加强了对供应链上企业的协调和企业外部物流、资金流、信息流的集成，弥补了 ERP 的不足。

CRM 是对物流客户关系进行管理的一种思想和技术，它是一种“以客户为中心”的经营理念，对于仓配来说也是提高竞争力的关键。仓储配送 CRM 与常规客户关系管理差异不大，是从接受客户订单开始到商品送到客户手中并使客户关系长期化，为满足客户需求而发生的所有服务活动。

（一）仓储配送 ERP 体系

企业资源计划，顾名思义，其核心管理理念是对企业内部资源的规划。而仓配主要对应的就是其物料和库存管理模块。在 ERP 体系中，对物料和库存的有效管理对整个供应链仓配一体化的实现具有重要意义。

仓储配送 ERP 体系对仓储货物的收发、结存等活动进行有效控制，其目的是为企业保证仓储货物的完好无损，确保生产经营活动的正常进行，并在此基础上对各类货物的活动状况进行分类记录，以明确的图表方式表达仓储货物在数量、品质方面的状况，以及目前所在的地理位置、部门、订单归属和仓储分散程度等情况的综合管理形式。

仓储配送 ERP 作为物料和库存管理的技术手段，就是为了解决传统滞后管理的弊端。在传统的仓储配送管理中容易出现的问题如图 2-2-10 所示。

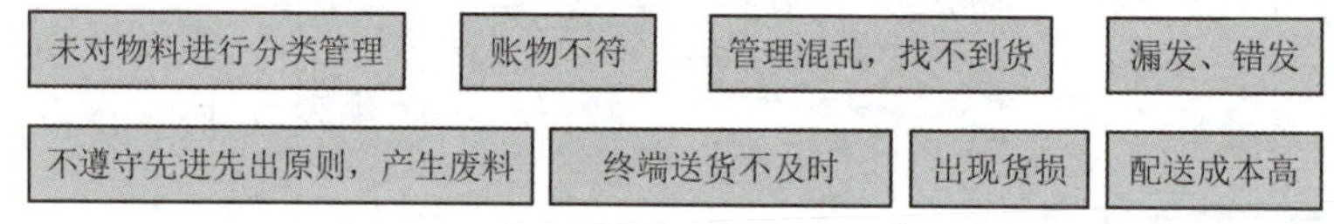

图 2-2-10　传统仓储配送管理方式易出现的问题

表 2-2-1 列举了 ERP 体系中对供应链仓配有影响的基础功能。

表 2-2-1　ERP 体系中的物料和库存管理功能

功能	具体应用
物料数据的维护	划分物料类别：很多企业需要分析不同类别物料的采购数据等，那么就需要在系统中对物料进行分类
	创建物料基础数据：每一笔物料都由公司数据、销售数据、采购数据、库存数据、成本数据等组成
系统库存状态	同一物料存放在仓库中会因为品质不同，存在多种状态，如可用、待处理、废品等。此时，就可以通过库存状态来区分
出入库管理	仓库的所有物料的出入库信息，都可以直接记录在出入库记录中，包括采购入库、领用出库等
库存初始化	初期数据录入，完成库存管理的初始化动作后，不允许再更改初期数据

知识拓展

ERP 对仓配物流活动的管理优势

（二）仓储配送 SCM 体系

仓配一体化的供应链管控能力是企业构建仓配一体化服务网络的核心竞争力。核心的供应链系统包含了基础数据平台、采购管理系统、供应商管理系统、生产制造系统、OMS、计费系统、中央库存系统、WMS、门店管理系统、商家发货系统、DMS、售后系统、财务系统等。

图 2-2-11 是零售业 SCM 的系统模型，从结构上可以将以上这些供应链系统分为供应链基础数据中心、供应链业务中心、供应链仓配支持中心三部分。

①基础数据中心主要进行与供应链相关的基础数据的创建和维护，并为公司其他系统提供唯一数据来源服务，这是所有业务沟通及业务子系统运行的基础。一个公司如果由多处共同维护基础数据信息，容易出现信息混乱的情况。完整的基础数据是供应链良性运转的基础。

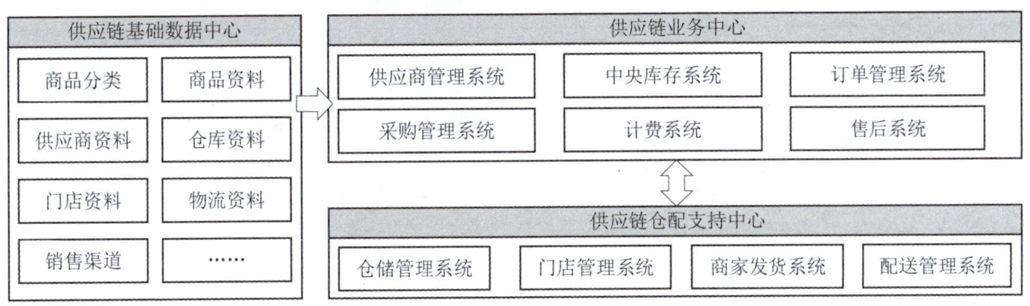

图 2-2-11　零售业 SCM 的系统模型

②供应链业务中心主要提供一些与供应链业务相关的支持，如供应商管理系统、中央库存系统、订单管理系统、采购管理系统、计费系统、售后系统，主要处理信息流、偏供应链上游业务端。

③仓配支持中心偏供应链下游执行端，包含 WMS、门店管理系统、商家发货系统、DMS 等。

以“新零售”背景下的全渠道零售类 CRM 模型为例，其 CRM 的完整架构图如图 2-2-12 所示。在当下智慧仓配的背景下，供应链仓配体系还具备根据销售大数据进行库存分布的建议功能，且具备较强的自动化订单管理能力，主动以货主为单位对全渠道库存分布进行自动调拨，对库存进行集中和优化，并拉动上游供应链的补货。

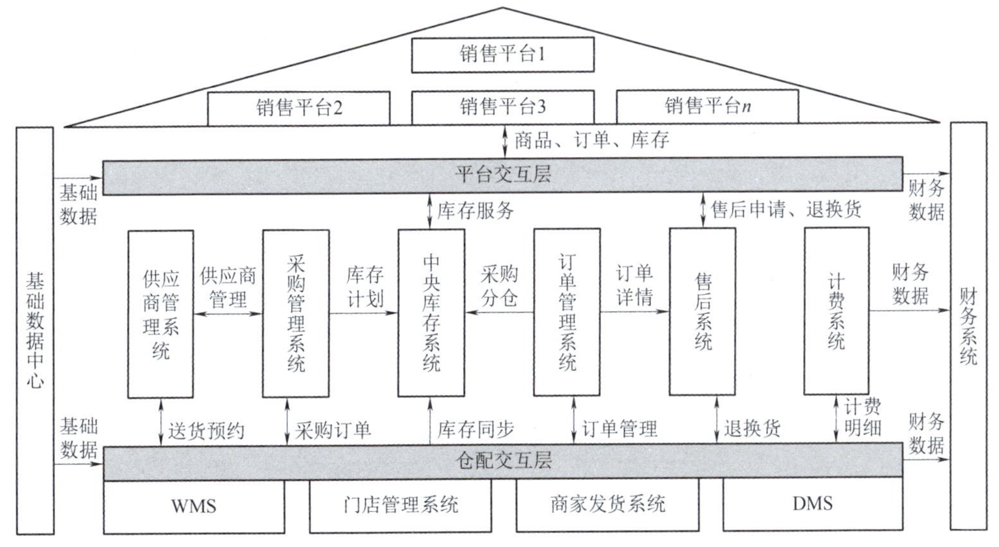

图 2-2-12　新零售背景下的全渠道零售类 CRM

供应链管理中的新型仓配系统的增值服务部分在于通过物流企业自己掌握的大数据为客户提供销售预测，提前做好库存调配，一点入仓，发运全国，商品贴近销售地，以更快的速度满足客户订单需求。

供应链整体设计、物流解决方案的制订能力已成为仓配一体化企业争取客户的增值服务内容，如表 2-2-2 所示。

表 2-2-2 仓储配送 SCM 体系的基本功能

服务	具体功能	服务	具体功能
供应链的设计	历史销售分析与库存网络布局属性维护；定义产品形态与物流需求特性；包装要求/耗材管理；流程与系统的设计；系统开口对接、开发测试；退货及异常流程设计	库内一站式服务	波次运行、订单及运单打印；按集合单进行货品拣选；包装作业；运输任务排量与车辆调运；系统物流状态自动反馈；异常处理
专业化仓储服务和配送服务	预期收货通知；自动与人工货位结合；货物上架与实时库存状态反馈；库存调整与补货；收货异常处理；库存盘点；转运与配送路径优化；装车管理；配送状态实时监控；收款与回单管理；交接后系统状态跟踪；投诉与异常处理；预包装或产品组合	后续服务	退货前端协调；退货入库系统操作与实物交接；即时客服响应；投诉跟进处理；库内数据更新；错漏发核实

（三）仓储配送 CRM 体系

CRM 就是对物流客户关系进行管理的一种思想和技术，简言之，CRM 是一种“以客户为中心”的经营理念。仓储配送物流客户服务与一般客户服务并没有本质的区别，即从接受客户订单开始到商品送到客户手中并使客户关系长期化，为满足客户需求而发生的所有服务活动。基于互联网的 CRM 是一个完整的收集、分析、开发和利用各种客户资源的系统，如图 2-2-13 所示。以客户为中心的 CRM 仍然是仓储配送活动成功的关键。

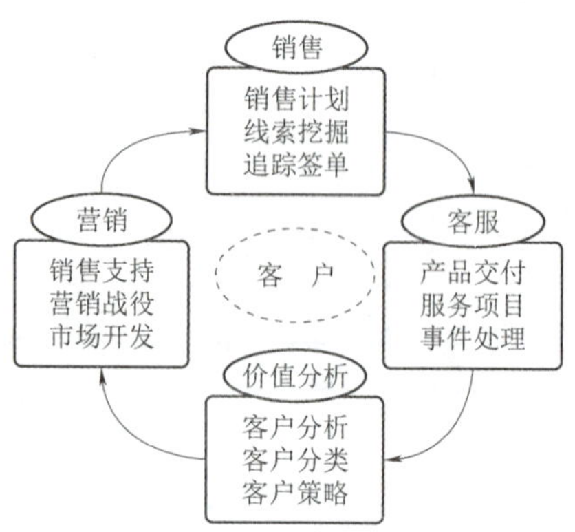

图 2-2-13 CRM 的主要业务内容

知识拓展

CRM 带给物流企业的主要优势

任务实施

在渠道升级及消费升级的双重驱动下，能够使物流各个环节无缝对接的仓配一体化服务需求越来越大。小陈和部门同事一起开会讨论，完成云平台中相关系统的优化计划方案。

步骤一：供应链仓配智慧云平台需求分析

1. 当前仓配系统的缺陷

公司目前应用的仓配系统的缺陷如下。

①系统需加强统一联动。系统整体难用且部分需求在功能上仍有缺失，在管理流程上无法统一标准，无法实现一体化管理。

②系统功能需优化完善。滞后于企业自动化设备应用技术的发展，原系统缺乏 IT 交互及自助服务能力；原系统缺失移动管理能力，无法响应多方对移动、社交功能的需求；缺失叉车及车辆的路径优化能力、库内和月台智能管理能力，需要进一步优化仓储管理功能。

③生态连接能力需加强。仓储与配送衔接效率不高，系统间未实现完全连接，缺失高阶仓配一体化能力，上下游的互联互通有待增强。

④业务扩张能力需加强。原系统对作业人员的经验依赖高，系统的扩展程度低，缺失集中管控能力，已影响业务的扩展能力。

2. 云平台设计目标

该云平台将是一个整合 OMS、TMS、WMS、DMS 和全链条供应链管理的云解决方案。

OMS 能处理从订单接收到费用结算的订单全生命周期管理。通过订单中心汇集内外部多渠道订单，并与 WMS、TMS 无缝集成，实现订单集中管理、全流程可视化与执行监控，确保订单准确、准时交付。TMS/DMS 帮助货主及驾驶员能通过计算机或手机访问同一个共享的云平台，实现运输工作协同化及流程可视化。WMS 能实现流程可配置、场景化设计，可快速上线。

预期效果如下。

①仓储与配送业务统一视图、统一数据、统一协同作业。

②智能业务流程引擎，根据业务场景，订单自动高效驱动仓储出入库、装车、卸车、配送、签收等业务环节协同作业。

③一键查库存、出入库、签收等状态，所有货物在库、在途全程感知。

④对账结算：上游运费、仓储费一键对账；下游运费即时生成。

⑤仓储配送综合效益分析与价格配置，总体效率最高，成本最优。

⑥基于库存量单位（stock keeping unit，SKU）的仓储费、库存周期、配送费统一分析，科学提升库存周转率。

步骤二：WMS 功能优化

新完善的 WMS 要能以物联网、条形码/RFID 为核心技术，结合无线手持设备（personal digital assistant，PDA）和自动化设备，实现通过扫码对仓库货物检验、入库、出库、调拨、移库移位、库存盘点等各个作业环节的数据进行自动化数据采集并与其他信息系统，如 ERP、制造执行系统（manufacturing execution system，MES）、供应商关系管理系统（supplier relationship management，SRM 等）灵活集成，形成与生产、采购、运输的协同联运，实现仓储全流程可视、可查、可回溯，大大降低风险。

系统功能的优化使货物入库、出库时间大幅缩短，仓库作业人员减少，减少突发情况对仓库运作的影响。同时，电子单证的应用使仓库实现无纸化提货，达到降低成本、提高效率的目的。

优化的功能如表 2-2-3 所示。

表 2-2-3　WMS 功能优化

环节	具体功能
智能拣货	（1）WMS 能根据 SKU 属性、出库和包装规则、配送路径等快速推荐拣货库位、补货库位； （2）WMS 进行智能分析计算，推荐拣货路线； （3）对不同量级的订单运用不同的拣货规则，提升拣货效率
波次出库	（1）大批量订单出库发运时，分波次进行处理； （2）订单集中波次处理，集中作业，提升效率； （3）平台通过波次计算，快速匹配商品库存，批量处理出库运单； （4）出库商品异常（如：实际库存不足、良品不足等）提前警示
月台预约	（1）对入库、出库双向预约，解决月台排队拥挤、空闲等待时间长等问题； （2）动态规划车辆入场、离场时间，提升作业效率； （3）考核和平衡各承运商/驾驶员的预约执行情况； （4）查看目标仓库预约情况，与仓储作业任务协同
满足多行业和供应链的个性化需求	（1）支持多组织（租户）、多仓、多货主、多条码、多批次、多库位，支持各种类型不同规模的仓库管理； （2）支持制造业、三方物流、电商、快消、家电、服装、零售、冷链等多个行业仓库管理需求； （3）出库流程和上架规则、拣货规则能适应企业业务模式的发展和持续优化，符合各种客户不同的业务需求； （4）与企业 ERP、中台等各类的接口打通

步骤三：TMS/DMS 功能优化

运输和配送系统负责如何将货物送达给目标，目前业务范围包括和最终消费者之间解决物流配送“最后一公里”的 DMS，也包括了干线 TMS。优化的功能如表 2-2-4 所示。

表 2-2-4　TMS/DMS 功能优化

环节	具体功能
配送订单管理	订单整合；路径分析；订单拆分；一单多车；地址分词；一车多单
配送路线规划	（1）目的地分层级，精细划分配送地址； （2）地址智能分词、路程计算，快速规划配送路径； （3）自动推荐配送车型，按配送运价排序； （4）多点装卸货，推荐装卸货顺序
移动端定位	（1）掌握更精细化的运输定位和实时轨迹； （2）可根据驾驶员实时配送轨迹，沿途智能运单分派，循环取货、循环配送； （3）驾驶员配送路径实时导航，提升配送效率； （4）无外设置定位设备的车辆运输也可实时定位

步骤四：OMS 功能优化

OMS 优化的功能如表 2-2-5 所示。

表 2-2-5　OMS 功能优化

环节	具体功能
订单驱动业务	（1）与 WMS 结合，仓储高效协同； （2）与 WMS、DMS 结合，仓配一体化； （3）与 WMS、TMS、DMS 结合，仓运配一体化
一单到底	（1）一单发货、一单查货、一单对账、一单结算； （2）订单全程跟踪，避免错单、漏单、拖单
集成订单	（1）大宗货主、合同物流，客户或项目经理批量下单； （2）多平台、多店铺、线上线下全渠道订单集成
支持系统对接与扩展	（1）ERP 生产计划自动下单； （2）电商系统，多批次、小批量即时下单

步骤五：智慧仓配系统构想

为更快、更有效地协调好仓配资源，进而满足客户的期望，小陈设计了智慧仓配业务体系的架构图，如图 2-2-14 所示，希望能为公司仓配业务未来的优化路径提供方向。

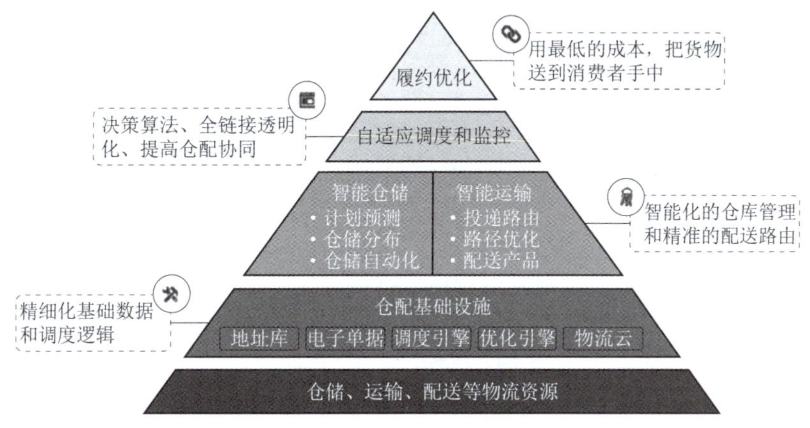

图 2-2-14　智慧仓配业务体系的架构图

素养园地

物流服务的数字化转型已成为企业的“必答题”

课后习题

供应链仓配体系与体系模块

项目评价

<table>
<tr><td colspan="3">知识巩固与技能提高（40 分）</td><td>得分：</td></tr>
<tr><td colspan="4">计分标准：任务课后习题得分＝2×单选题正确个数+3×多选题与填空题正确个数+1×判断题正确个数+5×简答题正确个数
得分＝项目任务课后习题得分总和/任务数量</td></tr>
<tr><td colspan="3">学生自评（20 分）</td><td>得分：</td></tr>
<tr><td colspan="4">计分标准：初始分＝2×A 的个数+1×B 的个数+0×C 的个数
得分＝初始分/24×20</td></tr>
<tr><td>专业能力</td><td>评价指标</td><td>自测结果</td><td>要求
（A 掌握；B 基本掌握；C 未掌握）</td></tr>
<tr><td>认识供应链仓配服务</td><td>1. 供应链仓配服务对象；
2. 供应链仓配服务类型；
3. 供应链仓配一体化服务；
4. 供应链仓配发展的问题；
5. 供应链仓配发展的对策</td><td>A□ B□ C□
A□ B□ C□
A□ B□ C□
A□ B□ C□
A□ B□ C□</td><td>掌握仓配服务的对象、类型及一体化发展趋势，能够分析供应链仓配的实际问题，并利用供应链仓配策略来解决</td></tr>
<tr><td>认识供应链仓配系统与体系</td><td>1. 供应链仓配功能系统；
2. 供应链仓储与配送模式的发展；
3. 仓储配送 ERP 体系；
4. 仓储配送 SCM 体系；
5. 仓储配送 CRM 体系</td><td>A□ B□ C□
A□ B□ C□
A□ B□ C□
A□ B□ C□
A□ B□ C□</td><td>熟悉供应链管理理念背景下仓储模式、配送模式的发展；掌握供应链仓配 WMS、TMS、OMS 的功能模块；把握供应链 ERP、SCM、CRM 体系</td></tr>
<tr><td>职业道德思想意识</td><td>1. 全局思维，大局意识；
2. 具备信息安全意识</td><td>A□ B□ C□
A□ B□ C□</td><td>团队合作能力得到提升，熟悉数据安全、个人信息保护等方面的知识</td></tr>
<tr><td colspan="3">小组评价（20 分）</td><td>得分：</td></tr>
<tr><td colspan="4">计分标准：得分＝10×A 的个数+5×B 的个数+3×C 的个数</td></tr>
<tr><td>团队合作</td><td>A□ B□ C□</td><td>沟通能力</td><td>A□ B□ C□</td></tr>
<tr><td colspan="3">教师评价（20 分）</td><td>得分：</td></tr>
<tr><td>教师评语</td><td colspan="3"></td></tr>
<tr><td>总成绩</td><td></td><td>教师签字</td><td></td></tr>
</table>

项目三 供应链智慧仓配的规划与设计

项目概述

在智慧仓储和配送中心的建设中，布局规划是非常关键的一环。合理的布局规划可以充分利用空间，优化作业流程，提高仓储和配送效率，降低运营成本。同时，智慧仓配信息技术和设施设备的应用也是智慧仓储和配送中心建设的重要方面。通过应用先进的智能技术和设备，智慧仓储和配送中心能够实现更加智能化的管理，提高物流运作的准确性和效率，为企业带来更大的经济效益。本项目将重点探讨智慧仓储和配送中心的布局规划和智能信息技术、智慧设备在其中的应用。

项目导航

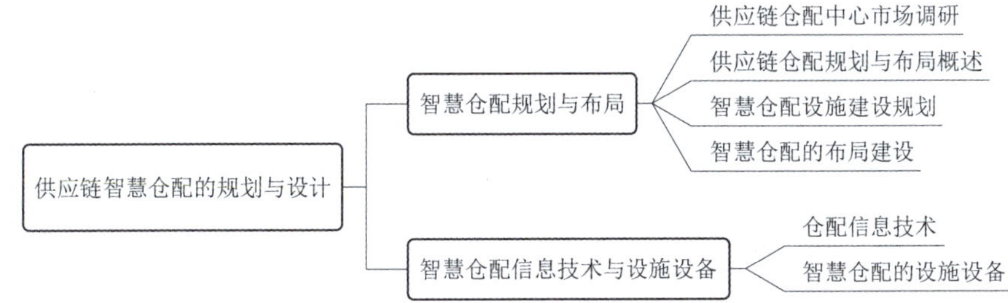

学习目标

知识目标：

了解仓配中心市场调研的程序；

了解智慧仓配规划的目标与原则；

掌握智慧仓配规划的方法；

掌握智慧仓配内部布局的类型；

掌握自动识别、跟踪定位以及物流信息技术的应用；

熟悉自动化立体仓库的构成；

熟悉智慧仓配的主要设备。

技能目标：

能够制订调研计划，开展市场调研；

能够对智慧仓库的空间、货位进行合理规划；

能够对智慧仓库的内部平面进行合理布局；

掌握智能设备、现代化信息技术的应用。

素养目标：

培养仓库规划的逻辑性；

培养系统统筹规划意识；

培养综合分析能力和全局观念，能从多方面对问题进行分析；

培养发散思维，能创新思考仓库布局。

任务一　智慧仓配规划与布局

任务导入

公司大会上，讨论采纳了扩建 B 地的饮料仓库的建议，现在的重点就是要对仓库布局进行重新规划，这个环节包括对仓库空间、尺寸、货位进行规划，还包括仓库总体、平面、内部布局规划。公司安排小陈对仓库布局进行规划，小陈应该怎么做?

一、供应链仓配中心市场调研

物流仓配中心市场调研工作流程如图 3-1-1 所示。

知识拓展

供应链仓配中心市场调研的程序和方法

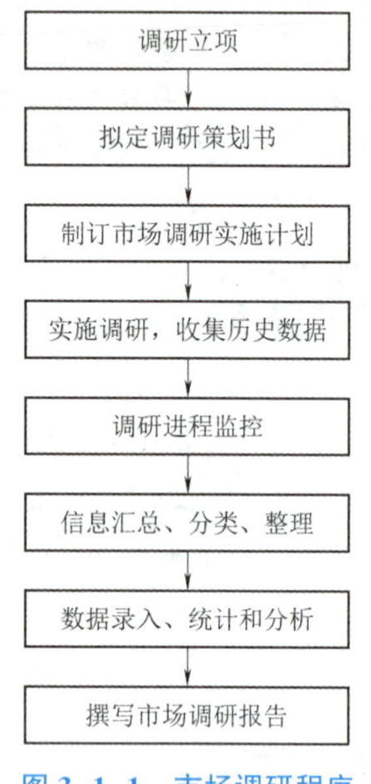

图 3-1-1　市场调研程序

二、供应链仓配规划与布局概述

（一）智慧仓储规划目标

1. 高度智能化

智能化是智能时代下的智能仓库最显著的特征。智能仓库绝不只是自动化，更不局限于存储、输送、分拣等作业环节，而是仓储全流程的智能化，应用大量的机器人、RFID 标签、MES、WMS 等智能化设备与软件，以及物联网、人工智能、云计算等技术。

2. 完全数字化

新零售时代的一个突出特征就是海量的个性化需求，想要对这些需求进行快速响应，就需要实现完全的数字化管理，将仓储与物流、制造、销售等供应链环节结合，在智慧供应链的框架体系下，实现仓储网络全透明的实时控制。

3. 仓储信息化

无论是智能化还是数字化，其基础都是仓储信息化的实现，而这也离不开强大的信息系统的支持。

①互联互通。想要信息系统有效运作，就要将之与更多的设备、系统互联互通，以实现各环节信息的无缝对接，尤其是 WMS、MES 等，从而确保供应链的流畅运作。

②安全准确。在网络全透明和实时控制的仓储环节中，想要推动仓储信息化的发展，就要依托信息物理系统（cyber physical system，CPS）、大数据等技术，解决数据的安全性和准确性问题。

4. 布局网络化

在仓储信息化与智能化的过程中，任何设备或系统都不再孤立地运行，而是通过物联网、互联网技术智能地连接在一起，在全方位、全局化的连接下，形成一个覆盖整个仓储环境的网络，并能够与外部网络无缝对接。

基于这样的网络化布局，仓储系统可以与整个供应链快速地进行信息交换，并实现自主决策，从而确保整个系统的高效率运转。

5. 仓储柔性化

在“大规模定制”的新零售时代，柔性化构成了制造企业的核心竞争力。只有依靠更强的柔性能力，企业才能应对高度个性化的需求，并缩短产品创新周期、加快生产制造节奏。

而企业想要将这一竞争力传导至市场终端，同样需要仓储环节的柔性能力作为支撑。仓储管理必须根据上下游的个性化需求进行灵活调整，扮演好“商品配送服务中心”的角色。

知识链接
常用的仓储物流网络建模工具

（二）智慧仓储规划原则

①尽可能采用单层设备，从而降低造价，提高资产平均利用效率；
②使物资出入库保持单向和直线运动，避免逆向或大幅转向运动；
③确保物资搬运设备和操作流程的高效性；
④制订有效的存储计划；
⑤在确保物资搬运需求的前提下，尽量减少通道占用的空间；
⑥尽量利用仓库的高度，提高仓库容积利用率。

三、智慧仓配设施建设规划

（一）空间规划

空间布置是指库存物品在仓库立体空间上的布局，其目的在于充分、有效利用仓库空间，提高库容利用率，扩大储存能力。在货架各层中的物品可以随时自由存取，并且应便于实现先进先出，某些专用的货架还具有防损、防盗的功能。

知识拓展
一般仓库的尺寸规划

空间布置中的货位可以以托盘、料箱、纸箱为单位，常见形式包括就地堆码、上架存放、架上平台、空中悬挂等。

知识拓展
空间规划的主要形式

（二）货位规划

货位规划的定义是：将货品合理纳入仓库设施，以实现物料搬运最优化和提高空间利用率的目标。例如，将高周转率的货品分配在靠近收货区的货位，可以提高入库存放的速度。

为了保证效果，在调整货位之前，有几项准备工作需要分步实施，包括选择货位规划策略、明确货位规划目标、数据收集和货位规划需求分析。没有准备阶段彻底的分析，就不可能实现理想的调整效果。

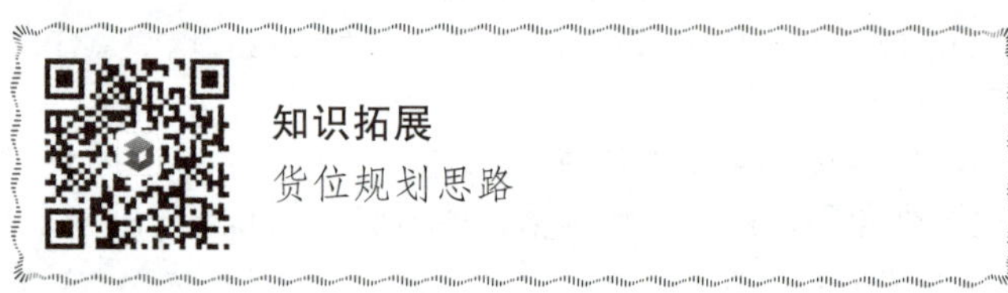

四、智慧仓配的布局建设

（一）总体布局

1. 总体布局的概念

仓库库区总体布局是指在城市规划管理部门批准使用地的范围内，按照一定的原则，对仓库的建筑物、道路等各种用地进行合理协调的系统布置，使仓库的各项功能得到发挥。

2. 影响总体布局的因素

影响仓库总体布局的因素主要有以下几个方面。

①周围环境。影响仓库总体布局的周围环境包括四邻及附近产生有害气体、固体微粒、振动等情况，以及交通运输条件和协作方的分布等。

②存货特点。存货特点指仓库建成后存放的物品的性质、数量以及所要求的保管条件。

③仓库类型。仓库类型指仓库本身的性质特点。例如，综合仓库与专业仓库，它们的布局有明显的不同。

④作业流程。作业流程指仓库作业的构成及相互关系。

⑤作业手段。自动化、机械化和人工作业在布局方面会有质的差别。

（二）平面布局

1. 仓储园区的结构

按照功能划分，仓储园区一般由 3 个部分组成，即生产作业区、辅助生产区和办公生活区，如图 3-1-2 所示。

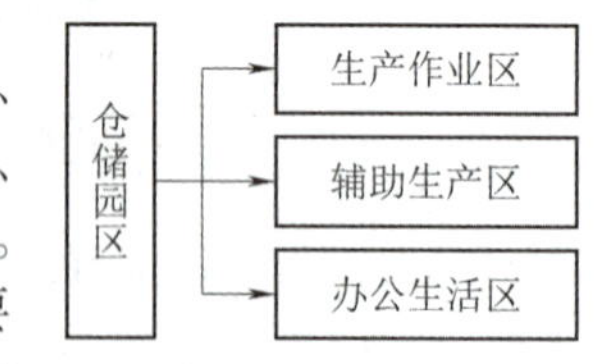

图 3-1-2　仓储园区的构成

生产作业区是仓储作业活动的场所，主要包括储货区、装卸台、园区道路、铁路专用线等。储货区是储存保管的场所，又分为库房、货棚、货场等。货场可用于存放商品，也可用于货位的周转和调剂。铁路专用线、园区道路是库内外的商品运输通道，商品进出园区都要通过这些运输线路。铁路专用线应与园区内道路相通，保证畅通。装卸台（月台）是供货运车辆装卸商品的平台，有单独站台和库边站台两种，其高度和宽度应根据运输工具和作业方式而定。

辅助生产区是为商品储运及保管工作服务的辅助设施，包括车库、变电室、油库、维修车间等。

办公生活区是仓库办公管理和员工生活区域。一般设在仓库入库口附近，便于业务接洽和管理，同时应与生产作业区保持一定距离，以保证仓库的安全及行政办公和生活的安静。

2. 仓储园区平面布置原则

仓储园区可能有多个建筑物和货场，其效果图如图 3-1-3 所示。

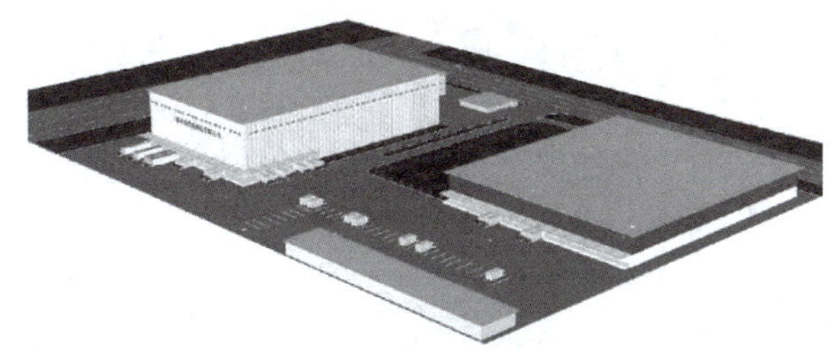

图 3-1-3　仓储园区效果图

园区总平面布置就是对仓储园区内的各个建筑及组成部分进行平面定位，确定库房、货场、铁路专用线、库内道路、辅助建筑物、办公场所、附属固定设备等的平面位置。图 3-1-4 为某园区平面布置图。

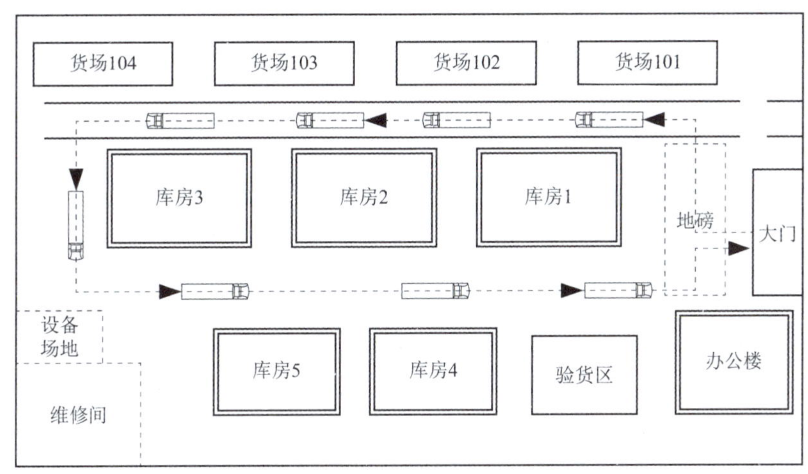

图 3-1-4　某园区平面布置图

仓储园区平面布置应遵循以下原则。

①单一物流方向。物品的卸车地、验收地、存放地位置安排应顺应仓储生产流程，使物料沿一个方向流动，即保持单一的物流方向。

②避免迂回。运输物料尽量避免迂回，专用线应布置在库区中间，并根据作业方式、仓储商品的品种、地理条件合理安排库房、堆场、专用线与主干道的相对位置。

③减少装卸搬运次数。平面布置安排应尽量减少装卸、搬运次数，商品的卸车、验收、堆码作业最好一次完成，避免二次装卸和搬运。

④利于提高仓储经济效益。园区总平面布置既要充分利用园区平面面积，又要方便物流作业和运营管理。

⑤利于安全生产和文明作业。各建筑区之间应遵循“建筑防火设计规范”的规定，留一定的防火间距，有防火、防盗安全设施；同时应考虑作业环境卫生、绿化、通风、日照等，利于职工健康，文明生产。

（三）内部布局

1. 仓库功能区划分

根据作业需要，仓库通常划分为多个功能区，最常见的有收货区、储存区、拣货区、出库区、退换货处理区等。

①收货区。收货区用于入库商品的清点核对（数量检验）、外观检验（质量检验）、入库交接、入库暂存等操作。

②储存区。储存区用于在库商品的储存和保管，根据需要，有些仓库又将储存区划分为平面储存区（地面堆码存放）和货架储存区（使用货架存放）。

③拣货区。拣货区用于出库拣货操作。存拣合一的仓库，存储区也为拣货区，即直接从储存区拣货。存拣分离的仓库，存储区外另设拣货区，拣货时先将待拣物品从储存区移动到拣货区，再在拣货区按单拣货，这种方式可以减少拣货人员的行走距离，提高工作效率，适用于拣货品种较少的场合。

④出库区。出库区用于进行出库商品的暂存、扫描复核、包装、称重、贴标签等操作。

⑤退换货处理区。退换货处理区用于进行退换货的登记、质检、包装，退货上架前和次品退仓前的暂存操作。

除了上述功能区域之外，有些仓库还设有拆零区、流通加工区、分货区、集货区、包装区等。

学习案例

长沙京东仓仓库管理现状分析

2. 仓库功能区域布局

布置仓库的功能区域时，需要分析各区域业务流程的关联度，根据关联程度确定哪个功能区和哪个功能区相邻，形成合理的内部布局。下面是几种常见的仓库布局动线。

（1）I 形动线布局。

I 形动线布局如图 3-1-5 所示。根据作业顺序，自入仓到出仓物料流动的路线为 I 形。

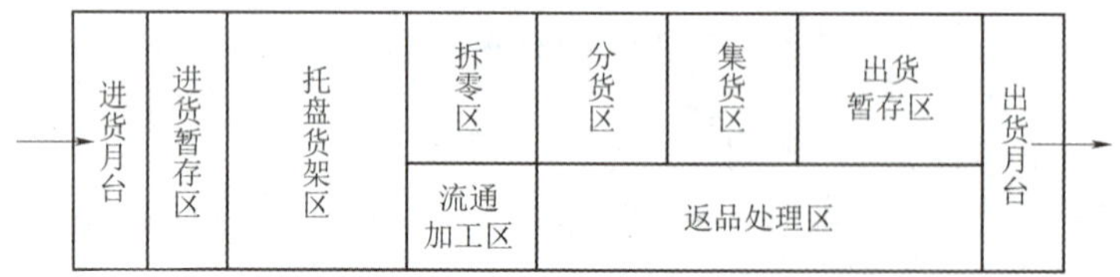

图 3-1-5　I 形动线布局

I 形动线布局的特点：可以应对进出货高峰同时发生的情况，适用于收发货频率高、存储时间短、使用不同类型车辆来出货和发货的配送中心。

（2）U 形动线布局。

U 形动线布局如图 3-1-6 所示。根据作业顺序，自入仓到出仓物料流动的路线为 U 形。

图 3-1-6　U 形动线布局

U 形动线布局适用于库存品流动具有强烈的分类库存控制法（activity based classification, ABC）特征，即少量的 SKU 具有高频率出入库活动的仓库，可以应对进出货高峰同时发生的情况。

（3）L 形动线布局。

L 形动线布局如图 3-1-7 所示。根据作业顺序，自入仓到出仓物料流动的路线为 L 形。该布局适合进货、出货数量相当庞大的物流中心，适合进行越库作业，便于装卸货月台的利用。

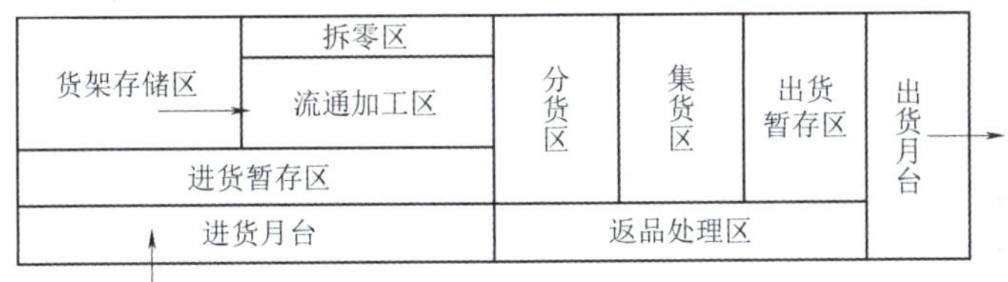

图 3-1-7　L 形动线布局

（4）上下 U 形动线布局。

上下 U 形动线布局如图 3-1-8 所示。根据作业顺序，自入仓到出仓物料流动的路线为上下 U 形。该布局适合两层以上物流中心，该动线规划着重于进货、出货区域分离，同时考虑进货、验收、储存、流通加工、拣货、分货、集货、退货区功能设计。

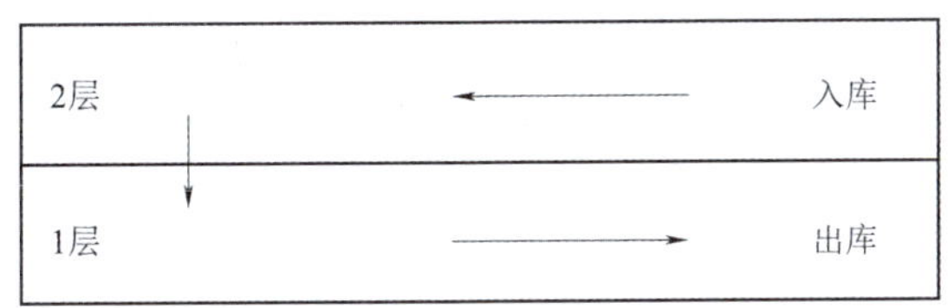

图 3-1-8　上下 U 形动线布局

3. 区域内部平面布置设计

区域内部平面布置就是把各区域面积按比例填入新建物流中心规划图中。首先确定进货和发货大厅。假设货物进出路线按 U 形动线布局，把进货大厅和发货大厅填入有效使用面积中，就形成图 3-1-9 的 U 形平面布置。

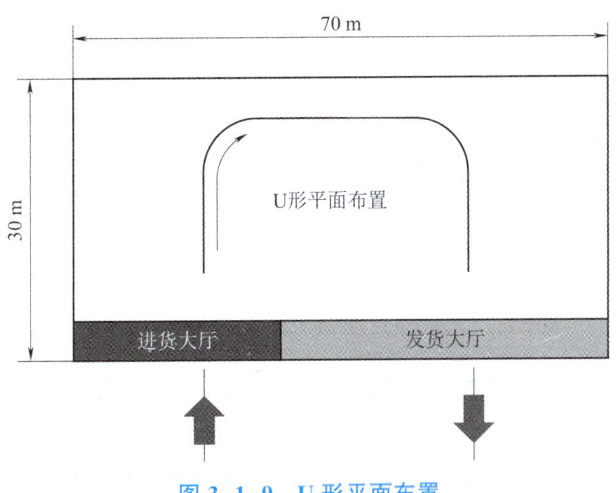

图 3-1-9　U 形平面布置

①依照U形动线，把面积大且长宽比不变的自动仓库、分类输送机、发货暂存区等区域填入建筑框图，如图3-1-10所示。

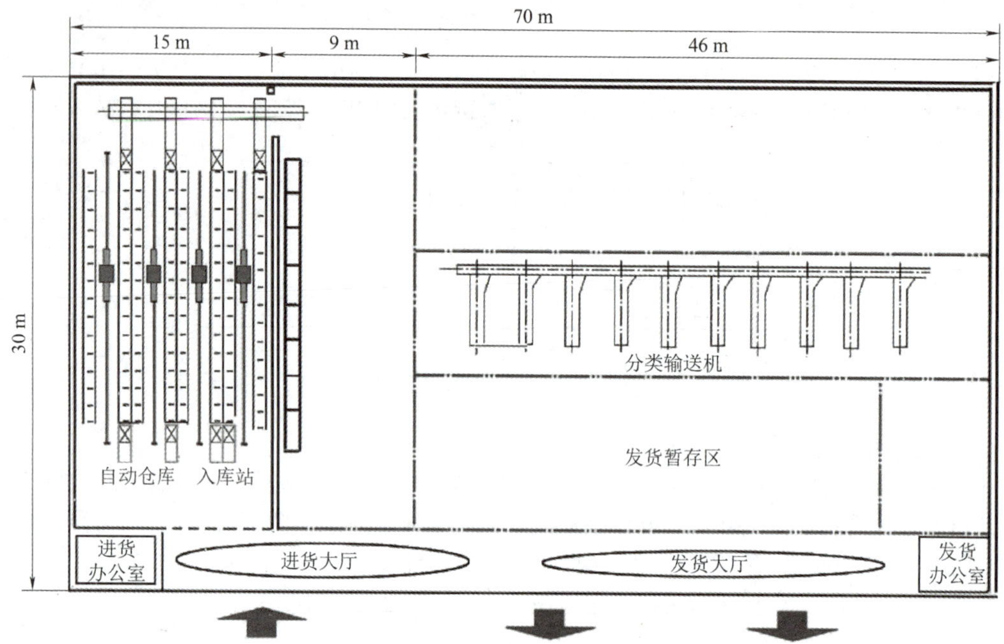

图3-1-10 自动仓库和分类输送机等的布置

②依照动线，把面积大且长宽比可变的活动区域（托盘货架区、箱式流动货架区等）填入图中，如图3-1-11所示。

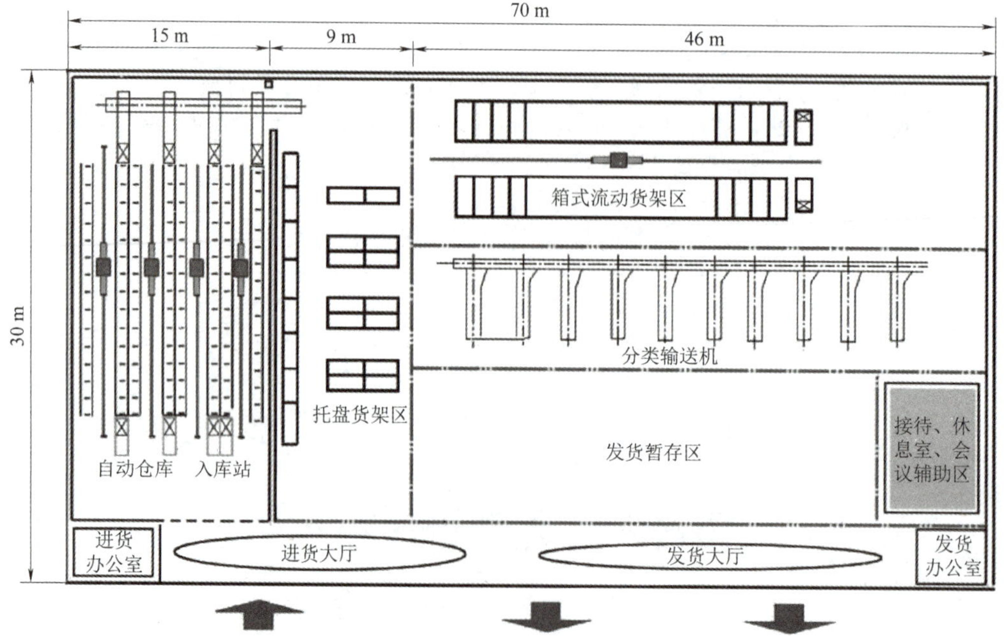

图3-1-11 托盘货架、箱式流动货架等的布置

③小面积活动区的布置（进货暂存区、流通加工区等）如图 3-1-12 所示。

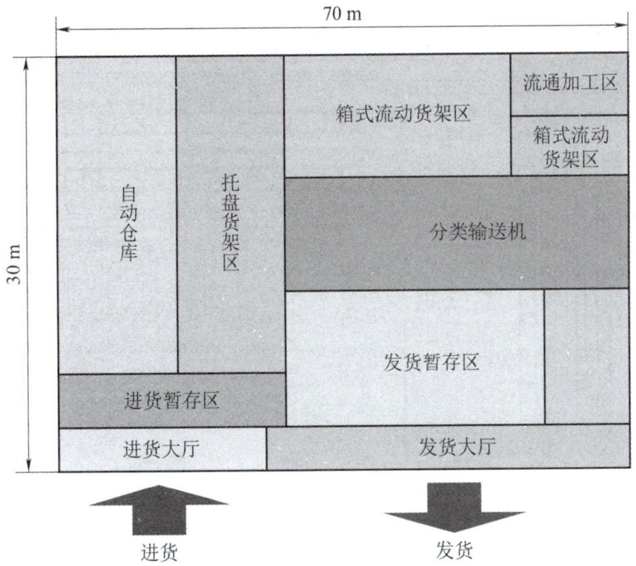

图 3-1-12　小面积活动区的布置

④占地面积较小且长宽比可变的设备布置。当自动仓库和分类输送机布置之后，则可布置托盘货架区、箱式流动货架区、流通加工区内箱货架等面积较小且长宽比可变的设备，如图 3-1-13 所示。

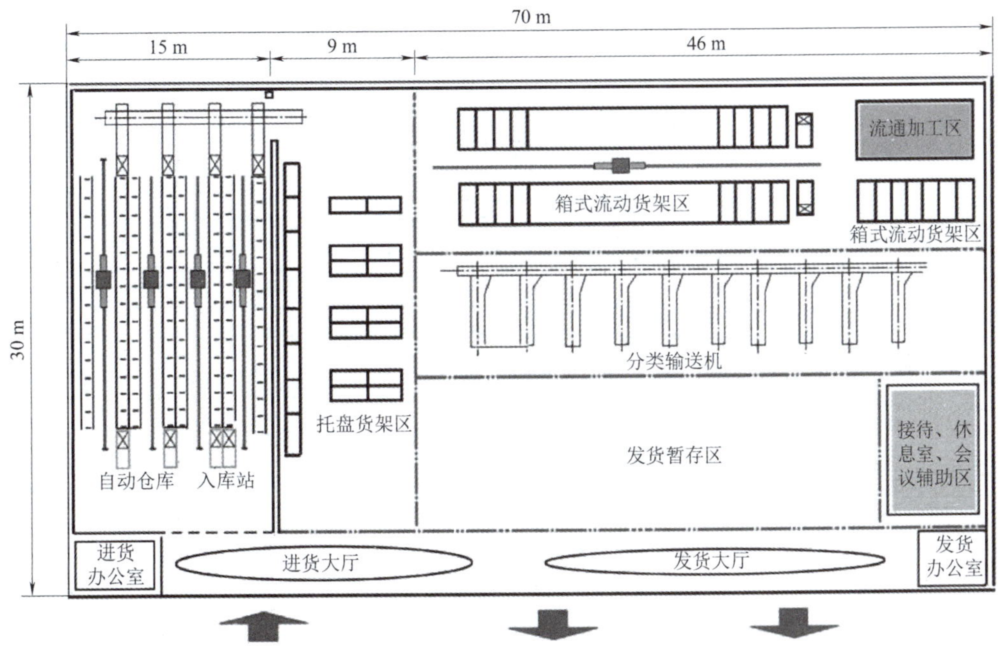

图 3-1-13　占地面积较小且长宽比可变的设备布置

⑤托盘搬运输送机和料箱搬运输送机的布置，如图 3-1-14 所示。

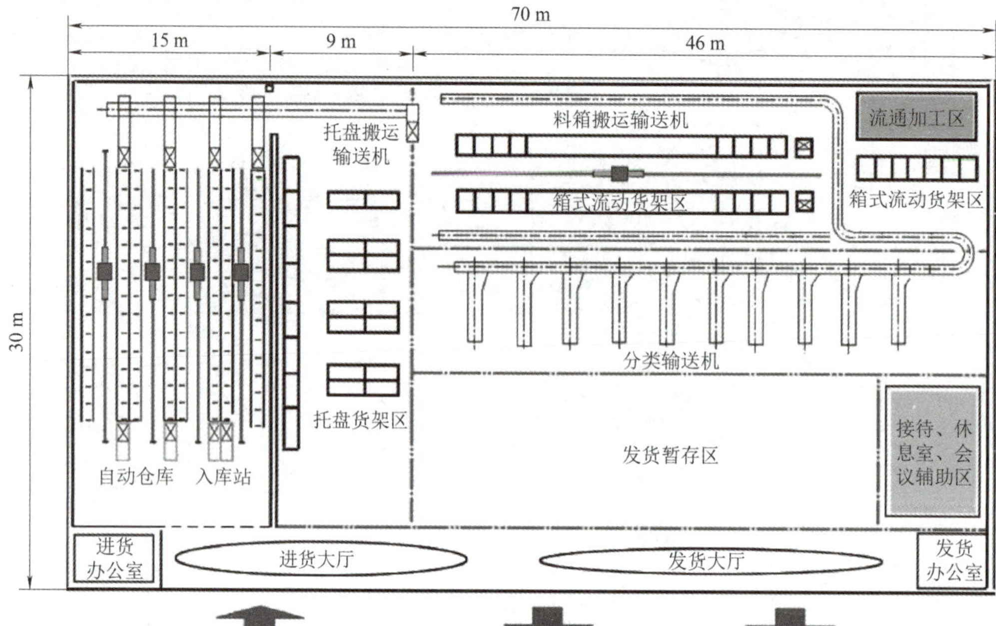

图 3-1-14 托盘搬运输送机和料箱搬运输送机的布置

⑥动线标志检查。动线就是商品、资材（货品箱、托盘、料箱等）、废弃物和人员的移动路线。要求全体动线具有完整性和合理性，且在整个物流配送中心范围内，人、物、资材等不能发生阻断、迂回、绕远和相互干扰等现象。图 3-1-15 为仓储中心动线图，图中实线箭头代表物流路线，虚线箭头代表人流路线。这些路线没有回流交叉等现象。

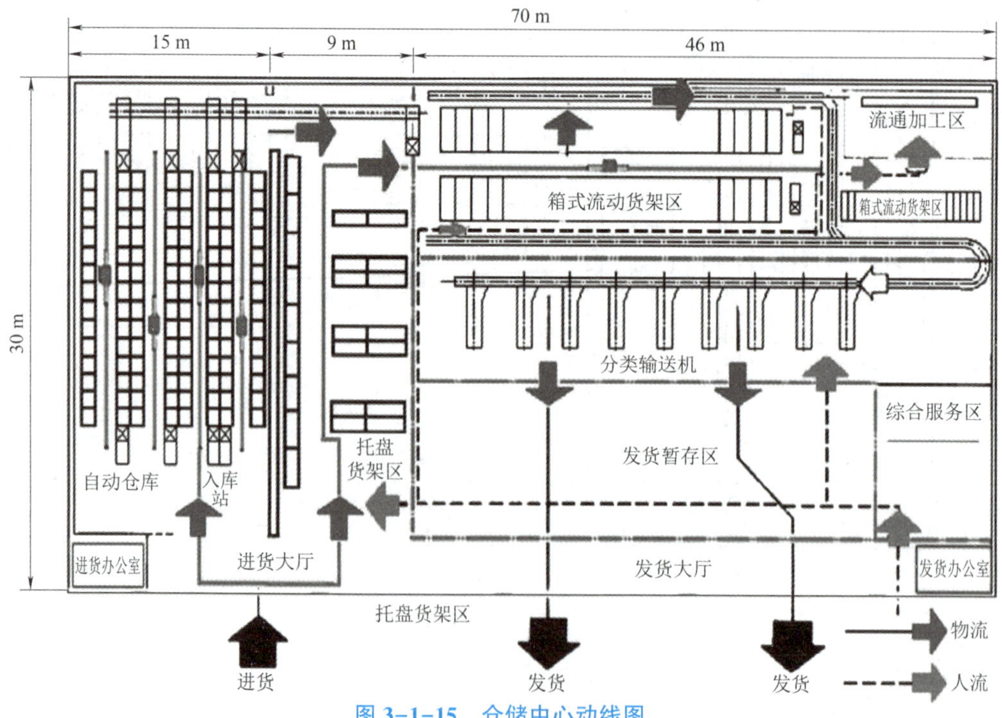

图 3-1-15 仓储中心动线图

任务实施

步骤一：明确仓库设计条件和设计要求

小陈此次接到的任务是对饮料仓库进行扩建布局规划，接到任务之后，他先是和主管确认了公司对仓库的设计条件和设计要求。

1. 设计条件

扩建原有的贯通式饮料仓库。第一期建设 3 000 个托盘位（1 000 mm×1 200 mm），工程完工后，仓库的仓储能力达到 8 000 个托盘位，扩建期间，要求保留原有的贯通式货架的 5 000 个托盘位到第一期项目投产。

设计数据。

①库房尺寸 $L\times B$ 为 40 m×50 m。

②库房高度最大尺寸为 25 m。

③日进货量（24 h）为 360 托盘位（15 托盘位/h）。

④库内理货量为 60 托盘位/h。

⑤库存货种为 35 种。

库区平面图如图 3-1-16 所示，图中的矩形方块为现有贯通式货架。

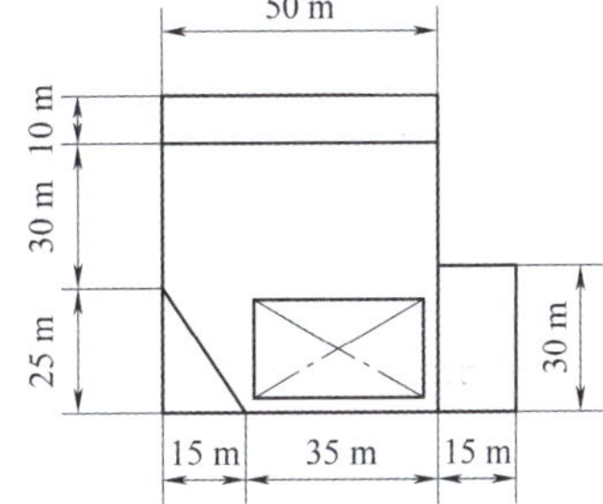

图 3-1-16　库区平面图

2. 设计要求

货位随机安排；货物存放周期最少 7 天；不严格要求“先入先出”，但尽量保证；每天三班工作；货物进库时间为 10：00—18：00，出库活动在货物进库时同时进行；进库、出库的货物以托盘为单位。

步骤二：仓库布局设计

根据公司定的仓库设计条件和要求，小陈给出了 3 种仓库布局设计方案。

1. 方案 A

如图 3-1-17 所示，采用每个货格一个货位，货架深度为两个货位的货架。

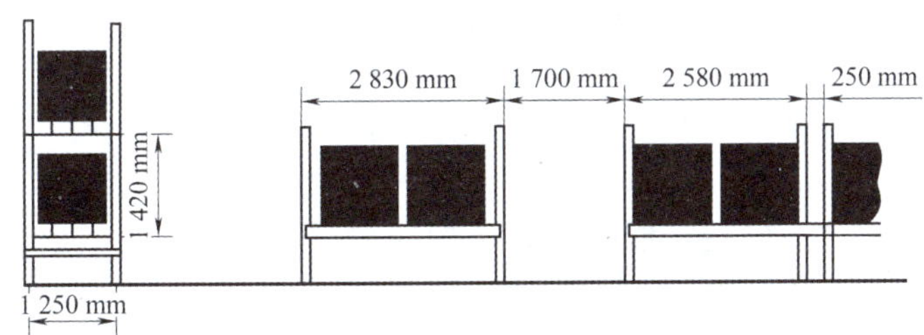

图 3-1-17　A 方案货架断面图

（1）方案特点。

①托盘的长度方向与巷道方向垂直；②出库区和入库区在同一平面；③货物由输送机从入库区送到储存区，再从储存区送到出库区；④巷道方向与库房长度方向取齐；⑤每条巷道一台堆垛机。

（2）仓库建设整体方案。

①第一期工程的建设面积为 30 m×50 m，安装 19 排货架，每排货架的托盘位为 16。19 排货

架的第一层共有 19×16 = 304 货位，则货架的层数为 3 000÷304 = 9. 868，对层数取整，定为 10 层，则一期工程可提供 19×16×10=3 040 个托盘位。将货架集中排成五排，其中四排的货架数为 4，一排的货架数为 3，形成货位深度为两个货位、巷道数为 4 的储存空间。

②二期工程完工后，建成 24 排货架。其中 16 排，每排 38 个托盘位；2 排，每排 34 个托盘位；2 排，每排 33 个托盘位；2 排，每排 24 个托盘位；2 排，每排 23 个托盘位（共计 836 个托盘位）；每排货架 10 层，形成托盘位为 836×10=8 360 个的储存空间。其中 360 个托盘位作为托盘倒货时的工作空间。仓库横截面和平面布置如图 3-1-18、图 3-1-19 所示。

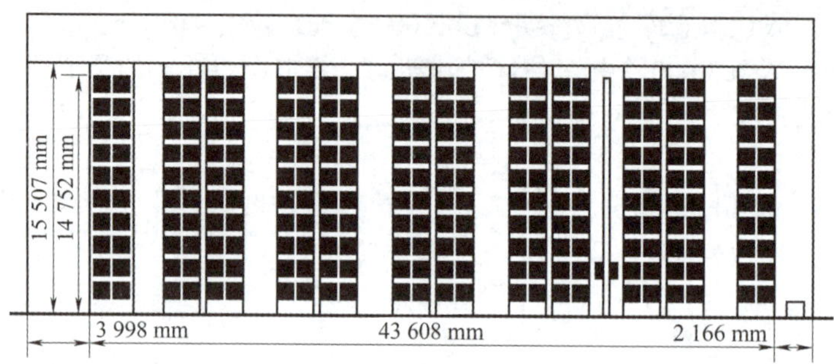

图 3-1-18　A 方案仓库横截面

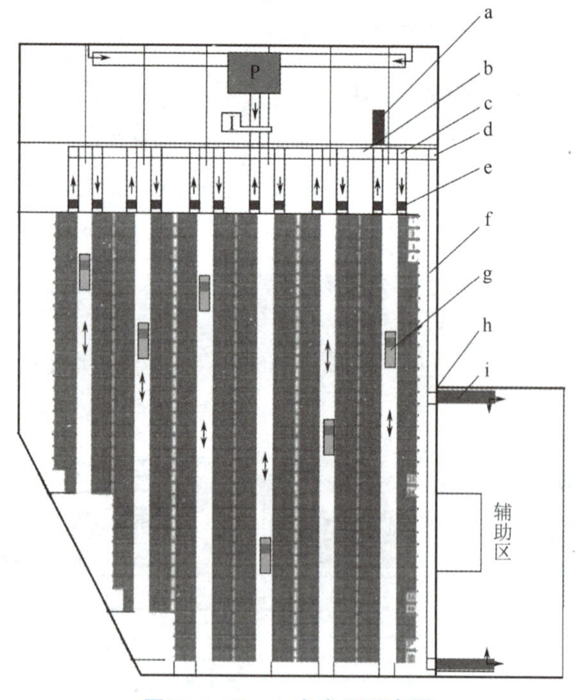

图 3-1-19　A 方案平面布置

P—进货控制点；I—仓储信息采集点；a—托盘通道；b—辊道输送机；c—链式输送机；d—托盘转向点；e—升降辊道；f—辊子输送机；g—高架堆垛机；h—托盘转向点；i—积放输送机

（3）方案评价。

①优点：本方案储存区与进货区垂直，有利于仓库继续扩大仓储能力，也很容易将人与作业机械分开，有利于安全生产；托盘可通过专用通道进行补充，不会影响进货或者出货。

②缺点：由于输送机输送速度较慢（0.5~1.0 m/s），输送距离较长，输送机的供货能力远小于堆垛机的堆取能力。另外，根据进出库作业的库内理货作业的实际需要，每台堆垛机每小时只需进行 10 次作业。按一般规律，每台堆垛机的平均单作业周期为 60 s，平均复合作业周期为 106 s，每台堆垛机每小时可完成 60 次单作业或 34 次复合作业，所以堆垛机的能力不能得到发挥。

（4）投资费用（以德国马克 DM① 计算）。

堆垛机的轨道和滑轴线：2 000 DM/m；链条式输送机 7 500 DM；辊子输送机 10 000 DM；2 台叉车 100 000 DM；6 台堆垛机 1 200 000 DM；货架 409 400 DM；托盘等储运工具 291 770 DM；仓储管理信息系统建设费用取为总费用的 15%；仓库的消防设备为总费用的 6%，再考虑 10%的不可预见费，整个工程的造价为 2 621 533 DM。

（5）仓库营运费用（以德国马克计算）。

仓储费用（能源消耗费、人员工资和货架维护费）每年 416 070 DM，库内搬运费用每年 349 589 DM，利息每年 245 185 DM；每年支出 1 010 844 DM。

（6）财务分析。

若每年的收入稳定在 1 742 000 DM 的情况下，仓库的投资可在 3.59 年内收回。收支平衡表如表 3-1-1 所示。

表 3-1-1　收支平衡表　　单位/DM

序号	收入	支出	资金流	总计
0	0	2 621 533	-2 621 533	-2 621 533
1	1 742 000	1 010 844	731 156	-1 890 377
2	1 742 000	1 010 844	731 156	-1 159 221
3	1 742 000	1 010 844	731 156	-428 065
4	1 742 000	1 010 844	731 156	303 091

2. 方案 B

如图 3-1-20 所示，采用每个货格两个货位，货架深度为两个货位的货架。

（1）方案特点。

①托盘的长度方向与巷道方向垂直；②出库区和入库区在同一平面；③轨道小车运载托盘到库存区；④巷道方向与库房长度方向垂直；⑤货位随机安排；⑥整个仓库共用三台堆垛机在不同巷道进行装卸作业。

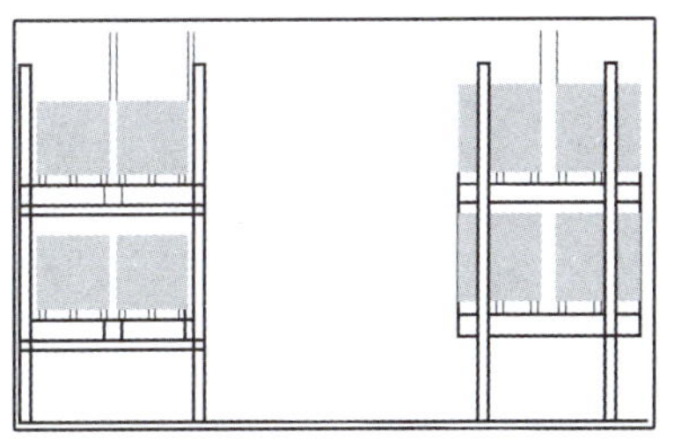

图 3-1-20　B 方案货架断面

（2）仓库建设整体方案。

①第一期工程的建设的面积为 30 m×50 m，安装 10 排货架，货架层高为 11 层，每排货架的托盘位为 30。则一期工程可提供 10×11×30=3 300 个托盘位。将货架集中排成三排，其中两排的货架数为 4，一排的货架数为 2，形成货位深度为两个货位、巷道数为 2 的储存空间。

②二期工程完工后，建成 30 排货架。其中 16 排，每排 30 个托盘位；14 排，每排 20 个托盘位，一共（16×30+14×20）×11=8 360 个托盘位。仓库横截面和平面布置如图 3-1-21 及图 3-1-22 所示。

---

① 德语名称 Deutsche Mark，1 欧元=1.955 83 德国马克。

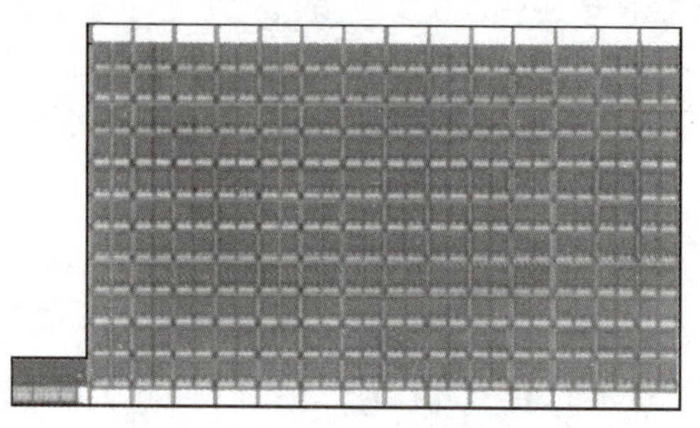

图 3-1-21 B 方案仓库横截面

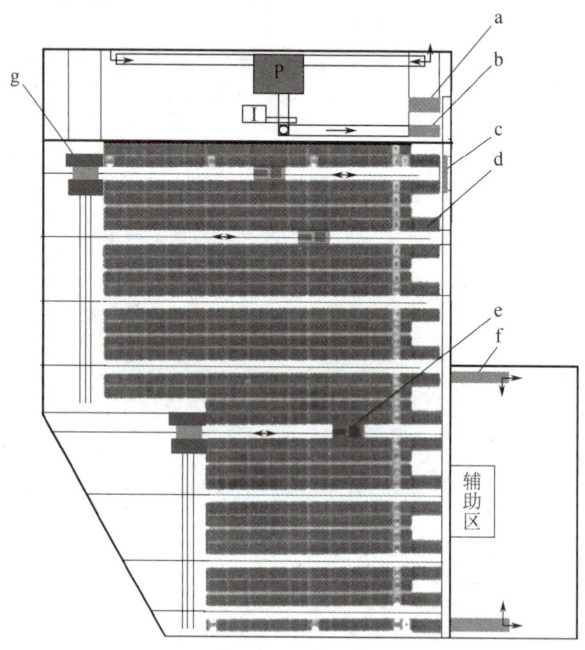

图 3-1-22 B 方案平面布置

P—进货控制点；I—仓储信息采集点；a—托盘通道；b—进库通道；c—分配小车；d—出入库台；e—堆垛机；f—积放输送机；g—轨道小车

（3）设备能力分析。

仓库作业主要设备的作业能力如表 3-1-2 所示。

表 3-1-2 主要设备的作业能力

设备名称	单作业周期/s	复合作业周期/s	单作业次数/h	复合作业次数/h
堆垛机（不转轨）	80	136	45	26
堆垛机（转轨）	—	200	—	18
分配小车	65	105	55	34

根据仓库作业要求，堆垛机每小时应能完成 75 个托盘的库内作业，即要完成 15 次复合作业和 60 次单作业；如果分配小车每次载运两个托盘，其工作时间需要 2 738 s，约 46 min。由表 3-1-2 可以看出，仅需一台分配小车、两台堆垛机即可完成相应的进库和出库作业。考虑到

堆垛机改变工作巷道时需要辅助作业时间，因而降低了堆垛机的作业效率，所以再增加一台堆垛机；另考虑到仓库的平面布置，将两台堆垛机与一台轨道小车相配合，进行四个巷道的库内作业，再增加一台轨道车与一台叉车配合，负责其余四个巷道的装卸作业。

（4）方案评价。

①优点：本方案中堆垛机配置与仓储作业效率要求相匹配，使堆垛机的能力得到充分利用；在没有堆垛机转轨任务时，每台轨道小车可装运 6 个托盘。因此，为仓库系统提供了一个缓冲区，从而提高了系统的柔性。

②缺点：由于安装轨道小车和小车轨道，仓储面积减少了 180 m^2，并增加了轨道梁，提高了土建投资；仓库的平面布置很难将人与作业机械分开，因此不利于安全生产。

（5）投资费用（以德国马克计算）。

2 台叉车 100 000 DM；3 台堆垛机 900 000 DM；托盘等储运工具 262 910 DM；货架 472 500 DM；仓储管理信息系统建设费用取为总费用的 15%；仓库的消防设备为总费用的 6%，再考虑 10%的不可预见费，整个工程的造价为 1 945 887 DM。

（6）仓库营运费用（以德国马克计算）。

仓储费用（能源消耗费、人员工资和货架维护费）每年 531 225 DM，库内搬运费用每年 410 646 DM，利息每年 173 563 DM；每年支出 1 115 434 DM。

（7）财务分析。

即在每年的收入稳定在 1 742 000 DM 的情况下，仓库的投资可在 3. 11 年内收回。收支平衡情况如表 3-1-3 所示。

表 3-1-3　收支平衡情况　　单位/DM

序号	收入	支出	资金流	总计
0	0	1 945 887	-1 945 887	-1 945 887
1	1 742 000	1 115 434	626 566	-1 319 321
2	1 742 000	1 115 434	626 566	-692 755
3	1 742 000	1 115 434	626 566	-66 189
4	1 742 000	1 115 434	626 566	560 377

3. 方案 C

如图 3-1-23 所示，采用穿梭小车式贯通货架。

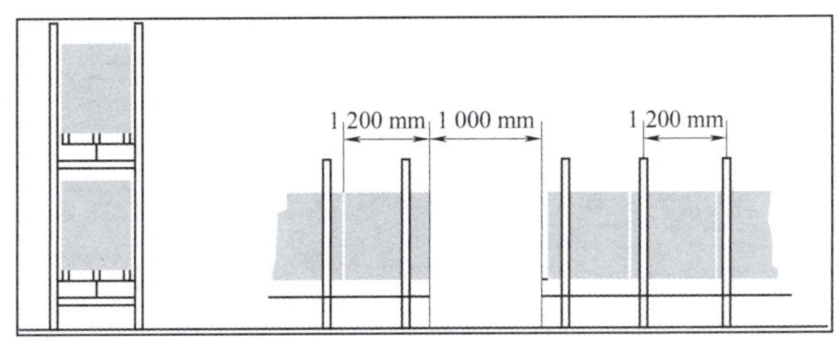

图 3-1-23　C 方案货架断面

（1）方案特点。

①货架内的通道方向与仓库长度方向取齐；②货架第一层和第二层内有辊子输送机，如图 3-1-24 所示；③货物由分配小车送到存储区，货位随机安排；④货架通道内托盘的存取、运

输均通过穿梭小车的往复穿梭来完成。

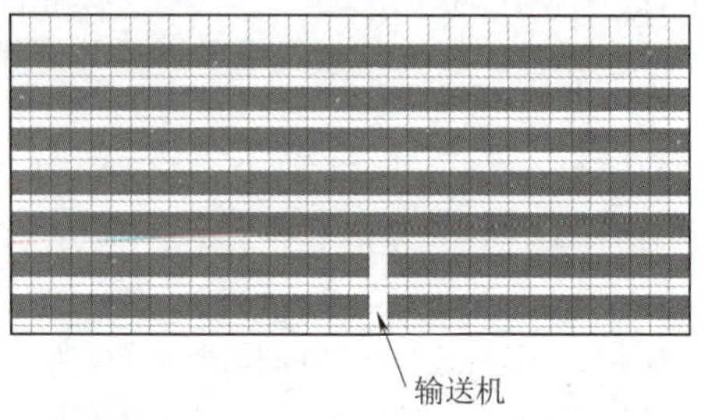

图 3-1-24　C 方案仓库横截面

（2）仓库建设整体方案。

①第一期工程建设 2 个贯通式货架，每个货架有 29 个通道。通道深度为 8 个货位，货架高为 5 层，在第一层和第二层中安装辊子输送机后，可有货位 1 062 个，则一期工程可提供 29×8×5×2+1 062＝3 382 个托盘位。

②二期工程完工后可形成 8 209 个托盘位的储存空间，仓库平面布置如图 3-1-25 所示。

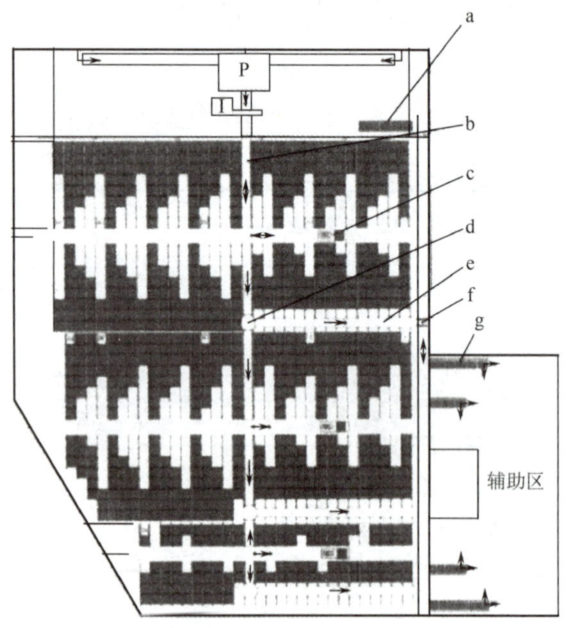

图 3-1-25　C 方案平面布置

P—进货控制点；I—仓储信息采集点；a—托盘通道；b—输送机；c—堆垛机；d—托盘转向点；e—输送机；f—转运小车；g—出库通道

（3）设备能力分析。

仓库作业主要设备的作业能力如表 3-1-4 所示。

表 3-1-4　主要设备的作业能力

设备名称	单作业周期/s	复合作业周期/s	单作业次数/h	复合作业次数/h
堆垛机	46	81.6	78	44
分配小车	47.6	—	76	—

根据仓库作业要求，堆垛机每小时应能完成 75 个托盘的库内作业，由表 3-1-4 可以看出，仅需一台堆垛机就能完成相应的库内作业；与货架一体的输送机也能完成相应的供货进度；分配小车可将托盘及托盘货物通过托盘通道和验货通道送到库存区。

（4）方案评价。

①优点：本方案的面积利用率可达 84.6%；仓库的扩容很容易实现。

②缺点：由于输送机和货架制成一体，其故障较难发现，也很难修理；货架中的穿梭小车轨道降低了仓库高度的利用系数。

（5）投资费用（以德国马克计算）。

3 台叉车 150 000 DM；1 台堆垛机 500 000 DM；托盘等储运工具 147 360 DM；货架 727 800 DM；仓储管理信息系统建设费用取为总费用的 15%；仓库的消防设备为总费用的 6%，再考虑 10%的不可预见费，整个工程的造价为 1 997 960 DM。

（6）仓库营运费用（以德国马克计算）。

仓储费用（能源消耗费、人员工资和货架维护费）每年 453 990 DM，库内搬运费用每年 309 868 DM，利息每年 162 325 DM；每年支出 926 183 DM。

（7）财务分析。

即在每年的收入稳定在 1 742 000 DM 的情况下，仓库的投资可在 2.45 年内收回，如表 3-1-5 所示。

表 3-1-5　收支平衡表　　单位/DM

序号	收入	支出	资金流	总计
0	0	1 997 960	-1 997 960	-1 997 960
1	1 742 000	926 183	815 817	-1 182 143
2	1 742 000	926 183	815 817	-366 326
3	1 742 000	926 183	815 817	449 491

步骤三：方案比较

小陈得出三种仓库布局设计方案之后，决定利用比较的方法得出最佳方案。

1. 仓库利用系数比较

三种仓库布局设计方案的仓库利用系数如表 3-1-6 所示。

表 3-1-6　仓库利用系数

方案名称	面积利用率/%	高度利用率/%	容积利用率/%
方案 A	0.528	0.847	0.448
方案 B	0.562	0.658	0.37
方案 C	0.846	0.707	0.598

2. 费用比较

三种仓库布局设计方案的费用如表 3-1-7 所示。

表 3-1-7　设备投资和营运费用总和

费用类别	方案 A	方案 B	方案 C
设备投资/DM	2 621 533	1 945 887	1 997 960

续表

费用类别		方案 A	方案 B	方案 C
营运费用	仓储费/DM	416 070	531 225	453 990
	每托盘/(DM·月$^{-1}$)	1.81	2.31	1.97
	库内搬运费用/DM	349 589	410 646	309 868
	每托盘/(DM·月$^{-1}$)	1.52	1.78	1.34
	利息/DM	245 185	173 563	162 325
	总计/DM	1 010 844	1 115 434	926 183
投资偿还期/年		3.59	3.11	2.45

3. 方案评价

(1) 权值计分。

如表 3-1-8 所示，按行与列对各项指标在两两之间进行比较，按最重要、较重要和不重要给出相应权值 1，0.5 和 0。

表 3-1-8　权值矩阵

序号	项目	1	2	3	4	5	6	7	8	9	权值计分	排序
1	仓库容积利用率	—	0.5	1	0.5	0.5	0.5	0	0	0	3	6
2	仓库扩容可行性	0.5	—	0	0	0	0.5	0.5	0	0	1.5	7
3	仓库柔性	0	1	—	0	0	0	0	0	0	1	8
4	库内搬运效率	0.5	1	1	—	1	0.5	0.5	0.5	0.5	5.5	2
5	所需人力资源	0.5	1	1	0	—	0	0	0.5	0.5	3.5	5
6	安全性	0.5	0.5	1	0.5	1	—	0.5	0.5	0.5	5	3
7	投资费用	1	0.5	1	0.5	1	0.5	—	0	0	4.5	4
8	仓储费用	1	1	1	0.5	0.5	0.5	1	—	0.5	6	1
9	库内搬运费用	1	1	1	0.5	0.5	0.5	1	0.5	—	6	1

(2) 方案评分。

仓库建设方案评分如表 3-1-9 所示。

表 3-1-9　仓库建设方案评分

项目	权值计分 G	方案 A		方案 B		方案 C	
		单项排序 N	$N\times G$	单项排序 N	$N\times G$	单项排序 N	$N\times G$
仓库容积利用率	3	2	6	1	3	3	9
仓库扩容可行性	1.5	3	4.5	1	1.5	3	4.5
仓库柔性	1	3	3	1	1	2	2
库内搬运效率	5.5	3	16.5	2	11	2	11
所需人力资源	3.5	3	10.5	2	7	3	10.5
安全性	5	2	10	3	15	2	10
投资费用	4.5	1	4.5	3	13.5	3	13.5

续表

项目	权值计分 G	方案 A		方案 B		方案 C	
		单项排序 N	$N \times G$	单项排序 N	$N \times G$	单项排序 N	$N \times G$
仓储费用	6	3	18	1	6	2	12
库内搬运费用	6	2	12	2	12	3	18
总计			85		70		90. 5
排序		2		3		1	

（3）方案评价结论

根据表 3-1-9 中的计算结果，小陈发现方案 C 是最佳选择，于是将方案 C 细化后交给公司。

素养园地

“高标仓”的建设是现代物流发展的重要推动力

课后习题

智慧仓配规划与布局

任务二 智慧仓配信息技术与设施设备

任务导入

建设智慧配送中心是小陈所在公司计划向智慧仓配发展的一大关键项目，小陈从智慧仓储信息技术和自动化立体仓库与仓储设备两个方面出发展开了学习，希望对实现智慧仓配所需的软硬件设施有进一步的认识。

一、仓配信息技术

（一）自动识别技术

1. 条形码技术

条形码是一组按一定规则排列的条、空符号，用以表示由一定的字符、数字及符号组成的信息，是实现物流信息自动采集和传输的重要技术。

条形码系统是由条形码符号设计、制作及扫描、阅读组成的自动识别系统。它可以大量、快速地进行信息采集，非常符合物流管理信息系统对大量化和高速化信息采集的要求。在仓储作业流程中，条形码技术通常用于对货物进行标识和跟踪，以便进行出入库管理、库存管理、物品损耗和盘点等工作。每个货物都会被打上条形码标签，通过条形码扫描枪扫描可以自动识别货物的基本信息和存放位置。

知识拓展

条形码在仓库管理中的应用

2. 射频识别（RFID）技术

RFID 是一种自动化的远距离自动标签识别技术。相对于条形码技术，RFID 不需要进行物理接触就可以扫描得非常准确，其读写距离范围更是可以从几毫米到几米。

与传统的条形码相比，RFID 属于一种移动的电子存储媒介，RFID 标签的信息被存于标签之中。在作业过程中如出现标签的损坏以及磨损都不影响对标签数据的读取。

知识拓展

RFID 在仓配管理中的应用

如表 3-2-1 所示，可以将自动识别技术在智慧仓配系统中发挥的作用归纳为以下几点。

表 3-2-1 自动识别技术在智慧仓配系统中发挥的作用

作用	具体效果
实时监测和管理库存	通过使用条形码或 RFID 标签，智慧仓配系统可以快速准确地获取货物的信息和存放位置，从而帮助企业实时监测和管理库存，降低货损和库存积压的风险

续表

作用	具体效果
自动化管理	智慧仓配系统可以使用 RFID 技术实现货物的自动化处理和分拣，减少人工干预的成本和错误率。通过条形码技术和 RFID 技术，仓库可以实现自动化的货物管理和处理，提高仓库的作业效率和精度
实现快速配送	智慧仓配系统可以将条形码技术和 RFID 技术与物流配送结合，实现快速、精准的货物配送。通过自动识别货物，智慧仓配系统可以提高配送效率和准确性，减少货物损失和配送延误的风险

（二）跟踪与定位技术

1. 全球定位系统（GPS）

GPS 是一种以人造地球卫星为基础的高精度无线电导航的定位系统，它在全球任何地方以及近地空间都能够提供准确的地理位置、车行速度及精确的时间信息。

在仓配过程中对货物配送路线进行规划是 GPS 导航系统的一项重要辅助功能，它主要包括。

①自动路线规划。由驾驶员确定起点和终点，由计算机软件按照要求自动设计最佳行驶路线，包括最快的路线、最简单的路线、通过高速公路路段次数最少的路线等。

②人工线路设计。由驾驶员根据自己的目的地设计起点、途经点和终点等，自动建立线路库。线路规划完毕后，显示器能够在电子地图上显示设计线路，并同时显示汽车运行路径和运行方法。

利用计算机技术与 GPS 车辆信息系统相连，使整个运输车队的运行受中央调度系统的控制，中央调度系统可以对车辆的位置、状况等进行实时监控。利用这些信息可以对运输车辆进行优化配置和调遣，极大地提高了运输工作的效率，同时能够加强成本控制。另外，通过将车辆载货情况及到达目的地的时间预先通知下游单位配送中心或仓库等，有利于下游单位合理地配置资源、安排作业，从而提高运营效率，节约物流成本。

知识链接

北斗卫星导航系统

2. 地理信息系统（GIS）

GIS 是处理地理数据的输入、输出、管理、查询、分析和辅助决策的计算机系统，是在计算机硬件、软件系统支持下，对整个或部分地球表层（包括大气层）空间中的有关地理分布数据进行采集、储存、管理、运算、分析、显示和描述的技术系统。

GIS 技术把地图这种独特的视觉化效果和地理分析功能与一般的数据库操作（如查询和统计分析等）集成在一起。这种能力使 GIS 与其他信息系统相区别，从而使其在现代物流信息系统中发挥着重要的作用。主要体现在帮助物流公司选择恰当的物流运输中心、方便物流系统进行传输分配、妥善解决突发状况，以及构建宏观物流调控系统。

知识拓展

GIS 在物流信息管理中的优势与应用

（三）智慧物流信息技术

智慧物流借助物联网、大数据、云计算、人工智能等新兴信息技术，通过互联互通与协同共享，重塑了物流中人、货、车、节点、线路等物理要素间的关系，将原本分离的信息流、物流、商流与配送和采购等环节密切关联，智能化地实施包装、仓储、装卸、运输、配送等中间环节，突破了商品流通各环节之间流程与工序的界限，使商品在全流通过程中都能被跟踪和管理，确保商品物流信息的网络化、可视化、及时化和智能化，从而有效降低物流成本，提升物流服务质量和效率，如图 3-2-1、图 3-2-2 所示。

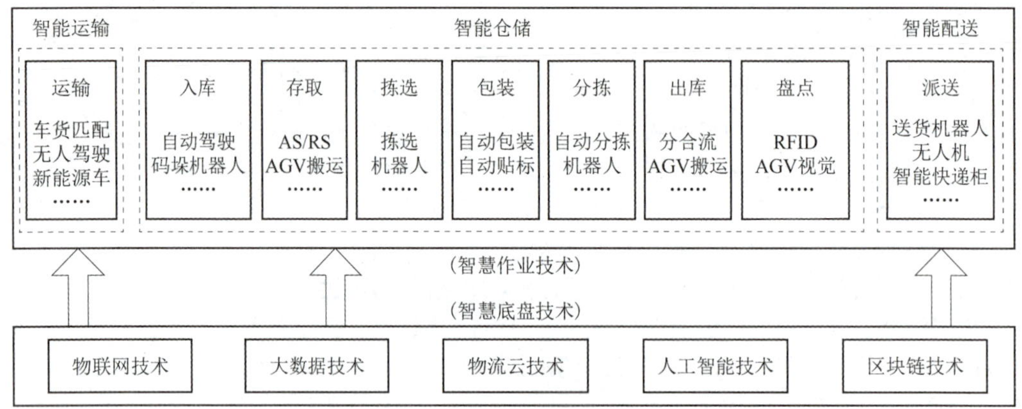

图 3-2-1　新兴信息技术与智慧物流的关系

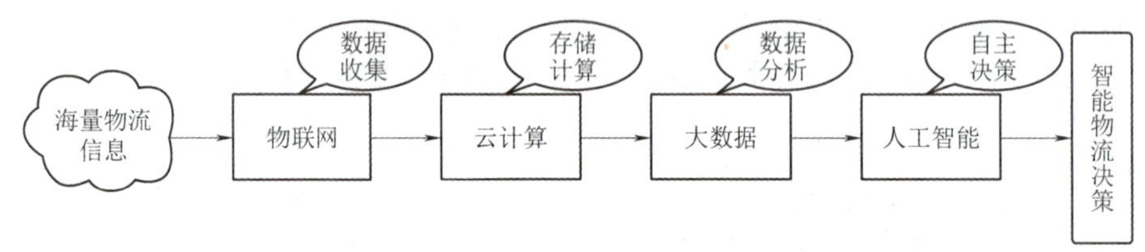

图 3-2-2　智慧物流关键技术体系结构

1. 物联网

物联网是智慧物流的基础，其核心理念是将各种感知技术、现代网络技术、人工智能与自动化技术聚合与集成应用，使“万物互联”。物联网先进技术的兴起和发展显著推进了物流业的信息化进程，支持物流系统的信息化、智能化、自动化、透明化、系统化的运作模式，初步实现了物流的网络化和智能化，为其向“智慧化”发展提供了良好的契机。

物联网利用扫描器、定位系统、RFID、传感器、数据通信等技术，实现智慧处理、智慧感知、智慧管控和智慧传输，让智慧物流全程可控、可视、可追溯。

2. 大数据

物流的在线化会产生大量数据，利用大数据技术对这些物流大数据进行分析、处理与挖掘，发现对企业运营和管理有价值的信息，进而进行更科学、合理的管理决策。

3. 云计算

云计算是一种利用互联网实现随时随地、按需、便捷地使用共享计算设施、存储设备、应用程序等资源的计算模式。

其常见的应用场景是通过互联网提供软件与服务，用户通过网络浏览器界面加入云计算，不需要安装服务器或任何客户端软件，可在任何时间、任何地点、任何设备（前提是接入互联网）上随时、随意访问。在仓储和配送管理中，实现订单管理、仓库管理和运输管理等信息系统的软件即服务（software as a service，SaaS）化，即基于互联网提供软件服务的软件应用模式，为相关企业的信息管理系统提供更加多样化、快捷的服务迭代升级功能。

4. 人工智能

人工智能技术在物流行业的影响主要聚集在智能搜索、推理规划、智能机器人等领域，能为物流各流通环节进行智慧赋能，实现物流资源的智能化配置和物流作业的高效率完成。

5. 区块链

区块链技术是将加密算法、分布式数据存储、共识机制、点对点传输等计算机技术相结合的新型应用模式，本质是应用分布式数据库去记载、传播和识别信息的智能型对等网络，显著特征是去中心化、开放、自治且共识、信息不可篡改且可追溯、交易透明且匿名。

知识拓展

智慧物流信息技术在仓配中的典型应用场景

二、智慧仓配的设施设备

智慧仓配物流系统常以自动化立体仓库和配送分拣中心为呈现形式，综合了自动化控制、自动输送、场前自动分拣及场内自动输送，通过货物自动录入、管理系统和查验货物信息的软件平台，实现货物的物理运动及信息管理的自动化及智能化。

（一）智慧仓配设施——自动化立体仓库

1. 自动化立体仓库的概念

自动化立体仓库一般由高层货架系统，有轨巷道堆垛机系统，入、出库输送机系统，托盘及料箱，自动化控制系统，计算机 WMS 及其他周边设备组成，是可对集装单元货物实现储取和计算机管理的仓储作业系统。

在运用自动立体仓库执行仓配服务的仓库里，各种货物先是以货物单元的形式存储在货架上。出库时，往往需要根据订单的要求将不同的货物以不同的数量进行选配，组成新的货物单元，送往需要的地方以供使用，所以这类仓库除了有高层的立体货架之外，一般都有比较大的选配作业面积，如图 3-2-3 所示。

图 3-2-3　自动化立体仓库

知识拓展

自动化立体仓库的优劣势

2. 自动化立体仓库的基本构成

（1）高层货架。

如图 3-2-4 所示，货架是钢结构或钢筋混凝土结构的建筑物或结构体，货架内是标准尺寸的货位空间。通过立体货架实现货物存储功能，可以充分利用立体空间，并起到支撑堆垛机的作用。

图 3-2-4　高层货架

（2）巷道堆垛机。

如图 3-2-5 所示，巷道堆垛机是自动化立体仓库的核心起重及运输设备，它的主要作用是在立体仓库的通道内来回运行，将位于巷道口的货物存入货架的货格，或者取出货格内的货物运送到巷道口。

图 3-2-5　巷道堆垛机

堆垛起重机自身尺寸小，可在宽度较小的巷道内运行，同时适合高层货架作业，作业过程无须人工干预，自动化程度高，便于管理。同时还具有较高的搬运速度和货物存取速度，可在短时间内完成出入库作业。

（3）出入库输送系统。

巷道式堆垛机只能在巷道内进行作业，而货物存储单元在巷道外的出入库需要通过出入库输送系统完成。自动化输送系统是自动化仓库的重要组成部分，它具有将各物流站衔接起来的作用，在衔接人与工位、工位与工位、加工与存储、加工与装配等物流环节的同时，也具有物料的暂存和缓冲功能。

常见的输送系统包括传输带、自动导引车（automated guided vehicle，AGV）、穿梭车（rail

guide vehicle，RGV）、叉车、拆码垛机器人等。输送系统与巷道堆垛机对接，配合堆垛机完成货物的搬运、运输等作业。在智慧仓配设备中会对这些智能设备展开具体介绍。

（4）自动控制系统。

自动控制系统是整个自动化立体仓库系统设备执行操作的控制核心，向上连接物流调度系统，接收物料的输送指令。向下连接输送设备，实现底层输送设备的驱动、输送物料的检测与识别，完成物料输送及过程控制信息的传递。

（5）配套设备。

配套设备包括自动识别系统、自动分拣设备等，其作用都是为了扩充自动化立体仓库的功能，如可以扩展到分类、计量、包装、分拣等功能。

（二）智慧仓配设备

1. 物流机器人

按照中国电子学会的分类标准，将机器人分为工业机器人、服务机器人、特种机器人三类。物流机器人属于工业机器人中新兴的 AGV 和协作机器人范畴，主要应用于仓库、分拣中心及运输途中等场景，是进行货物转移、搬运等操作的机器人。在不同的应用场景下将物流机器人分为以下四种。

（1）自动导引车（AGV）。

也称 AGV 机器人，是一种高性能的自动物流搬运设备，通过特殊地标导航自动将物品运输至指定地点，主要用于货物的搬运和移动。

在仓库或配送中心引进 AGV 后，无须人员操作就可以实现托盘的上下架以及仓储区与卸货区之间的来回搬运。最主要的是，AGV 通过对运作流程及作业路径进行科学规划，提升了运行效率。

在智能物流中常用的 AGV 如表 3-2-2 所示。

表 3-2-2　智能物流中常用的 AGV 类型

分类	功能	例图
AGV 无人搬运车	具有自动移载装置的 AGV 无人搬运车在控制系统的指挥下能自动地完成货物的取、放以及水平运行的全过程	
AGV 无人牵引小车	能自动牵引装有货物的平板车，仅提供牵引动力。当牵引小车带动载货平板车到达指定地点之后，自动与载货平板车脱开	
AGV 无人叉车	与机械式叉车类似，只是一切动作均由控制系统自动控制，自动完成各种搬运任务，不需要人力参与	

知识拓展

AGV 在无人仓的基本作业流程

（2）码垛机器人。

码垛，就是把货物按照一定的摆放顺序与层次整齐地堆叠好。码垛机器人就是用来堆叠货品或者执行装箱、出货等物流任务的机器设备，如图 3-2-6 所示。主要用于纸箱、袋装、罐装、箱体、瓶装等各种形状的包装物品码垛、拆垛作业。相较于传统的机械式码垛机，码垛机器人具有运作灵活性高、负重高、稳定性高、作业效率高的特点。

（3）分拣机器人。

分拣机器人可根据图像识别系统识别物品形状，用机械手抓取物品，放到指定位置，可以实现货物快速分拣，如图 3-2-7 所示。

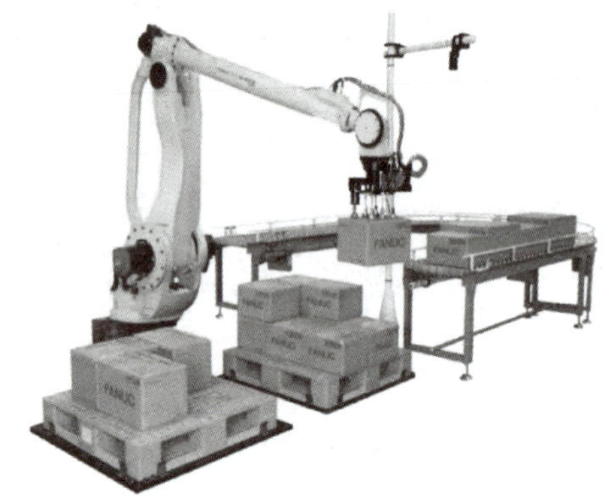

图 3-2-6　码垛机器人

图 3-2-7　分拣机器人

（4）配送过程的无人车和无人机。

无人配送车是面向最终用户的无人驾驶配送车，目前可以实现城市环境下的办公楼、小区便利店等订单集中场所的批量送货，可以大幅提升配送效率。无人机是利用无线电遥控设备和自备的程序控制装置操纵的不载人飞机。与载人飞机相比，无人机具有体积小、造价低、使用方便等优点。

2. 穿梭车（RGV）

如图 3-2-8 所示，RGV 是物流系统中一种执行往复输送任务的小车，常用于各类高密度储存方式的立体仓库，小车通道可根据需要设计为任意长度，并且在搬运、移动货物时不需要其他设备进入巷道，速度快、安全性高，可以有效提高仓库系统的运行效率。综上，其特点可以概括为密集存储、快速存取和具有系统柔性。

图 3-2-8　穿梭车

RGV 有两向 RGV、子母 RGV、四向 RGV 等类型，有别于提升机（垂直输送）、AGV（自动导向、无轨道）及堆垛机，RGV 具有较好的灵活性，能够广泛应用于物流配送中心。

3. 自动分拣装备

智慧仓配的关键场所——配送中心，必须具备相应的分拣机械设备。与自动化仓库不同，现代化物流配送中心是多种类、大批量物品的集散地，自动分拣装备能够在短时间内把成千上万种商品按照不同路径或不同订单，从各种储区中进行高速拣选、分类，并运送到指定地点。自动分拣装备是现代化物流配送中心的重要组成部分，工作量最大。

智能分拣装备包括交叉带式自动化分拣系统、翻盘分拣系统、滑块分拣系统、摆轮分拣系统等，如图 3-2-9～图 3-2-12 所示。

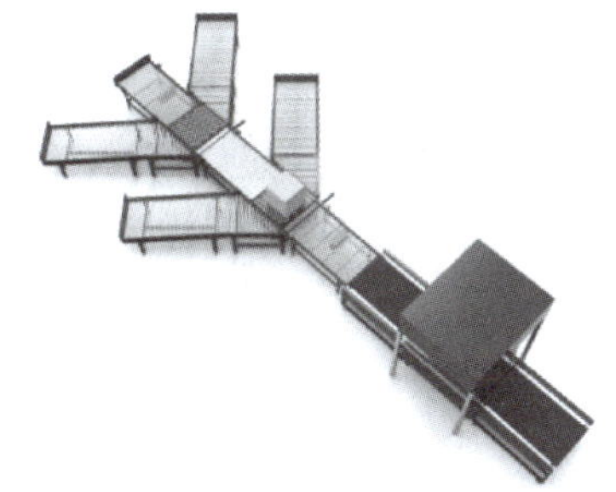

图 3-2-9　交叉带式自动化分拣系统

图 3-2-10　翻盘分拣系统

图 3-2-11　滑块分拣系统

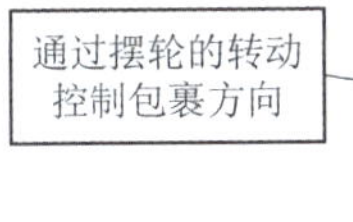

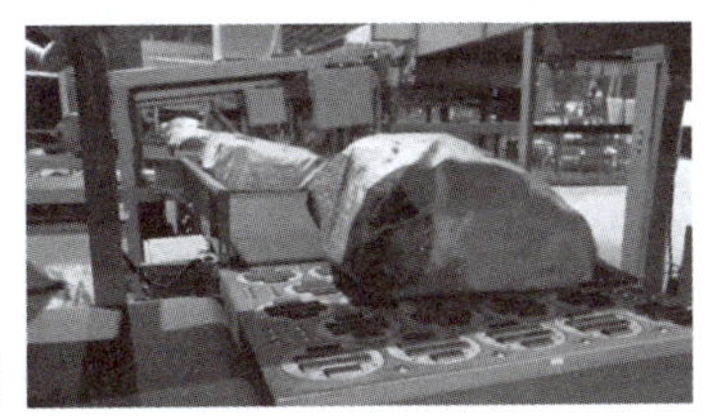

图 3-2-12　摆轮分拣系统

知识拓展

智能分拣装备

学习案例

良品铺子物流中心高速分拣的秘密

任务实施

经过进一步的学习后，小陈参与了公司关于新建仓配中心的规划项目，并按要求给出了一份仓配中心的需求分析和软硬件设施配备方案。

步骤一：新建仓配中心的需求分析

根据公司现有配送中心业务的运作情况，其不足之处主要体现为以下几点。

一是商品发货频率高、SKU 多、淡旺季订单出入库不稳定，需要实现智能管理；二是仓储面积有限，不断扩大的产能需要在有限的空间实现密集存储，提高周转率；三是人工拣选效率低、旺季招工难，需要用自动化、智能化仓储设备代替人工作业，降低人力成本；四是要注重订单拣选环节，降低订单履行时间，提高订单拣选准确率，提高内部物流的效率；五是系统应具有较大的灵活性，能够应对峰值时的订单处理。

新建设的自动化配送物流中心主要是为电子商务企业提供高效的第三方仓储和物流服务，电商行业具有 SKU 多、订单波动性大、时效要求高等特点，要求配送中心能以最少的人工干预完成高效率、零差错、自动化的仓配作业。

步骤二：设计各作业场景的智慧设施配备方案

小陈对当下仓配中心的信息技术和智能设备的应用情况进行了信息搜集和调研后，制订了一份方案，列举了新建设的仓配中心各作业环节可以应用的智慧设备运作系统和所需要的相关技术及技术要求，如表 3-2-3 所示。

表 3-2-3　各作业场景的智慧设施配备方案

环节	供选技术方案	具体原理和要求
入库	自动识别系统	综合运用机器视觉、精确定位、条形码/二维码/RFID 等技术手段，以较低的成本实现可识别码内容的自动读取和货物测量功能。 （1）系统可以根据用户设定的条形码类型和检测阈值，自动从多个条形码中准确定位并读取出目标条形码内容； （2）对于未能识别条形码，系统将其输送到人工分拣出口； （3）可以选择添加重量、颜色等传感器，实现无标识物品的智能分拣
搬运	AGV	AGV 机器人是集光、电、信息技术于一体的系统工程，其中主要技术要包括条形码识别技术、GPS、自动化分拣技术、立体仓储系统、输送系统以及 AGV 等。 （1）实现物料搬运的无人化作业； （2）实现物料管理流程的信息化，降低管理难度； （3）保障物料高效、准确地运送，杜绝差错
拣选	货到人/机器人拣选	（1）定制化； （2）可自动从不同的货位提取产品或者直接完成订单的拣选配货，也能实现对生产物资从供应、订货、入库到消耗等全过程的动态、精确化管理； （3）兼容性较好，可与 OMS、WMS、ERP 系统进行数据对接
存储	多层 RGV/自动化立体仓库	通过立体仓库、智能 RGV、提升机、链条输送机等设备联动，构建各类货物的自动、高效、精准出入库路线，实现企业仓储效率、成本、资源的最优化，满足各行业升级仓储体系的需求

续表

环节	供选技术方案	具体原理和要求
分拣	交叉/落袋分拣系统	可构建分拣各类包装及外形商品的高速分拣流水线。 （1）分拣动作规范，对包裹的冲击力小，可长时间高速分拣货物； （2）结构科学、拆装方便、性价比高； （3）可与客户的各类信息管理系统及平台进行对接，适应性强； （4）支持自动扫码、自动称重、自动测量货物尺寸，节约企业的生产成本和管理成本； （5）性能稳定、配置灵活，可以根据用户需求定制
输送	输送机	满足货物的连续自动运行，提高运转效率。 输送机上的作业流程如下。 按拣选指令从不同货位拣选出来的物料，通过一定的方式输送到前处理设备，并由前处理设备汇集到主输送线上。 分拣信号输入到达主输送线上的物料，通过自动识别装置读入物料的基本信息，再由计算机对读入的物料信息进行相应的处理。 当物料信息被读入计算机系统后，物料在主输送线上继续移动，分拣系统实时检测物料移动的位置，当物料到达相应的分拣道口时，控制系统向分类机构发出分拣指令，分类机构立刻产生相应的动作，使物料进入相应的分拣道口。 进入分拣道口的物料最终到达分拣系统的终端，由人工或机械搬运工具分运到相应的货物区域
出库	码垛机/拆垛机器人	将装入容器内（如纸箱、编织袋、桶等）的物料或者经过/未经包装的规则物品，按一定顺序逐个吸取排列码后放在栈板或者托盘（木质）上，进行自动堆码，可堆码多层，然后推出，便于继续进行下一步包装或者叉车运至仓库储存

步骤三：仓储和配送信息智能管理

1. 仓储信息管理

对于配送中心的仓储信息的管理，智慧仓配系统需要具有仓储信息自动抓取、仓储信息自动识别、仓储信息自动预警、仓储信息智能管理等多项功能。

要实现以上目标，嵌入 RFID 设备是基础。根据配送中心流程，在每个托盘、周转箱或货物上固定安装一张电子标签，将托盘或周转箱上的货物信息与电子标签捆绑输入数据库，具体步骤如下。

①配送中心的入口处安装识别系统，托盘上电子标签所携带的相关信息被捕获，并传输到 WMS，由系统根据货位信息安排入库位置。

②配送中心拣选区域安装识别系统，把拣选完的货物信息读/写入周转箱上的电子标签。

③配送中心分拣区安装识别系统，在进行货物分流的同时，实现自动复核出库。

④叉车车体和物流机器人安装识别系统，识别托盘上电子标签所携带的相关信息，并根据信息做相应操作。

2. 配送信息管理

（1）信息全面打通。

将各个信息系统集成，多个系统的运输需求得到汇聚，便于实现运输资源统一调度与管理。

（2）运输管理高效执行。

基于更加准确的信息并运用相关算法模型和人工智能，有助于制订更加高效的运输计划，如通过事先设定的订单指派和运单指派等规则匹配运输线路中的各种参数，设定指派策略，自动匹配承运商和运输方式，规划运输路线等。同时还可以自动匹配出最优合同，并自动计算出每笔运单的运费和附加费，加强对运输成本的管控，减少物流操作过程中的人工操作错误并降低工作量。

（3）运输过程全程透明可视。

例如，通过 GPS 功能，结合灵活设定的电子围栏系统自动记录车辆进出时间，确保运单状态实时更新，数据完整准确，实现车辆运输位置的实时跟踪，也可提前判断堵车是否会带来交付风险等。同时，还可根据计算机端、手机 App 和微信端等灵活多样的操作终端，跟踪确认订单状态。

步骤四：创建智慧配送中心的“大脑”

引入互联网思维，推广应用物联网等技术手段，建设一个“全面感知、互联互通、智能处理、全程控制”的智慧物流体系。同时，运用大数据、GIS 等先进技术，完善并利用仓储和配送物流环节各信息点的数据采集，打造集全程监管、现代作业、贴心客服、智能调度和智慧管控等功能为一体的智慧平台，构建一个让客户订单状态全程可知、物流作业全程可溯的智能仓配运行网络。

配送中心建设的“智慧大脑”须能实现以下功能。

①随时获悉到货量、库存量、订单量等情况，做出精准调配。

②随时监控自动分拣线各个环节的运行状况，及时发现故障，第一时间解决问题。

③随时监测配送过程中每一辆车的驾驶安全状况，如驾驶员出现疲劳驾驶、违规驾驶等情况，可第一时间通过实时语音对话提醒驾驶员，为其安全行车保驾护航。

④让所有客户能通过这一系统随时查询自己货物的实时位置，货物运达后通过智能手持终端查验签收，并给出评价。

素养园地

“亚洲一号”无人分拣中心

课后习题

仓配信息技术与设施设备

项目评价

<table>
<tr><td colspan="4">知识巩固与技能提高（40 分）</td><td>得分：</td></tr>
<tr><td colspan="5">计分标准：任务课后习题得分 = 2×单选题正确个数+3×多选题与填空题正确个数+1×判断题正确个数+5×简答题正确个数
得分 = 项目任务课后习题得分总和/任务数量</td></tr>
<tr><td colspan="4">学生自评（20 分）</td><td>得分：</td></tr>
<tr><td colspan="5">计分标准：初始分 = 2×A 的个数+1×B 的个数+0×C 的个数
得分 = 初始分/24×20</td></tr>
<tr><td>专业能力</td><td>评价指标</td><td>自测结果</td><td colspan="2">要求
（A 掌握；B 基本掌握；C 未掌握）</td></tr>
<tr><td>了解智慧仓配规划与布局</td><td>1. 仓配中心市场调研；
2. 智慧仓储规划目标与原则；
3. 智慧仓配空间与货位规划；
4. 智慧仓配总体布局；
5. 智慧仓配平面与内部布局</td><td>A□ B□ C□
A□ B□ C□
A□ B□ C□
A□ B□ C□
A□ B□ C□</td><td colspan="2">能够制订调研计划，开展市场调研，对智慧仓配中心进行合理规划、合理布局</td></tr>
<tr><td>熟悉仓配信息技术与设施设备</td><td>1. 自动识别技术；
2. 跟踪与定位技术；
3. 智慧物流信息技术；
4. 自动化立体仓库；
5. 智慧仓配设备</td><td>A□ B□ C□
A□ B□ C□
A□ B□ C□
A□ B□ C□
A□ B□ C□</td><td colspan="2">了解各类现代化信息技术和智慧装备在供应链物流与仓配中的应用</td></tr>
<tr><td>职业道德思想意识</td><td>1. 自主学习，自我驱动；
2. 提高数字技术应用能力</td><td>A□ B□ C□
A□ B□ C□</td><td colspan="2">培养学生的社会责任感、职业素养，具备终身学习的能力</td></tr>
<tr><td colspan="4">小组评价（20 分）</td><td>得分：</td></tr>
<tr><td colspan="5">计分标准：得分 = 10×A 的个数+5×B 的个数+3×C 的个数</td></tr>
<tr><td>团队合作</td><td>A□ B□ C□</td><td>沟通能力</td><td colspan="2">A□ B□ C□</td></tr>
<tr><td colspan="4">教师评价（20 分）</td><td>得分：</td></tr>
<tr><td>教师评语</td><td colspan="4"></td></tr>
<tr><td>总成绩</td><td colspan="2"></td><td>教师签字</td><td></td></tr>
</table>

项目四 供应链智慧仓配经营管理

项目概述

仓配组织的成功不仅依赖于物流技术的发展，还需要建立科学的管理制度。对于物流企业而言，仓配组织经营的好与坏直接关系到物流企业的经济利益。本项目将介绍供应链智慧仓配组织的管理与制度建设，探讨企业如何制定合理的管理制度来确保企业运营的稳定和长期发展，形成适应当下市场的发展模式。

项目导航

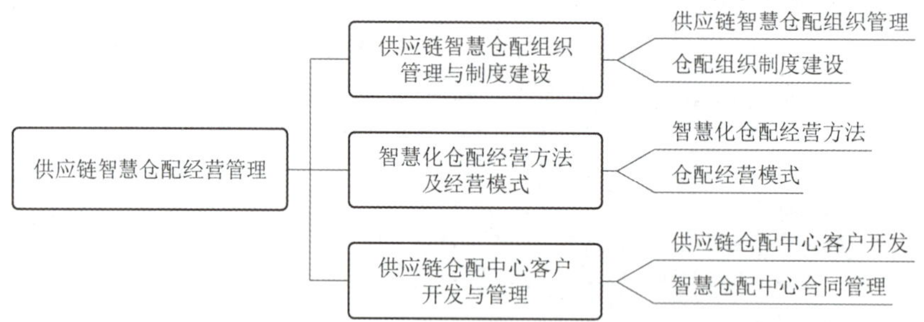

学习目标

知识目标：

掌握组织管理、制度建设的基础知识；

掌握仓配组织设计的步骤；

掌握常见的组织结构类型；

掌握仓配组织制度建设内容；

掌握智能化仓配经营方法及管理模式；

掌握仓配中心客户开发的流程及实施方法；

掌握供应链仓配中心合同管理的相关内容。

技能目标：

能够运用组织管理、制度建设的基础知识；

能够掌握智慧化仓配的五种经营方法；

能够了解供应链仓配中心开发流程；

掌握仓储合同、配送合同管理方法。

素养目标：

培养学生的成本意识、企业运营思维；

培养践行社会主义核心价值观的意识；

培养精益求精、脚踏实地的劳动观。

任务一　供应链智慧仓配组织管理与制度建设

任务导入

小陈所在的仓配企业 A 公司在过去几年中持续扩大业务规模，同时，他们也在不断引进新的技术设备和信息系统来提高运营效率。A 公司需要对其组织结构进行调整来适应快速扩张的业务和日益复杂的技术环境。

一、供应链智慧仓配组织管理

仓配组织是指专门从事仓储和配送物流经营和管理活动的组织机构。从广义上讲，既包括企业内部的相关运作部门、企业间的联盟组织，也包括从事中介服务的部门、行业组织及政府管理机构。承载仓储业务和配送业务的组织是一个整体，是由许多元素按照一定的形式排列组合而成的。一个企业在考虑采用什么样的组织形式时，必须遵循一定的原则。那么对于仓配企业来说，在进行组织结构设计时应该如何实施，又有哪些适用的典型企业组织结构呢？

（一）仓配组织结构建立的原则

仓配组织结构建立的原则包括以下几点。

①任务目标原则：仓储企业组织设计应服务于战略任务和经营目标的实现，当任务、目标变化时，组织结构应相应调整。

②精简原则：组织结构应紧凑精干，人员素质要高。

③专业分工与协作原则：仓储管理需要专业分工，加强协作，注重横向协调。

④指挥统一原则：组织结构应保证统一指挥，避免多头领导，建立合理的纵向分工。

⑤责权利相结合原则：明确规定职责、职权、利益，形成责权利相一致的关系。

⑥有效管理幅度原则：受个人精力、知识、经验条件的限制，一名部门管理者能够有效管理的直属下级人数是有一定限度的，所以管理幅度应控制在一定范围，保证管理工作的有效性，确定管理层次。

⑦稳定性和适应性相结合原则：组织既要稳定有序，又要具有适应变化的弹性。为此，需要在组织中建立明确的指挥系统、责权关系及规章制度，同时又要求选用一些具有较好适应性的组织形式和措施，使组织在变动的环境中，具有一种内在的自动调节机制。

（二）仓配组织结构设计

组织结构设计的主要步骤如图 4-1-1 所示。

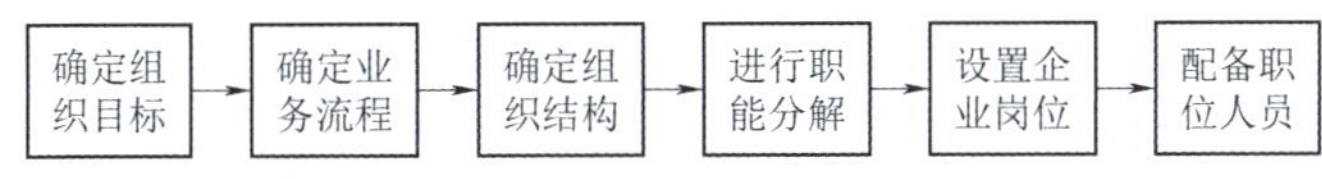

图 4-1-1　组织结构设计的主要步骤

1. 确定组织目标

仓配中心规划的目标一般是使人力、财力、物力和人流、物流、信息流得到最合理、最经济、最有效的配置和安排。

2. 确定业务流程

确定业务流程是指明确组织的具体工作内容和主导业务流程，并对流程中各节点的工作内容进行分工。一般的仓储配送基本业务流程如图 4-1-2 所示。

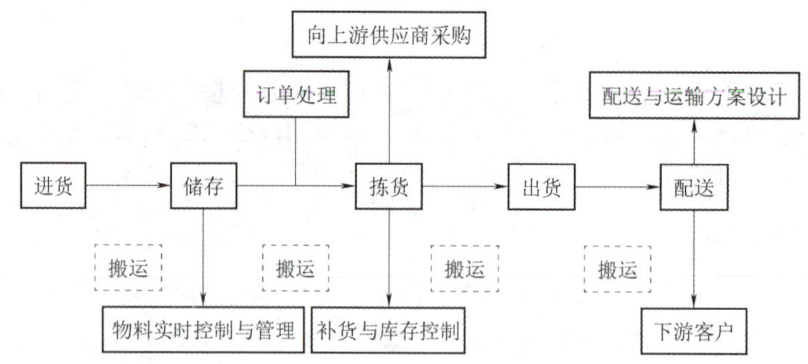

图 4-1-2 仓储配送的基本业务流程

3. 确定组织结构

确定组织结构是指根据行业特点、组织环境等因素，确定采用何种组织形式，设置哪些部门，还要对性质相同或相近的工作内容进行优化组合。

仓配企业组织结构一般包括三级管理层次，即最高决策层、执行监督层和仓库作业层。三级管理层次的组织结构实质是建立仓库管理组织的合理纵向分工，设计合理的垂直机构。管理层次的划分，体现纵向指挥系统的分工和分权原则。

4. 进行职能分解

职能分解是企业进行组织结构设计后续的细化和完善工作，即在企业组织结构确定之后，通过对各部门的职能进行分解，将各项职能具体化，使各项工作能够顺利开展。

职能分解工作并不是一劳永逸的，随着经营项目的不断变化，企业可根据自身的经营需要对一些业务项目进行优化组合，这样就可节约人力成本，充分利用资源，同时还能够使工作更加顺畅，培养员工成为多面手；另外，将一些职能进行分解，工作将更加细化、专业化，提高员工工作效率。

5. 设置企业岗位

在岗位设置中，不仅要明确各岗位的工作内容，还要规定各岗位的工作标准，以及与其他岗位的协调关系等内容。由于各仓储企业的规模、设施设备、作业内容和服务对象不同，岗位设置也不尽相同。

一般可以设置以下岗位。

①业务部主要设置的岗位：业务部经理、业务主管、业务员、客服主管、客服专员、信息处理专员、商务谈判人员等。

②仓储管理部主要设置的岗位：仓储部经理、验货员、保管员（出入库和在库管理）、理货员、复核员、包装员等。

③配送部主要设置的岗位：配送部经理、配送部主管、调度员、送货员、装卸工等。

6. 配备职位人员

人员配备是指根据部门的工作性质和对职务人员的素质要求，为各个部门配备人员，并明确职务和职称。现代化的仓配组织功能齐全、运作复杂，所以对管理人员、操作人员的素质要求较高，需配备的人员如表 4-1-1 所示。

表 4-1-1　仓配组织的人员配备需求

配备职位	职位需求
高级管理者	负责协调运转，对公司和顾客负责，处理危机事件，制定发展战略及规划
现场管理者	负责监督控制作业流程，调度现场作业，排除应急故障
信息管理员	负责信息的接收、处理及信息设备的维护
计划人员	负责短期作业计划活动
操作人员	负责出入库作业、分拣、理货、驾驶机动车辆、仓储保管、配送加工、包装等活动

除此之外，还包括财务管理人员及保安人员等。各部门人员应分工协调、权责一致、统一指挥，所有管理人员及一般职员应精干、高效，人员岗位相对稳定，各部门的人员素质要有一定的均衡性。

（三）仓配组织结构的主要形式

组织结构表明了各部门之间的责任义务关系，可依据公司的类型、规模、经营范围和管理体制等的不同选择不同的结构模式，设置不同的管理层次、职能工作组，安排不同的人员。

1. 直线制组织模式

如图 4-1-3 所示，直线制组织模式是由一个上级直接管理多个下级的一种组织结构模式，特别适用于中小型仓储企业。优点是指令传递的直接性强，易于发布命令，实施强有力的管理。缺点是管理水平受管理者自身能力的限制，同时当业务扩大时，命令执行不统一，管理者压力大。

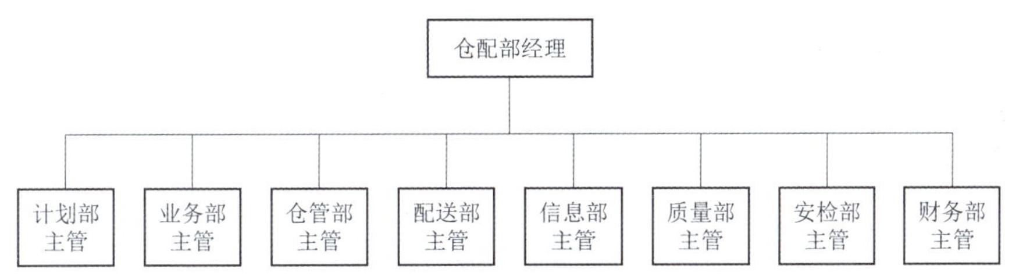

图 4-1-3　直线制组织模式

2. 直线职能式组织模式

如图 4-1-4 所示，直线职能式组织结构是指直线管理机构和人员在自己的职责范围内有一定的决定权和对所属下级的指挥权，并对自己部门的工作负全部责任；而职能机构和人员则是直线指挥人员的参谋，不能对直接部门发号施令，只能进行业务指导。

3. 事业部制组织模式

如图 4-1-5 所示，事业部制组织模式的主要特点是“集中政策，分散经营”。在这种组织结构中，事业部一般按产品、服务或地区划分，具有独立的产品或市场，拥有足够的权力，能自主经营，并实行独立核算、自负盈亏的策略。这种结构把政策制定与行政管理相分离，政策制定集权化、业务营运分权化。企业的最高管理层是企业的最高决策机构，它的主要职责是研究和制定公司的总目标、总方针、总计划及各项政策。各事业部在不违背总目标、总方针和公司政策的前提下可自行处理其经营活动，并对绩效全面负责。

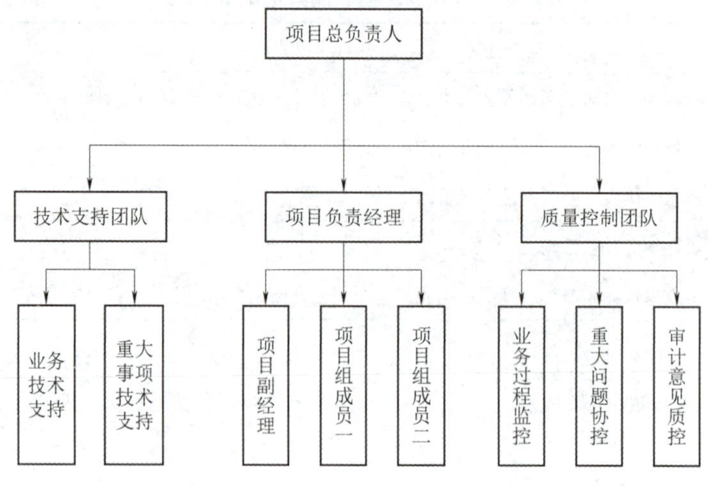

图 4-1-4　直线职能式组织模式

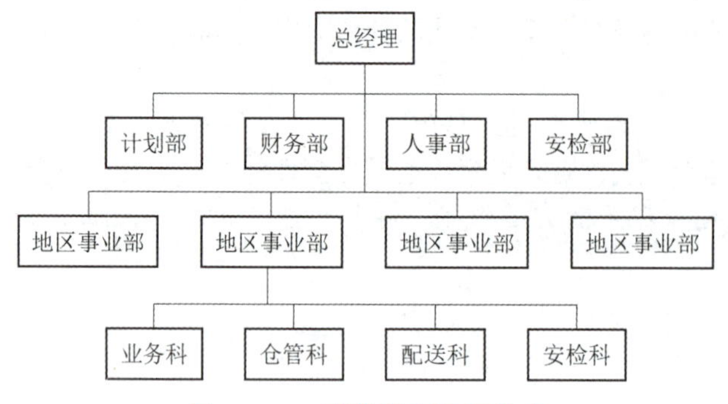

图 4-1-5　事业部制组织模式

4. 矩阵型组织模式

如图 4-1-6 所示，矩阵型组织结构是为了适应在一个组织内同时有几个项目需要完成，而每一个项目又需要具有不同专长的人在一起工作才能完成这一特殊需求而形成的。矩阵型组织结构是一种兼具直线职能式和事业部制组织结构两者优点并避免了其各自缺陷的二维组织结构。

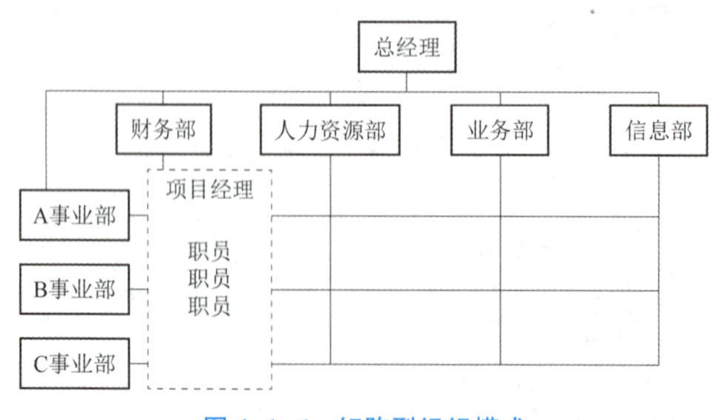

图 4-1-6　矩阵型组织模式

在矩阵型组织结构中，企业的传统职能结构虽然没有改变，但却能够分享各职能部门的决策权，决策信息能够更好地在部门间横向流动，使各个职能部门能够协调合作以完成特定的物流项目。

四种组织结构的优缺点和适用情况如表 4-1-2 所示。

表 4-1-2　四种组织结构的优缺点和适用情况

结构类型	优点	缺点	适用情况
直线制	（1）结构简单，责任明确； （2）权力集中，命令统一，活动效率高； （3）管理人员和费用少	（1）权力过分集中，物流经理决策的风险较大； （2）组织成员只关心自身或本部门的工作，缺乏横向间协调	业务量少、规模小的组织
直线职能式	（1）既能保持统一指挥，又能发挥专业管理职能部门的作用； （2）分工细密，职责分明，可以从劳动分工中取得效率性； （3）可减轻直线管理人员的负担，充分调动各物流部门的积极性	（1）各部门目标不易统一，容易增加组织高层管理人员的协调工作量； （2）难以实现各经营阶段成本计算与控制； （3）组织分工细、规章多，不易迅速适应组织外部新情况； （4）组织中职能管理人员只重视与其有关的专业领域，不利于培养熟悉全面情况的管理人才	业务量和规模中等的组织
事业部制	（1）有利于组织最高管理者减少日常行政事务压力； （2）充分调动各事业部经理的积极性； （3）提高组织经营灵活性和适应能力； （4）有利于各事业部公平竞争，克服组织僵化，培养高层管理人才	（1）各部门只重视自身利益； （2）调度和反应不够灵活，不能有效地利用组织资源； （3）管理部门重叠设置，管理费用增加； （4）对事业部一级管理人员水平要求较高； （5）集权与分权关系敏感，一旦处理不当，会削弱整个组织的协调一致	组织规模较大、实行分权管理的大企业或集团公司
矩阵型	（1）上下左右集权分权实现了有效结合； （2）提高各部门间的配合和信息交流效率； （3）便于集中各专门知识和技能，加速完成某一特定项目； （4）可避免各部门重复劳动，加强组织的整体性； （5）可随项目起止而组成和撤销项目组，增加了组织的机动性和灵活性	（1）项目负责人和原部门负责人对参加项目的人员都有指挥权，需双方管理人员密切配合才能顺利开展工作； （2）破坏了统一指挥原则，对权力和责任界定含糊不清，有可能造成管理混乱	服务需求多样化且个性化要求较高的企业

（四）仓配智慧化背景下组织结构的发展

为适应仓配智慧化的发展需要，仓储和配送管理的组织架构必须打破常规模式，探索出新的组织架构。在智能化、自动化程度比较高的仓配中心中，其组织架构可能会有以下变化。

①技术开发团队。由于智能化、自动化仓配中心需要大量的技术设备和系统来支撑，因此需要一个专业的技术开发团队，他们可以负责研发、设计和维护各种自动化设备、智能化系统以及信息化平台等。

②数据分析团队。智能化、自动化仓配中心会产生大量的数据，需要一个专门的团队来负责数据的收集、分析和挖掘，以便为企业决策提供支持。

③运维团队。智能化、自动化仓配中心设备和系统的运行需要专业的运维团队，他们可以负责设备和系统的维护、监控、修复和升级等。

④管理层。管理层需要具备更加专业的知识和技能，能够对智能化、自动化仓配中心的各个方面进行有效的监督和管理。他们需要对自动化设备、智能化系统、信息化平台和数据分析有深入的了解，并能够制订出符合企业实际情况的管理策略和措施。

需要注意的是，智慧仓配中心仍需人工操作管理，如负责设备维修、异常处理、监督检查等工作，但人员数量比例相对较小。

知识拓展

传统组织结构面对的挑战及现代仓配组织需具备的特征

学习案例

顺丰仓配事业部的组织调整

二、仓配组织制度建设

管理制度是对一定的管理机制、管理原则、管理方法及管理机构设置的规范。它是实施一定的管理行为的依据。

（一）制度建设内容

仓配组织制定全面的管理制度需要考虑以下几个方面。

①安全管理：制定安全管理制度，包括防火、防盗、防爆、安全出入等方面，确保仓库及其中储存的货物的安全。

②库存管理：制定库存管理制度，包括采购、验收、存储、出库、盘点等方面，确保货物的库存管理精准、及时、高效。

③质量管理：制定质量管理制度，包括货物品质评估、瑕疵品处理、退换货处理等方面，确保货物质量符合要求。

④设备维护管理：制定设备维护管理制度，包括设备巡检、保养、维修等方面，确保设备正常运转，不影响仓库作业。

⑤配送管理：制定配送管理制度，包括集货、分拣、配货、在途管理等方面，确保货物能按客户要求准时交付。

⑥人员管理：制定人员管理制度，包括员工招聘、培训、考核、奖惩等方面，确保仓库内的人员素质和作业质量。

⑦信息管理：制定信息管理制度，包括进出库记录、库存数据、货物跟踪等方面，确保仓库信息的准确、完整、安全。

在制定管理制度时，需要充分考虑企业的实际情况和具体需求，根据不同的业务类型和规模，确定制度的具体内容和实施办法。同时，制定的制度需要不断完善和更新，以适应企业的不断发展和变化。另外，也需要严格执行和监督制度，确保制度得到有效的实施和落实。

知识拓展

仓配工作人员管理制度

（二）仓配中心标准作业程序

仓配中心标准作业程序（standard operation procedure，SOP）就是将某一事件的标准操作步骤和要求以统一的格式描述出来，用来指导和规范日常的工作。仓配组织要进行 SOP 的规划，用以规范工作人员的作业，减少人员设备的浪费。其内涵可归纳为以下几点：

①是以文件的形式描述作业员在生产作业过程中的操作步骤和应遵守的事项；

②是作业员的作业指导书；

③是检验员用于指导工作的依据。

知识拓展

仓配 SOP 制订的注意事项及其作用

知识链接

制订 SOP 的方式

图 4-1-7 为某公司仓储作业程序中，指导移库补货作业的 SOP 文件。

5　移库补货作业环节

一、目的

规范仓库货物的移库操作，保证货物在达到安全库存的情况下能够及时补货，同时优化库存储位安排。

二、职责

1. 仓库管理员负责移库、补货计划的审核确认及监督执行；

2. 客服员负责移库和补货计划的接收和传达，负责出入库订单的接收、录入、输出，原始送货单据的整理以及系统数据的更新维护；

3. 拣货员负责制订移库计划及移库车辆的调配；

4. 补货员负责货物补货种类和数量统计的实施。

三、范围

适用于　　物流有限公司。

四、流程

移库流程：

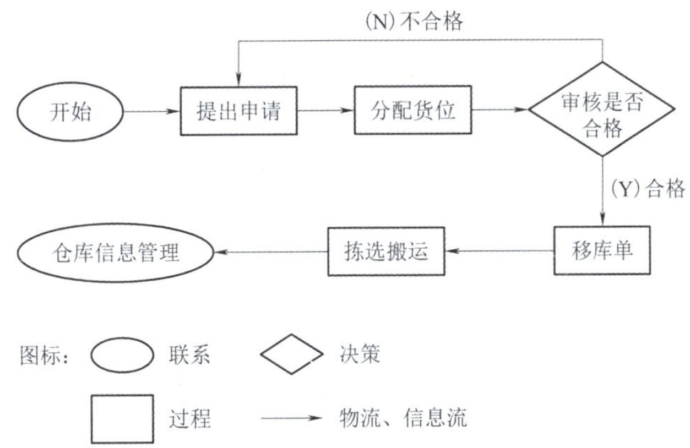

移库流程说明：

1. 仓储部经理在对货物进行盘点作业时。

（1）根据货物的物理及化学性质，将货物分类管理，同时发送移库指令，将货物的放置货位进行重新的规划和编制。

图 4-1-7　某公司移库补货作业的 SOP 文件

（2）进行盘点作业时发现货物损坏或质量下降，要求移库，对货物分类管理、盘点时发现货物放错地方，需要重新调整。

（3）货物大部分出库后，剩余的部分暂时存放在某处，有新货物入库后要进行重新的调整。

2. 仓库管理员在收到移库指令后执行库存移动操作并将需要移库的货物进行订单提交。

3. 仓库管理员在经过对移库订单进行审核后确认该指令并打印移库单。

4. 拣货员根据移库单将指定货物进行拣选作业。

5. 搬运工将指定的货物移送至目标库位。搬运工可按照提示信息选择平衡重式叉车作为移库搬运设备。

6. 拣货员对目标货位进行核实和确认。

（1）检查移库数量和预计数量是否匹配。

（2）核实后输入移库数量，确认。

7. 仓库管理员对移库货物信息进行更新和确认并进行信息系统的处理。

（1）库管员整理现场，清理单据，登记账册，资料归档。

（2）管理员整理互联网电子信息。

补货流程：

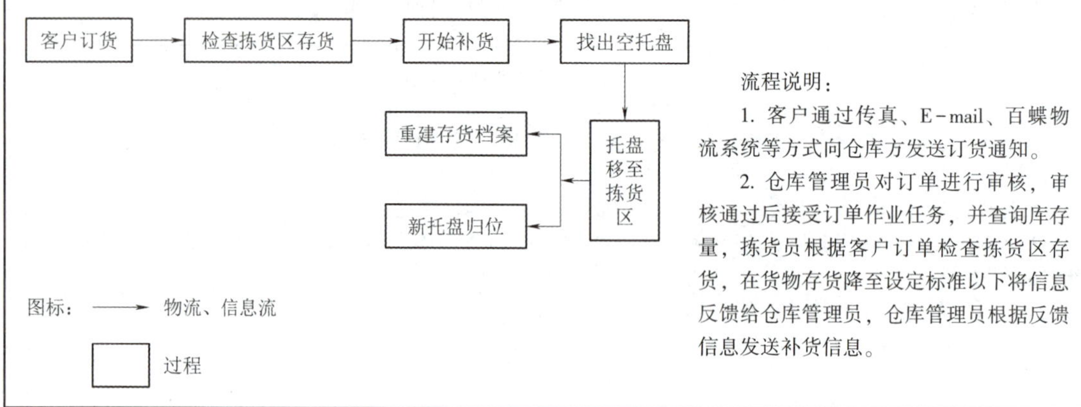

流程说明：

1. 客户通过传真、E-mail、百蝶物流系统等方式向仓库方发送订货通知。

2. 仓库管理员对订单进行审核，审核通过后接受订单作业任务，并查询库存量，拣货员根据客户订单检查拣货区存货，在货物存货降至设定标准以下将信息反馈给仓库管理员，仓库管理员根据反馈信息发送补货信息。

图 4-1-7　某公司移库补货作业的 SOP 文件（续）

任务实施

通过对供应链智慧仓配组织结构和制度建设相关知识的学习，针对 A 公司规划的未来发展方向，小陈给出了自己对企业组织结构调整的建议方案。

步骤一：A 公司当前组织结构分析

图 4-1-8 为 A 公司目前的组织结构图。

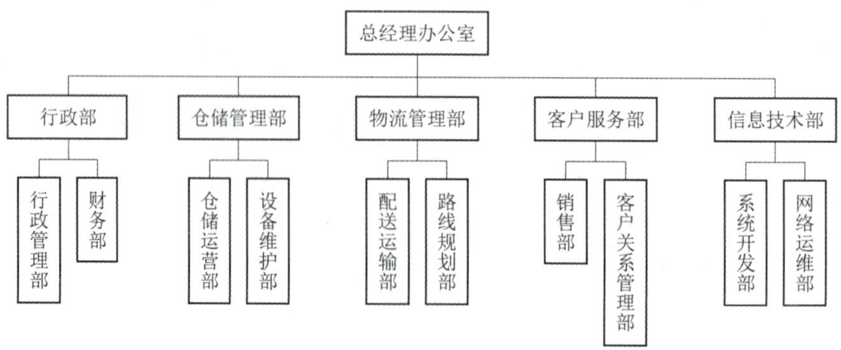

图 4-1-8　A 公司当前的组织结构图

（一）当前组织结构的问题

由于公司业务规模和范围已经扩大，传统的层级管理结构出现了以下问题。

①以职能为中心的层级结构，职责和权利明确，但缺乏创新和敏捷性，无法快速适应市场变化和业务需求。

②传统组织结构下，上下级关系比较严格，管理效率较低，员工创造性和工作积极性较低，难以提高工作效率和业务效益。

③缺乏协作和沟通，很难在业务扩张和智能化升级的过程中实现部门间的有效协作和知识共享。

④技术储备有限，难以满足智能化升级的需求。

（二）确定新组织结构的需求

针对这些问题，新的组织结构需要达到以下要求。

①减少层级和简化决策流程，以提高运作的效率和灵活性。

②建立分权化的组织结构。通过分权，可以将权力下放到更低层次，激发员工的积极性和创造力，提高工作效率和质量。

③建立专业化的组织结构。通过专业化，可以使不同领域的专家担任特定职务，提高业务质量和竞争力。

④为更好地推进智慧化改造，设立新的专门的职能部门，如“智慧化改造团队”。这个团队应该由具有相关专业知识和技能的专业人员组成，如 IT 专家、数据分析师、物流工程师等。

步骤二：改变组织结构形式

（一）选择合适的组织结构形式

A 公司业务扩张，涉及的领域不断增加，职能部门也越来越多，那么采用矩阵型组织结构可能是一个比较好的选择。矩阵型组织结构适合处理多项目、多任务、高度复杂和互相依赖的工作。

同时，如果想要在智能化领域进行深度发展，需要涉及多个职能部门的协作，那么矩阵型组织结构也可以更好地实现协同合作。

在矩阵型组织结构调整时，可以考虑将现有的职能部门调整为垂直部门，同时增设水平部门，如项目团队、战略规划团队等。具体来说，可以按照以下方式进行调整。

1. 设立项目团队

项目团队成员来自不同的职能部门，由项目经理负责管理和协调。项目团队可以根据不同的项目需求，组成不同的小团队，各司其职，共同协作。

2. 设立战略规划团队

战略规划团队由不同职能部门的领导组成，负责制定企业的发展战略和规划，并协助执行相关的战略计划。

3. 设立客户服务团队

客户服务团队成员来自不同职能部门，负责协调客户需求、解决客户问题和提高客户满意度等工作。

（二）引进新的岗位和职能部门

新建的智慧化改造团队的职责包括但不限于以下几点：一是负责制订和实施智慧化改造方

案，包括升级和改造现有系统、引入新技术和工具等；二是推进智慧化技术的落地应用，协助相关部门优化流程、提高效率，优化客户体验；三是收集并分析数据，从中挖掘有价值的信息，为企业提供决策支持；四是研究新的智慧化技术和趋势，及时提出改进建议，保持企业在该领域的领先地位；五是组织培训和知识共享活动，帮助企业员工了解智慧化技术和应用，提高整体智慧化水平。

智慧化改造团队应该与其他部门紧密合作，共同推进智慧化改造，实现企业的数字化转型。根据各部门的主要职责将智慧化改造团队分为三个部门，其名称及各自职责如表 4-1-3 所示。

表 4-1-3 A 公司智慧化改造团队部门名称及职责

部门	主要职责
智能仓储部门	主要负责智能仓储系统开发、仓库自动化设备维护、智能仓储效率优化等工作
智能调度部门	主要负责货物配送路线规划、车辆调度、配送效率提升等工作
数据科学部门	主要负责数据采集、数据分析、数据挖掘、机器学习等工作

（三）组织结构优化图的初步设计

A 公司组织结构优化图的初步设计如图 4-1-9 所示。

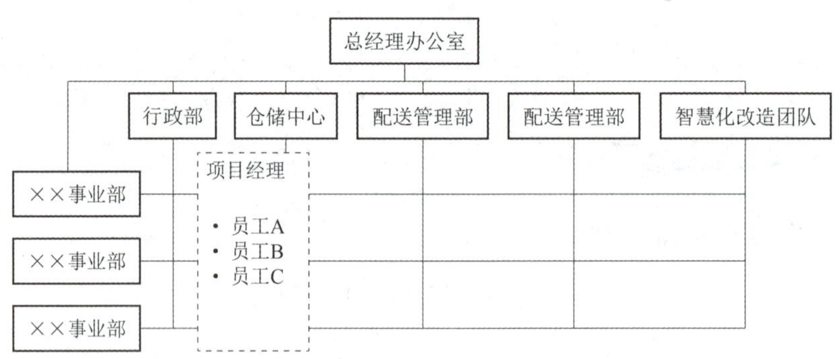

图 4-1-9 A 公司组织结构优化图的初步设计

步骤三：罗列组织制度调整方向

在组织调整后，A 公司的制度建设也需要进行相应的调整来适应新的组织结构和业务需求，如表 4-1-4 所示。

表 4-1-4 A 公司需要调整的相关制度

调整内容	要求
职位说明书	需要重新制订或更新各个岗位的职责和要求，以适应新的组织结构和业务需求
绩效考核制度	需要重新设计和调整绩效考核指标和评价体系，确保能够评价员工在新的岗位和职责下的表现，并且与公司整体的业绩目标相对应
培训计划	需要制订相应的培训计划，帮助员工适应新的岗位和职责，并提升他们的技能和能力，以更好地服务于公司的业务发展
内部沟通机制	需要建立有效的内部沟通机制，促进部门之间的合作和信息共享，确保信息的及时传递和沟通，避免出现信息断层和沟通障碍

续表

调整内容	要求
知识管理体系	需要建立相应的知识管理体系，包括知识库、文档管理、经验分享等，以提高公司整体的知识管理水平，避免重复工作和信息孤岛的出现
行政管理制度	需要根据新的组织结构和业务需求，重新调整和制定公司的行政管理制度，包括人事管理、财务管理、运营管理等，以确保公司的运营和管理都能够有效支持业务发展
激励机制	需要设计和实施相应的激励机制，以激励员工在新的岗位和职责下发挥出更好的能力，并调动员工的积极性和创造性，为公司的业务发展贡献更大的价值

素养园地

完善节能管理制度，助力“绿色仓配”的实现

课后习题

供应链智慧仓配组织管理与制度建设

任务二　智慧化仓配经营方法及经营模式

任务导入

仓储物流企业 H 公司，多年来在珠江三角洲地区提供托管式仓库出租、仓储管理、物流配送、仓储加工等一站式服务，在这些领域拥有丰富的经验和资源。为了保持和提高自身的市场竞争力，H 公司计划结合市场的发展趋势，利用自身优势，拓展新的经营模式。

一、智慧化仓配经营方法

（一）仓配经营方式的定位方法

1. 目标客户群体分析

首先需要确定仓配业务的目标客户群体，是商业客户还是个人客户，是针对特定行业或领域的客户，还是面向广泛行业的客户群体等。

配送中心需根据不同行业的特点和客户需求，提供相应的仓储和物流服务。基于不同行业的客户群体，在提供仓配服务时的注意事项如表 4-2-1 所示。

表 4-2-1　面向不同行业客户的经营要点

行业	经营要点
食品行业	由于食品的特殊性，食品行业的仓配服务需要有较高的卫生标准和温度控制要求。同时需要有合适的仓储设备和配送车辆，以保证食品的新鲜度和质量。另外，食品行业的仓配中心需要与各个供应商建立紧密的合作关系，以便对食品供应链进行全程追溯管理
医药行业	医药行业的仓配服务需要遵守严格的药品管理法规，并配备相应的设施和技术，如温度控制设备、冷链物流、智能化追溯系统等。此外，医药行业的配送中心需要具备快速、高效的配送能力，并确保货物的安全和保密性
日用品行业	日用品行业的仓配服务通常需要覆盖大范围的地区，并提供多种物流服务，如仓储、配送、退货、换货等。同时，需要具备较高的配送效率和准确度，满足客户对物流速度和服务质量的要求。此外，日用品行业的仓配中心还需要与各类企业建立合作关系，包括生产厂家、批发商、零售商等
电子商务行业	电子商务行业的仓配服务需要具备大规模、高效、智能的仓储和配送能力，能够满足快速增长的订单量和客户需求。此外，需要与各大电商平台和物流企业建立合作关系，实现商品的全程配送，并提供多种物流服务，如快递、包裹、货运等

知识拓展

不同类型客户群体的经营模式选择

2. 竞争对手分析

分析市场上已有的仓配中心，了解竞争对手的特点和优势，寻找自身的差异化优势，可以从服务内容、服务质量、定价策略等方面切入。

3. 地理服务范围

仓配服务根据地理服务范围需求分为四类：同城配送中心、区域配送中心、全国配送中心和国际配送中心。各类型的特点和适用行业如下。

①同城配送中心服务于城市内客户，特点为快速、准确、高效，一般采用自营或合作模式，适用于电商、餐饮等行业。

②区域配送中心服务范围广，特点为运输速度快，质量高，一般采用自营或合作模式，合作伙伴可为快递公司、物流公司等，适用于覆盖范围较大的电商、快消品等行业。

③全国配送中心服务范围覆盖全国，特点为物流覆盖面广、服务质量高、成本低，一般采用自营或合作模式，合作伙伴可为物流公司、快递公司等，适用于大型电商、供应链等行业。

④国际配送中心主要服务于跨国物流领域，特点为物流能力强、国际运营经验丰富、技术先进，一般采用自营或合作模式，合作伙伴可为跨国物流公司、国际快递公司等，需要具备较高专业水平和综合能力。

4. 定价策略分析

根据目标客户和竞争对手的定价策略，制订合理的定价策略，如提供更高质量的服务，可高价定位；如果竞争对手价格较高，可以采用低价策略抢占市场份额。

除此以外，仓配服务还有以下几种定价策略。

①固定定价：按照固定的价格向商家提供仓配服务，不考虑市场供求关系和成本变化。这种模式适用于市场价格较为稳定的行业。

②弹性定价：根据市场供求关系和成本变化，灵活地调整价格。这种模式能更好地适应市场变化，提高收益。

③折扣定价：根据商家订单量和配送频次等因素，给予一定程度的折扣，以促进商家增加订单量和频次。这种模式适用于想要增加客户订单量和提高客户信任度的仓配组织。

④套餐定价：根据商家需求，提供不同种类的仓配服务套餐，让商家可以根据自身需求选择最合适的套餐。这种模式可以满足不同商家的需求，提高配送中心的销售额。

5. 服务特色和品牌形象

确定自身的服务特色和品牌形象，如快速配送、绿色环保、安全可靠等，以便在市场上建立良好的品牌形象和口碑。

通过分析和定位，可以明确仓配中心的目标客户、差异化优势和定价策略，从而选择合适的经营方式，制订出具体的经营策略。

知识拓展

传统仓配经营方法

（二）智慧仓配管理方法

1. 平台化管理

在传统的供应链仓储和配送模式中，垂直化的运营模式导致出现了信息孤岛现象，各环节和组织间无法实现顺畅的信息互联。而在企业信息化、数字化的过程中发展起来的平台化运营模式有助于打破组织界限，实现供需连接与精准匹配，促进资源的高效配置与高效流通。

平台是一个允许多个最终用户交易的双边（多边）市场，提供了供需两端成员可以直接接触的渠道和互动规则。

（1）智慧物流平台。

智慧物流平台通常具备物流服务供需信息智能匹配与提供智慧物流服务的功能。如图 4-2-1 所示，基于底层感知等物流基础设施及中间层构建的物流配送网络，智慧物流平台可以通过云

计算等技术实现顶层的订单全局优化、智慧仓配等智慧物流服务。

应用层	仓库管理	条形码扫描	成本管理	物流追踪
	配送管理	线路优化	预算管理	标准管理
	分拣管理	车辆调度	核算管理	绩效管理
决策层	物流作业监控	在途监控	物流成本监控	服务质量监控
	物流作业分析	调度执行分析	成本费用分析	服务质量分析
平台层	数据库		互联网	
	物流信息数据中心			
数据网络层	传感器网络	有线通信网络	无线通信网络	
	物联网支撑体系			
数据采集层	摄像头	RFID	PDA	传感设备	GPS

图 4-2-1　智慧物流平台的软件系统结构

不同于智慧物流公共信息平台，企业智慧物流平台主要是为物流需求方和物流提供方提供服务。其基本结构如图 4-2-2 所示。

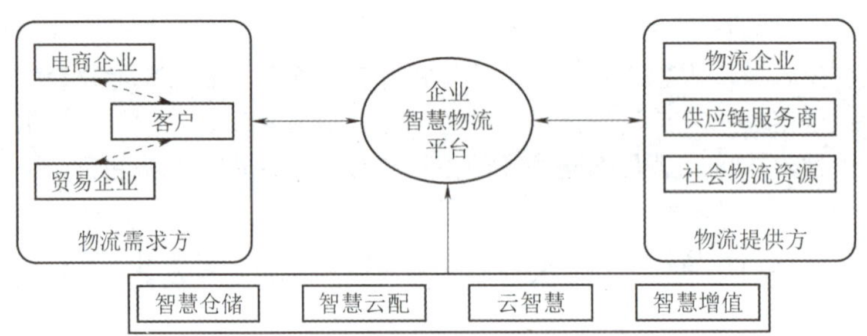

图 4-2-2　企业智慧物流平台的基本结构

企业智慧物流平台根据连接的多边市场不同，可分为 B2B、B2C 和众包模式。B2B 模式中，平台整合企业物流需求信息，匹配物流服务企业，提供智能分仓等智慧物流服务。B2C 模式中，平台整合个体商户物流需求信息，分配给第三方物流企业等提供商。众包模式中，平台整合社会物流资源来匹配企业或货主需求，提供订单派发等智慧服务。

（2）智慧物流公共信息平台。

智慧物流公共信息平台是面向大范围用户提供物流应用服务的信息基础设施，是多种物流应用软件、系统结构、基础设施、基础数据、数据交换、协同设施和网络接入服务的集合，涉及物流基础设施供应企业、物流信息与金融综合服务企业、物流需求环节企业、政府职能部门。

知识拓展

智慧物流公共信息平台的功能

学习案例

基于宝象智慧供应链云平台的仓配一体服务

2. 数智化管理

（1）数据驱动。

数据驱动的管理模式可以帮助配送中心实现更高效的管理，它指的是将数据作为决策的基础，利用数据来优化管理决策，从而提高管理效率。在仓配中心的管理中，数据驱动的具体应用形式如表 4-2-2 所示。

表 4-2-2　数据驱动的具体应用形式

作用	应用情况
预测性分析	通过分析历史数据和趋势，可以预测需求和流量，从而更好地安排库存、物流和人员，提高配送效率和客户满意度
实时监测	通过实时监测各个环节的数据，如订单处理、物流运输、库存、人员等，可以及时发现异常情况和问题，快速解决，提高服务质量和响应速度
决策支持	通过数据分析和可视化，可以帮助管理层做出更加科学的决策，如定价、营销、运营策略等，从而提高企业竞争力
成本控制	通过分析成本数据，如运输成本、人力成本等，可以控制成本，提高企业盈利能力
运营优化	通过数据分析和挖掘，可以发现运营中的问题和瓶颈，有针对性地优化流程和策略，提高运营效率和效果

（2）数字孪生。

数字孪生技术也是提高仓配服务管理效率的一种重要方式。数字孪生是指通过数字化技术将实体物体与其虚拟模型相连接，在虚拟环境中对物体进行仿真和监控，以实现实体物体的精细管理。如图 4-2-3 所示，在配送中心中，数字孪生技术可以帮助实现物流过程的可视化、智能化和不断优化的目标，提高物流效率，降低成本。

图 4-2-3　应用数字孪生技术进行仓配业务监管

知识拓展

数字孪生技术在仓配中的具体应用

通过数字孪生技术，配送中心可以更加全面地了解物流运营过程中的各项指标，如库存量、配送路线、订单量、运输效率等，从而优化物流运营模式，提升物流服务质量。此外，数字孪生技术还能够通过模拟不同的物流运营方案，为仓配企业提供更多的决策参考。

二、仓配经营模式

（一）典型配送仓储模式

配送仓储模式以商品配送为主，企业拥有一定规模的仓储设施设备，自有或租用必要的货运车辆，为客户提供商品经销、区域配送及流通加工等服务，并借助网络化的信息管理系统对货物的状态进行监控、查询和管理。

配送是一种按客户的要求，进行货物配备并送交客户的活动，它是直接面向客户的终端运输，是配货和送货的有机结合形式。

在配送仓储经营模式中，分拣、配货、配送等增值服务代替储存保管服务成了企业的主营业务，为企业带来了巨大的利润空间。调查数据显示，单位面积的配送中心所创造的效益是单纯出租仓库效益的2~3倍。

（二）前置仓模式

前置仓是指在企业内部仓储物流系统内，离门店最近、最前置的仓储物流。还有一种前置仓直接以门店为仓储配送中心，总仓只需要对门店供货，就能覆盖“最后一公里”。

前置仓往往围绕社区选点，建立仓库，辐射周边几千米的社区，由总仓配送至前置仓进行小仓囤货。在消费者下单后，由配送团队将商品从前置仓配送到消费者手中。前置仓模式的典型特征是区域密集建仓。从城市定位来看，一线城市和部分发达二线城市是前置仓的主要布局区域，适合对便利性要求较高、生活节奏较快的用户群体。其仓配运作模式如图4-2-4所示。

图 4-2-4　前置仓仓配运作模式

前置仓通常采用“城市中心仓+前置仓+消费者”的运营模式。根据仓库形式的差异，前置仓模式可分为“明仓”和“暗仓”，明仓又称“前店后仓”或“店仓一体化”，即前置仓与门店相结合的形式，可以为消费者提供线上即时到家+线下店内体验的服务。电商企业为到店顾客提供实体服务，也开设线上订单渠道，以门店作为仓库，提供即时配送服务。明仓模式的典型代表企业为多点、盒马鲜生等。

（三）保税仓模式

保税仓作为国际贸易中的一个特殊形式，也是仓储配送业务的一类。储存于保税仓库内的进口货物经批准可在仓库内进行改装、分级、抽样、混合和再加工等，这些货物如再出口则免缴关税，如进入国内市场则需缴纳关税。各国对保税仓库货物的堆存期限均有明确规定。设立保税仓库除了为贸易商提供便利外，还可促进转口贸易。

保税仓是一个存放未缴关税货物的仓库，就如境外仓库一样。货物存放在保税仓可以节省一大笔租金费用，尤其是存放时间较长时，这项优势更加明显。保税仓的仓租较便宜，而且可在申报时直接在保税仓运走报关。保税仓顾名思义，重在“保税”，税费一般由进口商预缴，等商品出售时再转嫁给消费者，商品入关后存放在公司仓库或各零售店。

保税仓储的盈利模式是以仓库库位出租为核心的物流服务项目的收费。基本收费项目是仓租费，另外还有装车、卸车、并柜、拼箱，对货品进行贴标、缩模、打板、包装、简单加工（如分包、重新组合包装、简单装配等），以及代客户进行报关、报检等服务项目的收费；主要支出是人工、水电、仓储设施设备折旧带来的维修维护费用等。

知识拓展

存入保税仓的货物类型及运作环节

（四）海外仓模式

“仓配一体”是全球电商的趋势，跨境出口约 40%的订单是从海外仓发货的。零售供应链规划出于对效率的考虑，把商品放到离消费者最近的地方，让物流以最快的速度响应订单，尽量减少商品在空间上的无效流动。海外仓操作流程如图 4-2-5 所示。

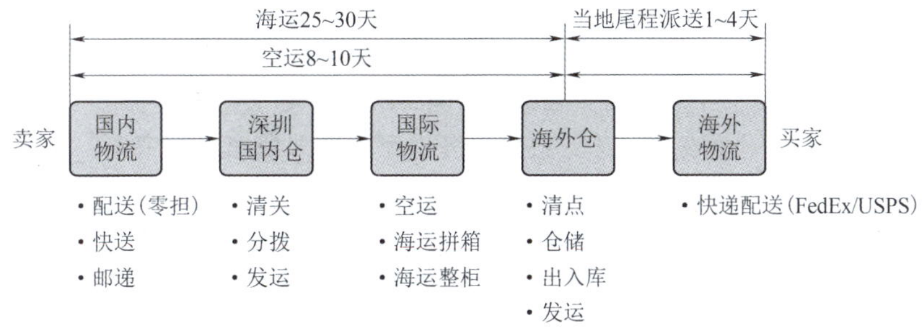

图 4-2-5　海外仓操作流程

知识链接

海外仓的运营模式

海外仓作为设立在海外的仓储设施，其模式在物流端的整体流程包括头程运输、仓储管理和本地配送三个部分。

在头程运输环节，国内商家首先根据预期的订单量，提前将商品货物通过海、空或者陆运方式送至海外仓库；在仓储管理流程中，批量货物到海外仓后，商家通过线上的物流系统对接，远程操作海外仓储库存货物并就库存情况进行实时管理；最后在本地配送服务中，商家利用自身独立站或者第三方电商平台对接零散买家的线上订单后，可以远程控制海外仓根据订单信息进行打包出库，最后经由当地物流服务商将商品配送到消费者手中。因此，海外仓模式可以做到帮助出口企业直接在海外市场当地进行货物仓储、分拣、包装和派送的一站式管理服务，最大程度上确保消费者收到商品的时效性和完好度。

知识拓展

海外仓的配套运作服务

（五）仓储+流通加工+现货交易市场平台模式

此种模式一般设在专业市场内，有配套的加工区和仓储区，比较典型的，如钢材物流仓储园区，前面为市场，后面为钢材加工区和仓储区。

流通加工功能是在流通过程中，根据客户的要求和物流作业的需要，改变或部分改变商品形态的一种生产性加工活动。流通加工是流通中的一种特殊形式，其目的是克服生产加工的产品在形质上与客户要求之间的差异问题，或者是方便物流操作、提高物流效率。

（六）仓储+物流+信息平台模式

此类模式重点在于信息平台建设，目的是集中运输企业、物流企业、工业企业的各种货源信息，打造信息中心和交易中心，仓储只是其中一种盈利模式，其核心在于整合各类资源。

任务实施

小陈在参与了 H 公司业务拓展项目组的工作后，需要整理和提交一份业务拓展项目书。

步骤一：经营现状分析，确定业务拓展目标

H 集团可提供仓库租赁、仓储管理、物流配送的一站式服务，在珠江三角洲地区有近 52 000 m^2 的食品仓、化工仓、普货仓等各类仓库，还自有各类型的厢式货车、侧帘车、飞翼车、平板车、高栏车等车辆，均配备 GPS 监控系统。

H 集团旗下拥有广州 H 供应链管理有限公司、广州 H 国际货运代理有限公司、广州××物流有限公司等多家全资子公司，可为客户提供仓储、运输、配送、报关的一体化服务及 24 h 一对一服务的管理团队、客服团队和操作团队，省去中间复杂的沟通环节，避免供应商相互间的责任推脱。

（一）当前经营模式

1. 一对一服务

专业管理团队、客服团队和操作团队一对一服务，省去中间复杂的沟通环节，避免供应商相互间的责任推脱。

2. 仓储配送服务

自有车辆各类车型均配备，可配套仓储中转；车辆配备 GPS 系统，可随时监控车辆以及货物所在位置；时效快，珠江三角洲区域次日直达，其他省内、省外长途 2~3 天到达，偏远地区视具体地址而定。

3. 进出口报关代理服务

有十多年广州进出口报关代理经验，能帮助客户快速通关，正常情况下，一天内即可清关（包括海关和商检）；操作过上千种货物，各港口口岸均可以操作，如保税区报关，广州、深圳、南沙、佛山、白云、番禺、花都、厦门、汕头、上海等地的进出口报关。

4. 仓储加工服务

仓储加工服务是物流与供应链管理中的一个重要环节，它涉及货物在仓库中的存储以及根据客户需求进行的加工活动。仓储加工服务的目标是提高物流效率、降低成本、提升客户满意度，并最终为客户的业务增值。

（二）竞争优势分析

H 集团作为一家拥有多年经验的仓储物流企业，在市场上具有一定的竞争优势。主要表现在以下几个方面。

①丰富的服务种类：不仅提供仓储物流、运输配送等传统物流服务，还提供海运订舱、中国

内地与香港运输、进口单证办理、清关等一体化服务，覆盖了国际物流服务的多个环节，能够满足客户多方面的需求。

②稳定可靠的服务质量：拥有丰富的物流运作经验和专业团队，能够提供稳定、可靠的物流服务，确保货物能够按时、安全地到达目的地。

③强大的技术支持：H 集团在物流信息化方面投入巨大，引进了一系列物流管理信息系统，实现了物流信息化管理和自动化操作，提高了物流效率和服务质量。

（三）业务拓展目标

此次进行业务拓展，H 集团的总体战略目标是：

①扩展物流服务范围，增加收入来源；

②提高市场占有率和品牌知名度；

③提高集团整体业务效率和客户满意度。

（四）业务升级方向

根据 H 集团自身的需求和市场的要求，业务升级有以下几个方向。

①促进数字化转型：建设智能化仓库，采用物联网、云计算、大数据等技术优化运营管理，提高物流效率和服务水平。

②推进国际化进程：加强与海外供应商、客户、物流企业的合作关系，建立全球物流网络，提供跨国物流服务。

③发展专业化服务：根据市场需求，发展特定行业的专业化服务，如医药物流、冷链物流、电商物流等，提高服务水平和市场竞争力。

④扩大业务范围：除了广州地区，可以在其他城市或地区开设新的仓库和物流中心，扩大业务范围。

步骤二：市场调研与分析，确定业务拓展方向

项目组确定向冷链物流的专业化仓配服务方向拓展集团业务。通过市场调研，分析得出该方向的机遇和挑战包括以下几个方面。

（一）机遇

1. 政策支持

2022 年，广东省人民政府办公厅印发《推进冷链物流高质量发展“十四五”实施方案》（简称《方案》）。《方案》中提到广东将围绕 7 个国家骨干冷链物流基地，依托广东供销公共型农产品冷链物流基础设施骨干网及具备条件的冷链物流设施，规划布局若干省级产销冷链集配中心和两端冷链物流设施。方案特别明确，将大力培育冷链物流骨干企业，支持冷链物流企业做大做强。

2. 市场需求

我国人口众多，冷链物流主要服务对象的需求量大，市场规模稳步增长。在原有围绕农贸市场展开的生鲜物流基础上，随着生鲜电商、大型连锁超市的出现及餐厅的增多，冷链物流所需要服务的场景逐步多元化，部分物流场景产生新兴的、明显的仓配一体化物流需求。随着人们消费水平的提高，冷链物流市场需求呈现高速增长趋势。

3. 区域优质物流设施

从我国冷链物流产业链企业区域分布来看，冷链物流产业链企业主要分布在广东地区，其

次是在山东、江苏、浙江、上海等沿海地区。广东冷链物流建设已经具备了一批现代化的冷链物流设施，这些设施为H集团提供了良好的物流基础设施条件，方便企业的冷链物流业务拓展。

（二）挑战

1. 区域竞争激烈

当前，广东冷链物流建设已走在全国前列。除了已有的强势竞争对手，随着广东冷链物流建设的加速推进，越来越多的企业进入冷链物流市场，市场竞争加剧。

2. 成本压力增加

为了保证冷链仓配的顺畅运转，需在设备和配送中心改造上投入一定的建设成本。同时，随着市场竞争的加剧，物流服务价格不断下降，冷链物流成本压力也在不断增加。

3. 服务要求高

不同的货物有不同的温度要求，需要精确控制温度和湿度。除了温度控制，冷链仓配服务还需要控制货物所处的环境，包括湿度、光照、气味等，以确保货物不受损失，保证货物的质量和安全。

冷链仓配服务需要与物流上下游环节进行协同，确保货物能及时、安全、准确地送达目的地。这需要在物流过程中采用协同式管理，对运输、装卸、清关等环节进行优化和协调。

步骤三：寻找拓展客户群体

经过讨论，项目组认为可以从以下几个方面入手寻找新拓展的冷链仓配服务的目标客户群体。

1. 行业领域

首先需要明确哪些行业的产品需要冷链运输和仓储服务，如生鲜、医药、化妆品等行业。基于H集团原有的对日用品仓储物流服务的丰富经验，确定其要在如表4-2-3所示的行业中挖掘客户群体。

表4-2-3　H集团客户群体挖掘

服务	具体内容
食品饮料行业	像果汁、酸奶、啤酒等饮料，以及面包、饼干、巧克力等食品，都需要在运输过程中控制温度，确保产品质量
保健品行业	很多保健品都需要在冷链环节中进行储存和运输，如保健品中的活性成分需要在低温下保存
化妆品行业	一些化妆品中的成分需要在低温下保存，如某些面膜和眼霜等产品中的成分
生鲜行业	广州常年气温偏高，空气湿热，生鲜农产品在无冷链运输的情况下极易腐坏变质

这些行业的产品对温度要求较高，需要进行冷链物流。

2. 产品特性

对于需要冷链运输和仓储服务的产品，需要了解它们的特性，如温度要求、保质期、灵敏度等。这些特性将影响到客户对服务的要求。

3. 服务区域

需要明确服务的区域范围，冷链服务一般需要在短时间内将产品从发货地点运送到目的地，因此服务范围要尽量覆盖潜在客户所在的区域。

确定服务区域需要考虑以下几个因素。

①服务半径：冷链服务的服务半径会受到物流成本、运输时间、客户需求等因素的影响。H

集团需要通过市场调研和竞争对手的情况来确定服务半径的合适范围。

②市场需求：H 集团需要了解目标客户的分布情况和市场需求，有针对性地选择服务区域。如果目标客户主要在广州及周边地区，那么服务区域可以局限在该地区；如果目标客户遍布全国，则需要在全国范围内提供服务。

③竞争对手：需要了解竞争对手的服务区域，避免服务区域重叠，同时，将竞争对手尚未覆盖的区域来作为自己的服务区域。

综合考虑这三个因素，H 集团可以先将广州及周边地区作为服务区域，逐步拓展至全国范围内，还要根据市场需求和竞争对手情况进行动态调整。

4. 客户规模

需要了解潜在客户的规模和运输需求，如运输量、频次、运输距离等，以便确定服务定位和服务能力。通过分析，确定冷链仓配服务的目标客户群体，并针对不同的客户群体提供不同的服务定位和营销策略。

步骤四：撰写业务拓展项目计划书

（一）项目名称

H 集团冷链物流业务拓展项目。

（二）项目背景

H 集团旗下拥有广州 H 供应链管理有限公司、广州 H 国际货运代理有限公司、广州××物流有限公司等多家全资子公司，已经在仓储物流、运输配送、海运订舱等领域拥有丰富的经验和资源。随着消费者需求的升级，冷链物流服务越来越受到市场的关注，为了拓展 H 集团的业务，提高市场竞争力，现拟定冷链物流业务拓展项目。

（三）项目目标

通过拓展冷链物流业务，满足市场对于冷链物流的需求，提高 H 集团的市场占有率和盈利能力。具体目标如下。

①建设冷链物流中心，提供专业的冷链仓储服务。

②扩展冷链物流运输配送服务，增加冷链车辆。

③发展冷链进口业务，提供进口食品的一体化冷链服务。

（四）项目内容和任务

①建设冷链物流中心：寻找合适的地点，建设冷链物流中心；引进先进的冷链设备，确保温度控制准确；招募专业的冷链管理和操作人员。

②扩展冷链物流运输配送服务：增加冷链车辆数量，提高配送效率；完善冷链配送路线，扩大配送范围；建设专业的冷链运输管理系统，提高运输效率。

③发展冷链进口业务：开拓冷链进口渠道，建立合作关系；建立进口食品冷链仓储体系，提供一体化冷链服务；提供进口报关代理、清关服务，提高进口业务服务能力。

素养园地

海外仓是企业和品牌出海的重要抓手

课后习题

智慧化仓配经营方法及经营模式

任务三　供应链仓配中心客户开发与管理

任务导入

仓配物流企业A公司为了实现新客户的引进和业务增长，业务部正在统筹规划一系列客户开发计划。小陈作为其中的一员，需要掌握仓配业务经营的相关知识，这样后续的客户开发工作才能顺利推进。

一、供应链仓配中心客户开发

仓配中心在市场调研、市场细分的基础上，根据客户需求，设计出符合客户需求的仓配物流服务项目，接下来最重要的任务就是通过客户开发，让客户购买仓配物流服务，让企业获得订单。

（一）客户开发流程

客户开发是将企业的潜在客户变为现实客户的一系列过程。企业需要不断寻找和挖掘新的客户，图4-3-1为客户开发的基本流程。

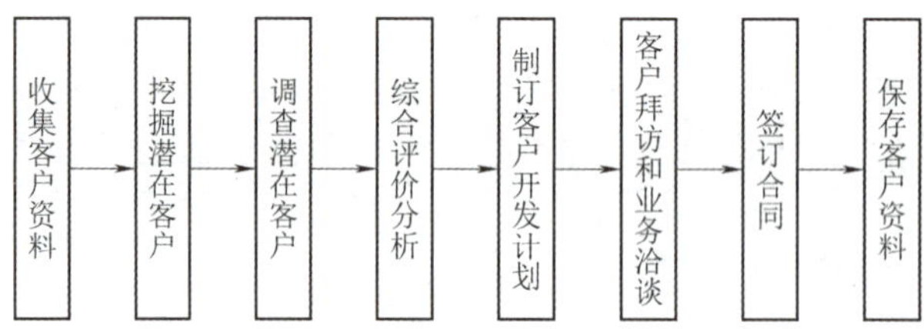

图4-3-1　客户开发的基本流程

学习案例

上海境沃的仓配一体化服务广受客户好评

知识拓展

客户开发流程的要求与实施方法

知识链接

物流企业的客户服务

（二）以投标方式获取新客户

1. 投标及招标概述

随着经济的发展，交易方式也不断地变化和丰富，其中招标已经成为很多企业获取业务、设备或项目的主要方式之一。企业进行物流项目招标，目的是以较低的成本得到其需要的物流服务。现代仓储物流企业要想寻求与较大规模企业的合作，承揽其仓配业务，必须对招标这一方式进行研究，熟悉投标书的基本制作方法，掌握一定的投标技巧。

2. 投标流程

物流企业在达成投标意向后，随即着手投标的准备工作，主要包括如下步骤。

①组织物流项目投标小组。抽调有物流服务经验、物流方案策划和设计能力的人员组成技术完备的投标小组，并给予充分的人、财、物、时间保障，用全体员工的智慧做好投标工作。

②收集招标企业的资料，深入了解招标企业的状况，包括成长经历、产品类型和特点、市场状况，掌握招标企业的组织结构和企业未来发展态势。

③认真研究招标文件，分析招标内容，解决招标文件中的疑难问题，并做好询标工作。分解招标内容，组成解决各个有关内容的工作小组，编制投标文件，确定项目实施的资源、人力及费用等，进行投资效益分析、可行性研究等。

④严格按照招标书的时间要求，确定投标活动的时间表，并制订投标工作计划。

知识拓展

投标书的基本结构与模板

二、智慧仓配中心合同管理

（一）仓储合同管理

1. 仓储合同的基础知识

（1）仓储合同的定义。

仓储合同，又称仓储保管合同，《中华人民共和国民法典》（简称《民法典》）第九百零四条规定："仓储合同是保管人储存存货人交付的仓储物，存货人支付仓储费的合同。"

在仓储合同关系中，存入货物的一方是存货人，保管货物的一方是保管人，交付保管的货物为仓储物。仓储是专为他人储藏、保管货物的商业营业活动，是现代化大生产和国际、国内商品货物流转中一个不可或缺的环节。

（2）仓储合同的法律特征。

①保管人须为有仓储设备并专事仓储保管业务的仓库营业人；

②仓储合同的保管对象须为动产，不动产不能成为仓储合同的对象；

③仓储合同为诺成合同（诺成合同是指当事人一方的意思表示一旦经对方同意即能产生法律效果，即"一诺即成"的合同。此种合同的特点在于，当事人双方意思表示一致，合同即告成立）；

④存货人主张货物已交付或行使返还请求权以仓单为凭证。

仓单指保管人向存货人开出的有价证券。《民法典》合同编规定，存货人交付仓储物的，保管人应当给付仓单，未区分提取仓单与出质仓单。

（3）仓储合同与租赁合同的区别。

①仓储合同是以提供劳务为标的的合同，租赁是以提供设施设备为标的的合同；

②仓储合同的被保管物必须是动产，而租赁合同的标的物可以是动产也可以是不动产；

③仓储合同中存货人的货物交付或返还请求权以仓单为凭证请求权利，而仓库租赁则以租赁合同为凭证请求权利。

2. 仓储合同的主要条款

仓储合同的内容，又称仓储合同的主要条款，是经存货人和保管人双方协商，一致订立的，规定双方主要权利和义务的条款，同时是检验合同的合法性、有效性的重要依据，主要包括仓储物的品名品类、数量和质量、包装、验收、储存条件、进出库手续、损耗标准和损耗处理、计费项目与标准、结算方式与时间、责任划分和违约处理、变更和解除合同的期限等。

知识拓展

仓储合同的种类与主要内容

知识拓展

仓储合同的履行与管理

（二）配送合同管理

1. 配送合同的概念

配送合同并无法定概念，一般认为配送合同是配送人根据用户需要为用户配送商品，并由用户支付配送费的合同。用户是配送活动的需求者，配送人是配送活动的提供者。配送费是配送人为用户提供商品配送活动而取得的对价。

2. 配送合同的法律属性

配送合同是有机结合买卖、仓储、运输、承揽和委托等合同某些特征的一种无名合同。

①配送合同是无名合同。对于配送合同，《民法典》合同编并未予以规范，考查其他法律，也尚无明文规定，因此配送合同是一种无名合同，是相对于如仓储合同这类有名合同而言的。无名合同虽然没有受到法律的直接明确的规范，但当事人有权根据自己的意愿来创设任何类型的合同，因此只要配送合同符合合同生效要件，其仍然具有法律上的约束力。

此外，无名合同虽然在法律上没有其名称，但并不意味着其在实际生活中也一样没有名称，配送合同即是如此。在将来物流立法成熟之时，配送合同甚至可能会得到立法的认可而由无名合同转化为有名合同。

②配送合同包含买卖、仓储、运输、承揽和委托等合同的某些特征。虽然不是这些合同中的任何一种，但却兼备了这些合同的某些特征，且配送合同将这些合同特征紧密地结合，使之系统地形成一个有机整体。单个的配送合同可能并不同时具备这些特征，但在该配送合同中所包含的特征对这个合同而言都是必要的，缺少任何一个环节，合同的履行就很可能出现困难，甚至可能造成无法实现合同目的的严重后果。

知识拓展

配送合同的种类及主要内容

任务实施

经过一段时间的学习和经验积累，小陈开始负责独立开发新客户，在与第一个客户进行直接沟通前做好了充足准备。

步骤一：开展市场调研，挖掘潜在客户

经过市场调研，小陈了解到我国是世界第二大美妆市场，且已经连续多年保持高速增长状态。在美妆市场不断扩张之际，美妆企业发力线上电商销售，不仅需要在营销层面进行精细化的排兵布阵，也需要在订单管理的仓储配送环节发力，将美妆产品又快又好地送到消费者手中，从

而完成交付闭环，保障销售成果。在电商渠道跃居美妆品牌企业的第一大销售渠道之后，美妆电商物流面临着更大的仓储与运配压力，如何实现电商销售与物流体系的高效协同配合，显得越发重要。

此前，A 企业有过成功的合作案例，所以，小陈将新客户定位于化妆品电商行业的企业。通过收集相关的行业报告，小陈梳理出该行业的仓配服务痛点并结合公司的仓配服务能力给出优化方案，为后续的客户开发做好准备，如表 4-3-1 所示。

表 4-3-1　化妆品行业的仓配服务痛点和优化方案

	痛点	优化方案
痛点一： 多渠道订单分散	在实际业务操作中，每个销售渠道，每天的订单波动是不一样的。订单来源或多或少，对拣选带来了很多的困扰，以往按照订单的渠道进行拣选，仓库拣配人员一次性拣货量少，作业效率非常低	先总拣后二次分拣，将所有渠道的订单，进行一次总拣，从仓库里货架上拣选出来，通过各种分拣设备分拣到各个渠道，最后拣每一个订单，提高拣货效率。 化妆类商品体积偏小，可以对拣货车做优化和调整
痛点二： 多渠道库存独立	品牌开设的渠道是逐步增加进来的，每一个渠道都会有一盘货，使得总库存可能分散在不同仓库、不同的库区或者不同系统划分的分区里面。 每个渠道的销售都有波动，多渠道的销售进度不一致，不利于整体的销售	把所有渠道的库存进行整合优化，所有渠道的库存都可以进行其他渠道的销售，同时这些库存也可以在渠道共享
痛点三： 商品的效期管理	化妆品的效期管理混乱，相同 SKU 商品有多个效期，入库环节未加以区分，按照到货数量录入系统。订单拣货时，系统无法识别效期，随机生成拣货单，拣货人员按商品 SKU 拣货，导致商品在库效期混乱	对于商品的效期增加了字段，在入库环节，就将效期录入 ERP 系统中，在拣选的时候，优先将效期靠前的商品出库
痛点四： 逆向物流处理	线上逆向物流和线下逆向物流	线上主要是 B2C 渠道，客户退回的商品，如果外包装完好，不影响二次销售，会进入大仓进行二次销售。 线下的门店如果产生滞销，滞销商品也会调拨回总仓进行其他门店的销售。 保障商品在出库时是效期靠前的优先出库
痛点五： 商品包装安全	客户对化妆品类商品的包装要求会更高，有些客户收到包裹时，感觉包装不太完美。主要原因有包装里面少了填充物，或者是纸箱规格过大，包装箱质量不好等，导致客户收到的包裹存在破损、漏液的现象	在纸箱及填充物的大小、规格上做了优化。同时，对每一个商品的体积、重量在录入库仓时做升级和优化，系统会给到推荐的纸箱箱型，保证所选择打包的箱型与所购商品吻合

步骤二：综合评价分析，建立客户信息统计表

确定目标客户群体方向后，小陈开始寻找合适的客户群体，其搜集的途径包括门户网站、市场调查法、关系营销法以及广告拓展法等。

根据调研结果，建立客户数据库，包括潜在客户名单、联系方式、业务需求和服务要求等信息。

表 4-3-2 是小陈经过筛选确定的客户信息一览表。

表 4-3-2　客户信息表（部分）

公司名称	业务需求	服务要求
A 美妆品牌	仓配一体化服务	小批量订单分拣，及时配送，保证货物品质
B 美妆品牌	仓配一体化服务	快速高效的订单处理，完善的售后服务，准确的配送时间
C 美妆品牌	仓配一体化服务	安全的存储环境，实时库存管理，定制化的包装和配送方案
D 美妆品牌	仓配一体化服务	安全可靠的存储环境，高效的仓储和分拣服务，及时准确的物流配送
E 美妆品牌	仓配一体化服务	专业的库存管理系统，定制化包装，高效准时的配送服务
……	……	……

步骤三：为每个客户制订具体的营销策略

通过对每家公司的资料收集，小陈选择 D 美妆作为进行沟通的第一个客户。该化妆品企业作为新兴的化妆品公司，在短短 2 年内实现了高速发展，业务规模快速扩张。公司业绩不断提升的同时，物流方面也出现了很多问题，物流问题导致的赔付款也不是一笔小数目。

（一）了解企业生产、库存和销售情况

生产企业在供应链的上游，化妆品公司的销售、物流计划都需参照企业的排产，小陈目前只能收集到其官方网店的销售数据，计划在与客户沟通中获取更具体的相关信息。

（二）分析客户需求，提供定制化解决方案

通过沟通前的资料收集，小陈先准备了一份解决方案预案，如表 4-3-3 所示。

表 4-3-3　为 D 公司提供的解决方案预案

序号	需求	解决方案
1	自运营仓储资源不足	推荐客户整体入仓，能全面精益化管理，减少人员浪费
2	运营能力跟不上业务扩展	成立专业美妆仓配团队，全面培训规范操作全流程，进行货品高效管理
3	大促爆单难以应对	进行云仓资源共享，实现操作人员、系统、场地临时共享，提高发货效率
4	大促退货处理效率低	单独分配客服维护人员进行专项管理，确保客户退件当天全部处理完结

步骤四：客户沟通

对于客户开发，首次沟通尤为重要，需要做好充分准备。首先选择合适的时间，10：00—11：30 较为合适。其次是准备好沟通内容，简要介绍公司情况，初步了解客户目前运作模式及需求，判断业务后期开发方向，为后期沟通做好铺垫工作。

小陈对首次沟通的计划如表 4-3-4 所示。通过初步沟通，可以判断业务匹配度，分析客户需求，为进一步沟通做准备。

表 4-3-4　首次沟通计划

输出内容	需获取的信息
向客户介绍：公司基本情况，包括公司主营业务、运作模式和成功案例	向客户了解：目前操作需求，如淡季和旺季、运输区域、产品、运输方式等

步骤五：信息分享

通过与客户沟通及调研获取了基本客户信息后，下一步需要得到公司领导层的认同，如业务量非常大，后期拓展可能性较大，要确认企业资金安全是否有保障。应在资金安全、规模、利润空间及发展空间多层面推介该公司项目。

得到领导层认可后，就比较容易在公司内部获得支持、统一思想。在运作层面，市场部与运营部需要共同参与项目调研：运营部根据该公司实际操作情况咨询了解运作成本，设计运作方案并向市场部提出后期需要进一步了解的信息；市场部根据运营部建议进一步与该公司相关人员保持紧密的沟通。

素养园地

《民法典》中仓单的物权凭证属性

课后习题

供应链仓配中心客户开发与管理

项目评价

<table>
<tr><td colspan="3">知识巩固与技能提高（40 分）</td><td>得分：</td></tr>
<tr><td colspan="4">计分标准：任务课后习题得分 = 2×单选题正确个数+3×多选题与填空题正确个数+1×判断题正确个数+5×简答题正确个数
得分 = 项目任务课后习题得分总和/任务数量</td></tr>
<tr><td colspan="3">学生自评（20 分）</td><td>得分：</td></tr>
<tr><td colspan="4">计分标准：初始分 = 2×A 的个数+1×B 的个数+0×C 的个数
得分 = 初始分/26×20</td></tr>
<tr><td>专业能力</td><td>评价指标</td><td>自测结果</td><td>要求
（A 掌握；B 基本掌握；C 未掌握）</td></tr>
<tr><td>认识智慧仓配组织管理与制度建设</td><td>1. 仓配组织的建立与设计；
2. 组织结构的形式与发展；
3. 仓配组织制度建设；
4. 仓配 SOP</td><td>A□ B□ C□
A□ B□ C□
A□ B□ C□
A□ B□ C□</td><td>掌握仓配组织建设内容，能够运用组织管理和制度建设的基础知识</td></tr>
<tr><td>熟悉仓配经营方法与模式</td><td>1. 仓配经营方式的定位；
2. 智慧仓配管理方法；
3. 仓配经营模式</td><td>A□ B□ C□
A□ B□ C□
A□ B□ C□</td><td>掌握智慧化仓配经营方式定位方法，了解、掌握智慧化仓配管理方法，掌握仓配的经典经营模式</td></tr>
<tr><td>了解仓配中心的客户开发与管理</td><td>1. 客户开发流程；
2. 物流的招标与投标；
3. 仓储合同管理；
4. 配送合同管理</td><td>A□ B□ C□
A□ B□ C□
A□ B□ C□
A□ B□ C□</td><td>掌握供应链仓配中心客户开发的实施方法，了解、掌握智慧仓配中心合同管理的相关内容</td></tr>
<tr><td>职业道德思想意识</td><td>1. 增强沟通与交流能力；
2. 提升法律意识</td><td>A□ B□ C□
A□ B□ C□</td><td>能更好地理解和运用法律知识</td></tr>
<tr><td colspan="3">小组评价（20 分）</td><td>得分：</td></tr>
<tr><td colspan="4">计分标准：得分 = 10×A 的个数+5×B 的个数+3×C 的个数</td></tr>
<tr><td>团队合作</td><td>A□ B□ C□</td><td>沟通能力</td><td>A□ B□ C□</td></tr>
<tr><td colspan="3">教师评价（20 分）</td><td>得分：</td></tr>
<tr><td>教师评语</td><td colspan="3"></td></tr>
<tr><td>总成绩</td><td></td><td>教师签字</td><td></td></tr>
</table>

项目五 供应链智慧仓储管理

项目概述

供应链智慧仓储管理是在物流供应链中，利用物联网、人工智能、大数据等先进技术手段，对仓库入库、在库、出库等环节进行智能化、自动化管理，提高仓库管理效率、准确率和安全性，实现物流供应链的高效运作。主要包括入库作业管理、在库作业管理和出库作业管理三个方面。

项目导航

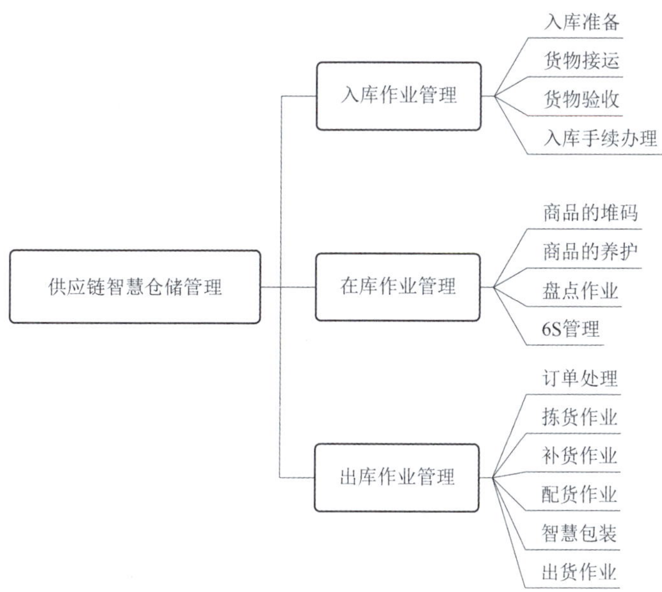

学习目标

知识目标：

了解货物入库的准备工作；

掌握入库作业流程和货物验收的方法；

掌握商品堆码和养护的作业内容与方法；

掌握仓库盘点作业流程；

掌握仓储 6S 管理的概念与内容；

掌握拣货作业的流程；

掌握智慧包装的功能特点和智慧包装机器人的作业方式。

技能目标：

能利用仓库设备完成入库上架作业，并更新存储数据。

能熟练进行货物的入库、在库、出库等作业；
能熟练运用现代化仓储管理软件进行货物的仓储作业信息管理；
掌握库内货物管理的6S管理方法。

素养目标：

培养学生的现代仓储管理意识；
培养标准化、制度化管理意识；
培养灵活运用大数据进行信息化处理的能力，培养创新意识。

任务一　入库作业管理

任务导入

A 公司物流配送中心平台奶粉仓库接到通知，两天后将有 1 200 箱奶粉到达仓库，货物分别是皇家系列奶粉 3 段 300 箱、皇家系列奶粉 2 段 300 箱、经典有机系列奶粉 2 段 300 箱、经典有机系列奶粉 1 段 300 箱。公司安排小陈负责此项工作，他该如何做好货物的入库作业呢？

相关知识

入库作业是仓储业务的开始，是指商品在进入仓库存储时需要进行的检验和接收等一系列作业过程，主要包括入库准备、货物接运、货物验收和入库手续办理四个方面的工作。入库作业流程如图 5-1-1 所示。

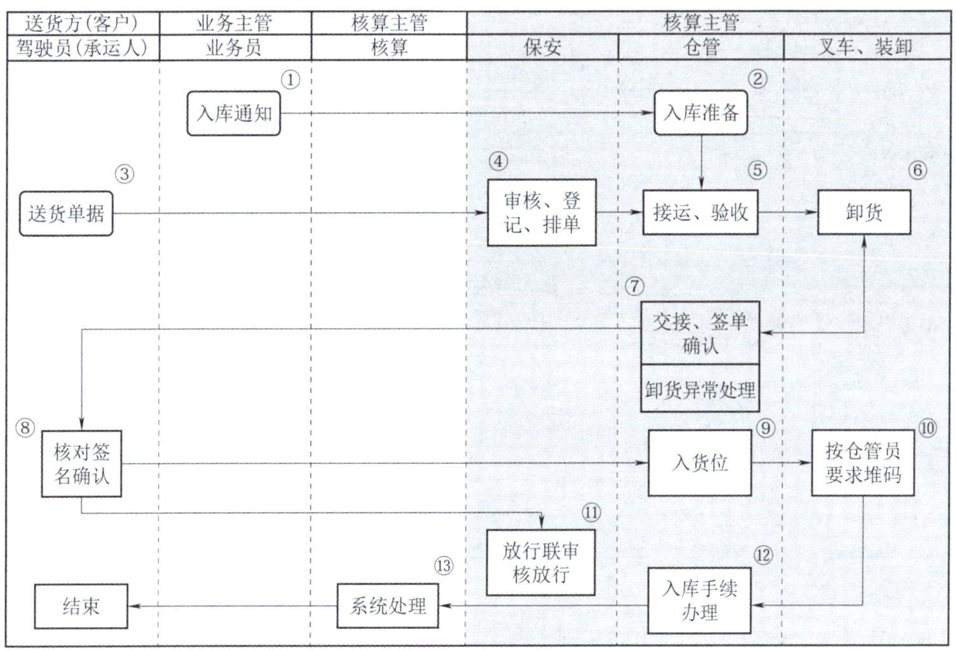

图 5-1-1　入库作业流程

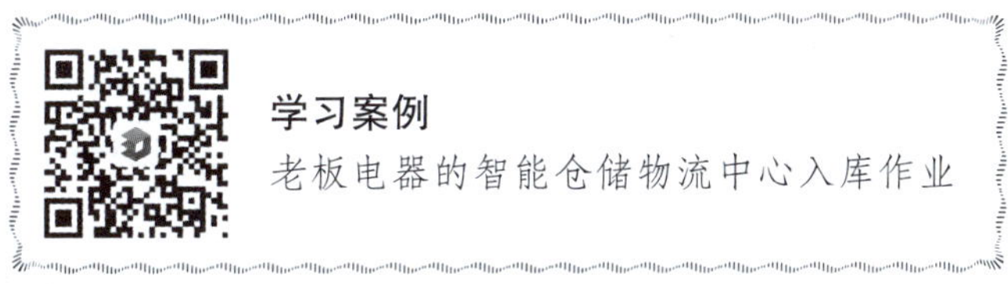

一、入库准备

接到相关部门发送的收货通知后，仓库应立即做好接货的准备工作。制订货物的存储计划、准备接货用的人员和器具，整理好货位，如图 5-1-2 所示。只有这样，才能保证货物到达之后，快速高效地完成入库作业。

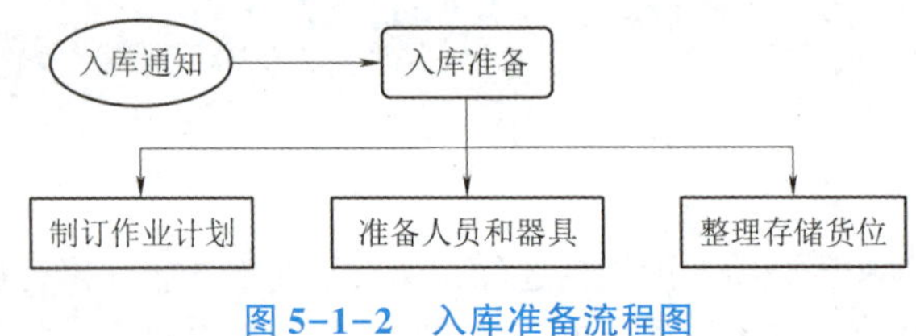

图 5-1-2　入库准备流程图

（一）制订存储计划

1. 分析入库货物

分析入库货物就是掌握入库商品的品名、种类、规格、数量、入库日期、所需仓容、仓储保管条件等信息。仓库计划工作人员对各存储计划进行分析，编制出具体的入库工作进度计划，并定期同业务部门联系，做好入库计划的进一步落实，随时做好商品入库的准备工作。入库作业计划单如表 5-1-1 所示。

表 5-1-1　入库作业计划单样表

入库作业计划单							
预计到库时间			客户名称				
预计存储期			入库类型				
入库方式			其他要求				
库房			优先级		紧急程度		
货品编码	货品名称	规格	批次	单位	数量	体积	重量
制单人							

2. 制订存储方案

制订存储方案是根据入库货物的品种、数量、特性、保管条件的要求、存期等，选择最适宜的库房，并安排存储货位。

（1）常用的货位使用方式。

常用的货位使用方式有固定货位存放方式、随机货位存放方式、分区存放方式。

①固定货位存放方式。每个产品都有相应的固定位置，其他的产品不能占用。但在实际中，有些固定货位存放方式允许两种或者更多的产品共用同一个位置，这种做法只限于部分产品，不适用于其他产品。

固定货位存放方式的优点是每种货品都有固定的存储位置，便于查找物料所在位置，可提高拣选效率，实现先进先出和批号管理的目标，允许相似的产品被归类放置在最合适区域。

缺点是有可能导致蜂窝仓储，储存空间利用率低，规划货位时要按峰值货量计算。

②随机货位存放方式。货品可随机放在任何空闲的位置上，不分类、不分区。

此方式的优点是由于货位可共用，储存空间的利用效率较高。

缺点是出入库管理及盘点工作的难度较大；周转率高的货品可能被存储在离出入口远的位置，增加了出入库的搬运距离；具有相互影响特性的货品可能被相邻存储，造成货品的损害或发生危险。

这种方式适用于库房空间有限，存储的货物种类少、体积较大、容易识别，需尽量利用存储空间的场合。

③分区存放方式。将所有货品按照其某种属性或特性加以分类，每一类货品都有固定存放的区域，同属一类的不同货品按一定的原则来指派货位，不属同一类的货品不能存放在同一区中。

此方式的优点是允许库存物品根据不同特性隔离存放，分批管理。物料被指定在某个区域里存放，但不指定特定位置，查找比较方便，仓储空间利用率也较高，是仓库目前采用最多的一种存储方式。

缺点是无法满足高效率的产品处理要求，在有些情况下，可能增加管理复杂性，也可能导致蜂窝仓储，需要及时更新库存变化情况。

（2）货位的分配原则。

货位分配的基本原则是将货物按某种特性聚类后分区存放，常见的货位分配原则有。

①基于周转频率分配货位。将货物按周转频率由大到小进行排序，再将排序分为若干段，同一段的货物视作同一类别，为不同类别的货物分配货位。

例如，按周转频率将货物分为 A、B、C 三类，其中 A 类是流动速度最快的货物，B 类是流动速度较快的货物，C 类是流动速度慢的货物，分类之后，将周转快的 A 类货物放到离出库口近的位置或便于搬运的位置。

②基于产品相似性分配货位。这种方法是按某种相似的特点将货物分类，如小配件与小配件分为一类，小饰品与小饰品分为一类，作业手段相似的分为一类等，然后将具有相似性的产品放在相邻货位。

此种分配方式的优点是可使用相同的存储设备和拣货设备，便于分区存储方式。

缺点是非常相似的产品，如电子零件、液晶屏、包装相同的手机等，其型号不同但包装外观相同，容易导致拣错货。

例如，将小配件和小配件等物品分为一类，均使用周转箱作为盛放容器。可将周转箱放置到货架上，在货架横梁上贴上信息标签，便于人工拣选零散货物。也可将周转箱放在托盘上，便于成托的单元化运输和存储。

③ 基于产品相关性分配货位。将关联性较强的产品放在相邻货位。比如，经常捆绑销售的产品分为一组相邻存放，经常一起使用的产品分为一组相邻存放。

优点是便于拣货单的合并，缩短拣货行走距离，提高拣货效率。

缺点是：灵活性受限，并且不适用于所有产品，如果仓库需要经常调整货位以适应产品关联性的变化，或者新产品引入时需要重新分配货位，这将增加产品的搬运和重新存储成本。

④按先进先出的要求分配货位。按生产日期、产品批号等分配货位，容易满足先进先出的要求。

⑤按照体积大小分配货位。考虑货物单位体积大小以及相同的一批货物的整批形状，以便能提供合适的空间满足某一特定要求。

⑥按照重量特性分配货位。按照货物重量决定货物存放位置，一般重量较大的货物摆放在地面上或货架下层，重量轻的货物放置在货架上层。

⑦按照产品相容性原则分配货位。性质相容的货品放在相邻位置，不相容的不能比邻存放。

⑧按照互补性原则分配货位。替代性高的货品放在相邻位置，缺货时可以用另一种货品

替代。

（二）准备作业人员和器具

1. 组织人力

按照商品的入库时间和到货数量，做好相关作业人员（如装卸搬运、检验、堆码人员等）的工作安排，保证货物到达后，人员及时到位。

2. 机械设备及计量检验器具准备

根据入库商品的种类、包装及数量等情况，确定检验、计量、装卸搬运的方法。合理配备好商品检验和计量器具、装卸搬运设备、堆码设备及必要的防护用品。

（三）整理存储货位

根据入库商品的品种、数量、储存时间，结合商品的堆码要求核算货位面积，确定存放的具体位置，以及进行必要的腾仓、打扫、消毒和准备验收场地等辅助工作。

理想的货位安排是既要能够提高仓储空间的利用率，又要能够方便保管和拣选作业，但这两个目标通常是相互矛盾的。为了提高仓储空间的利用率，往往会牺牲一些日常作业的方便性。作为仓储管理人员，应根据具体情况，灵活采取货位的使用方式和分配原则。

二、货物接运

接运是货物入库作业流程的重要环节，它的主要任务是及时、准确地完成货物接运，要求手续清晰、责任明确，为后续入库验收工作创造有利条件。在接运过程中，要做好接运顺序的安排和接运方式的规划。

（一）接运顺序安排

仓库在收到接运通知单时，仓库管理人员就要安排接货人员去接货，然而在货物入库的高峰期，由于每天接收到的货物数量较多，因此接货人员不能简单地按照接运通知单收到的顺序逐个接货，而应综合考虑相关因素，如表 5-1-2 所示，合理安排接货的顺序及时间。

表 5-1-2　影响接运的因素

因素	内容
货物的紧急程度	对于生产急需、周转速度快、库存量已经很少的货物，应优先安排接货，而对于还不是很紧急的货物，可以暂缓安排接货
货物在承运单位的保存期限	承运单位发出接运通知单后，在一定时间内，可以对货物进行免费保存。仓库管理人员在安排接货时间时，还要考虑仓库作业人员及设施的工作效率，确保货物接到仓库后，有暂时存放的地点，也有相应的能力及物力对其进行装卸、检验及入库作业

（二）接运方式

1. 铁路接运

铁路专线接货是指仓库备有铁路专用线，大批整车或零担到货接运的形式。一般铁路专线都与公路干线联合。在这种联合运输形式下，铁路承担主干线长距离的货物运输，汽车承担直线部分的直接面向收货方的短距离运输。其接运步骤如图 5-1-3 所示。

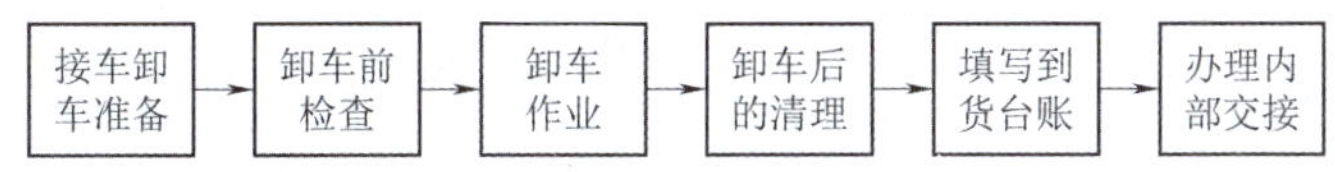

图 5-1-3　铁路接运步骤

2. 车站、码头提货

到车站提货，应向车站出示领货凭证。如果发货人未寄领货凭证，也可凭单位证明或在货票存查联上加盖的单位提货专用章，将货物提回。到码头提货的手续与到车站提货稍有不同。提货人要事先在提货单上签名并加盖公章或附单位提货证明，到港口取回货物运单，即可到指定的库房提取货物。

提货时应根据运单和有关资料认真核对货物的名称、规格、数量、收货单位等。货到库后，接运人员应及时将运单连同提取回的货物与仓库管理人员办理交接手续。车站、码头提货的步骤如图 5-1-4 所示。

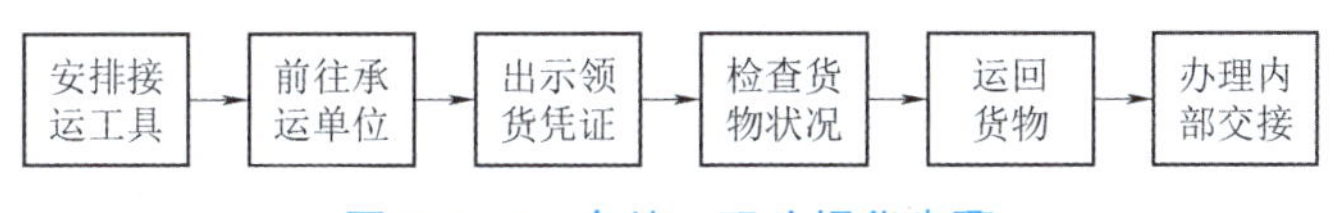

图 5-1-4　车站、码头提货步骤

3. 自提货

自提货是指仓库直接到供货单位提货。这种方式的特点是提货与验收同时进行。仓库根据提货通知，了解所提货物的性质、规格、数量，准备好提货所需的设备、工具和人员。到供货单位进行货物验收时，应当场点清数量，查看外观质量，做好验收记录。提货回仓库后，交验收员或保管员复验。自提货的步骤如图 5-1-5 所示。

图 5-1-5　自提货的步骤

（三）仓库收货

货物到库后，仓库收货人员首先要检查货物入库凭证，然后根据入库凭证开列的收货单位和货物名称与送交的货物内容和标记进行核对（表 5-1-3 为送货单样式），最后与送货人员办理交接手续。如果在以上工序中无异常情况出现，收货人员在送货回单上盖章表示货物收讫。如发现有异常情况，必须在送货单上详细注明并由送货人员签字，或由送货人员出具差错、异常情况记录等书面材料，作为事后处理的依据。

表 5-1-3　送货单

送货单位：　　　　　　　　　　　　　　　　　日期：　　年　　月　　日

品名	规格	单位	数量	单价/元	金额/元	备注

送货单位：（盖章）　　　公司　　　　　　送货人：

收货单位：（盖章）　　　电器　　　街店　　收货人：

三、货物验收

（一）商品验收的方式

商品验收方式如表 5-1-4 所示。

表 5-1-4　商品验收的方式

方式	内容
全验	全验需要耗费大量人力、物力和时间，检验成本高，但可以保证验收质量。在货物批量小、规格复杂、包装不整齐的情况下，可采用此法
抽验	货物质量和储运管理水平的提高及数理统计的发展，为抽验方式提供了物质条件和理论基础。对于大批量、同包装、同规格、信誉较高的存货单位的货物可采用抽验的方式检验。若在抽验中发现问题较多，应扩大抽验范围，直至全验

（二）商品验收程序

商品验收的主要流程如图 5-1-6 所示。

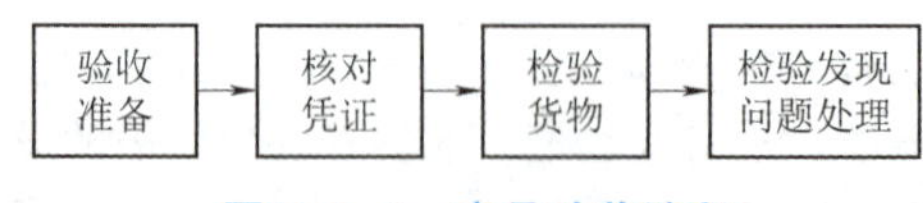

图 5-1-6　商品验收流程

1. 验收准备

验收准备是货物入库验收的第一步，验收准备主要包括以下几点。

①收集、整理并熟悉各项验收凭证、资料和有关验收要求。

②准备验收所需的计量器具和检测仪器、仪表等。

③落实入库货物的存放地点，选择合适的堆码垛型和保管方法。

④准备所需的毡垫、堆码物料、装卸机械、操作器具和承担验收作业的工作人员。

⑤进口货物或存货单位要求对货物进行质量检验时，要预先通知商检部门或检验部门到仓库进行检验或质量检测。

2. 核对验收单据

核对验收单据应按以下几个方面的内容进行。

①货主提供的入库通知单和订货合同副本，这是仓库接收商品的凭证。

②供货单位提供的验收凭证，包括材质证明书、装箱单、磅码单、发货明细表、说明书、保修卡及合格证等。

③承运单位提供的运输单证，包括提货通知单和登记货物残损情况的货运记录，普通记录及公路运输交接单等，作为向责任方进行交涉的依据。

3. 检验货物

检验货物的内容包括数量检验和质量检验。数量检验一般采用检斤、计件、检尺求积等形式，如表 5-1-5 所示。

表 5-1-5　检验货物的方式

数量检验	检斤	检斤是指对以质量为计量单位的货物进行数量检验时称重，从而确定其毛重和净重。值得注意的是，按理论换算质量的货物，先要通过检尺，然后，按照规定的换算方法和标准换算成质量验收，如金属材料中的板材、型材等
	计件	计件是指对以件数为单位的货物进行件数的计算。一般情况下，计件货物应逐一点清。固定包装物的小件货物，如果包装完好，则不需要打开包装。国内货物只检查外包装，不拆包检验。进口物资按合同和惯例检验
	检尺求积	检尺求积是指对以体积为计量单位的货物先检尺后求积所做的数量检验，如木材等货物，根据实际检验结果填写磅码单

质量检验包括外观质量检验和内在质量检验。货物的外观质量检验通过外观来判断质量，简化了仓库的质量验收工作，避免了各部门反复进行复杂的质量检验，节约了成本。凡经过外观质量检验的货物都应填写检验记录单。

检验方法有以下几种。

①目检。在重组的情况下，观察物品的表面状况是否有变形、破损、脱落、变色、结块等，并检查标签、标志的情况。

②听觉、触觉、嗅觉、味觉检验。通过抚摸、摇动、敲击等来鉴定。

③仪器检测。测定含水量、密度、黏度、成分等。

④运行检测。在操作中检验。

包装材料的含水量是衡量保管质量的重要方面。包装材料含水量如表 5-1-6 所示。

表 5-1-6　包装材料含水情况

包装材料	含水量	说明
木箱	18%～20%	内装易霉、易锈物质
	18%～23%	内装一般物质
纸箱	12%～14%	五层瓦楞纸的外包装及纸板衬垫
	10%～14%	三层瓦楞纸的外包装及纸板衬垫
胶合板箱	15%～16%	—
布包	9%～10%	—

4. 验收发现问题及处理

（1）数量不符。

验收后发现货物的实际数量与单证数量不符时，收货人员需在凭证上做详细记录，按实际数量验收，并及时通知收货方和发货方。

（2）质量问题。

在与铁路、交通运输部门初步验收时发现质量问题，应会同承运方清查点验，并由承运方编制商务记录或出具证明书，作为索赔的依据。如果确认责任不在承运方，也应进行记录。由承运者签字，以便作为向供货方联系处理的依据。在拆包进一步验收时发现的质量问题，应将有问题的商品单独堆放，并在入库单上分别签收，同时通知供货方，以划清责任。

（3）包装问题。

发现大件包装有破损、变形、玷污等情况时，应进一步检查内部数量和质量并由送货人员开具包装异状记录或在进货单上注明，同时通知保管员单独堆放，以便处理。

（4）单货不符或单证不全问题。

①商品串库。商品串库是指应该送往甲库的商品误送到乙库。验收发现串库时应及时通知进货人员办理退货手续，同时更正单据。

②有货无单。有货无单是指商品先到达而有关凭证还未到达。此类货物暂时安排存放，及时沟通，待单证到达后再验收入库。

③有单无货。有单无货是指存货单位先将单证提前送到仓库，但经过一段时间后，仓库仍未见到商品。对此应及时查明原因，将单证退回并注销。

④货未到齐。往往由于运输方式的原因，同一批商品不能同时到达，对此应分单签收。

四、入库手续办理

货物入库的手续主要是登台账、立货卡、建档案和签单证，如图 5-1-7 所示。

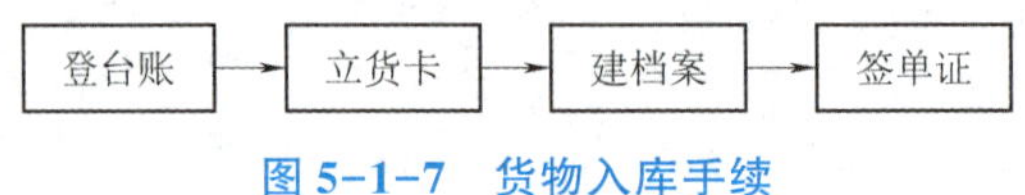

图 5-1-7　货物入库手续

（一）登台账

登台账是指建立入库货物明细账。该明细账动态地反映货物进库、出库、结存等详细情况。仓库管理人员根据入库单，填写手工台账，台账的格式可以根据入库货物的特点与管理的需要酌情设计，一般包括时间、入库单号、货物名称、数量、规格型号、包装、存放货位号、结存数量、货主名称、提货时间、出库号、出库数量等内容。

（二）立货卡

货物入库后，仓库保管员应将各种货物的名称、数量、规格、质量状况等信息编制成一张卡片，即货物保管卡片，这个过程称为立货卡。

（三）建档案

将货物的入库通知单、送货单、验收单、入库单等相应单证，各种技术资料及未来保管期间的操作记录、发货单等原件或复印件存入档案，做到“一物一档”，为货物的保管、出库业务活动创造良好的条件。

（四）签单证

到达物流中心的货物，经检验确认后一般应填写入库单，单据的格式根据货物类型及业务形式而不同，一般包含的信息如表 5-1-7 所示。

表 5-1-7　入库单包含的信息

项目	内容
供应商信息	名称、送货日期、送货订单完成情况
货物信息	品种、数量、生产日期或批号等
订单信息	订单对应号、序号、当日收货单序号等

填写入库单后，还需将有关入库信息及时准确地录入库存仓储信息管理系统，更新库存货物的有关数据。货物信息录入的目的在于为后续作业提供管理和控制的依据。

知识链接

影响入库作业的因素

任务实施

步骤一：入库前准备

入库作业计划如表 5-1-8 所示。

表 5-1-8　入库作业计划表

入库作业计划							
预计到库时间	2023-11-04		客户名称	A 公司			
预计储存时间	5 个月		入库类型	采购入库			
入库方式	自动化入库		其他要求	无			
库房	库房 1		优先级	高	紧急程度	普通	
商品编码	商品名称	每罐规格/kg	批次	单位	数量	每箱体积/m^3	每箱重量/kg
0747971	皇家系列奶粉 3 段	1	2023A001	箱	300	0. 018	12
0747972	皇家系列奶粉 2 段	1	2023A002	箱	300	0. 018	12
0747973	经典有机系列奶粉 2 段	1	2023A003	箱	300	0. 018	12
0747974	经典有机系列奶粉 1 段	1	2023A004	箱	300	0. 018	12

步骤二：验收入库

当货物到达仓库后，小陈首先检查货品外箱是否有变形、受潮情况。然后对商品数量进行确认，并在收货确认单上填写商品实收货数据。具体流程如下。

①到货后仓管员审核厂家出库单、送货单、托运单、检验证明等凭证，查看单据上体现的供货单位、货物品项、数量、保质期、规格、包装及相关到货信息。

②仓管员查验货物品类、件数、规格和外包装，查看货物生产日期、保质期，奶粉需检查质检报告等相关内容与送货单据是否相符。

③货物内箱抽查，是否出现损坏（破碎、破裂、变形、凹罐），如有则拒收。

④生产日期至送达日期是否超过保质期的 1/3，如有则拒收，在一个月内效期超 1/3 的，与业务负责人沟通是否收货。

⑤送货品项、数量是否与订货量相符。

⑥仓管员对到货产品进行开箱抽检，抽检比例不低于 10%。

⑦仓管员针对原包装破损、受潮、串味等异常的情况，直接作拒收处理，拒收货物随车带回。

⑧货物检验完毕，按实收数在入库单和供应商的供货凭证上签字确认并加盖物流管理部门

收货专用章，将收货凭证原件留底后其余单据交还送货人员，收货确认单如图 5-1-8 所示。

⑨将收货单与供应商的供货凭证一起装订好，递交物流文员录入 WMS。

步骤三：理货入库

小陈在检验完货物后，把合格的货物放到带有 RFID 的托盘上，再经由空中传输系统运送到立体仓库，自动识别出存放的货位，并由 RGV 送到储位上，最后自动上传数据到 ERP 系统。理货入库作业流程如图 5-1-9 所示。

收 货 确 认 单

收货单位：____________

收 货 人：____________ 收货日期：____________

收货电话：____________ 收货地址：____________

合同编号：____________

序号	商品编码	国际码	商品描述	每种奶粉总罐数	每种奶粉总箱数	库存批次	生产日期	每种奶粉总体积/m³	每种奶粉总重量/kg	实收货
1	0747971	87162007	皇家系列奶粉 3 段	3 600	300	1084XZ	2023-10-02	5.4	3 600	
2	0747972	87162008	皇家系列奶粉 2 段	3 600	300	1083CZ	2023-10-15	5.4	3 600	
3	0747973	87162009	经典有机系列奶粉 2 段	3 600	300	1091GZ	2023-10-15	5.4	3 600	
4	0747974	87162010	经典有机系列奶粉 1 段	3 600	300	10892GZ	2023-10-15	5.4	3 600	
合计				14 400	1 200			21.6	14 400	

备注：

1. 填写此《收货确认单》并签章回传到我公司，则视为货物已经收到并验收合格。
2. 接到通知收到货后三天内请验收，验收无误，则须填写《收货确认单》确认已收货及验收合格，然后回传到我公司；如收到货三天后，没有提出异议和没有回传《收货确认单》，则视作已经收货并验收合格。
3. 内容需填写确实、完整，字迹要工整；必须加盖公章。
4. 填写完内容，请签章确认并回传。

制单单位： 收货单位（签章）：____________

图 5-1-8 收货确认单

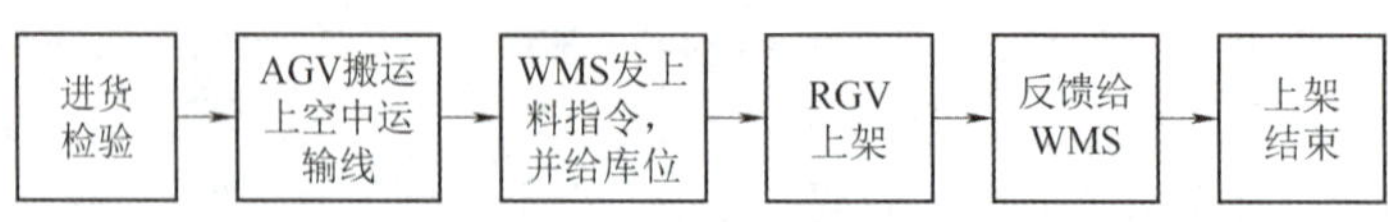

图 5-1-9 理货入库作业流程

在物料通过仓库入口进入仓库时，会经过入口处安装的 RFID 感应门，这一装置可以自动扫描获取物料的 RFID 标签信息，随后将对应的信息传输给 WMS；WMS 会对接收到的信息、对应货物的上架与存放的相关规则及当前仓库内货物存放的相关情况进行综合分析，从而找到这一货物适合的仓库储存位置并将该位置进行占用分配，随后对该货物的入库单进行打印，同时系统指导堆垛机将指定货物运送到分配的仓库位置。之后，WMS 会智能地在系统数据里增加相应货物的库存量。

素养园地

洪都坚持系统观念，打造智慧仓储提升入库效率

课后习题

入库作业管理

任务二　在库作业管理

任务导入

商品经过入库作业后即进入在库作业环节，在库作业的主要任务是妥善保存商品、合理利用仓储空间、有效利用劳力和设备、对存货进行科学管理。刘经理安排小陈加强对奶粉仓在库作业环节的管理，小陈应该怎么做?

一、商品的堆码

商品堆码的基本方法有散堆法和垛堆法。

散堆法适用于露天存放的没有包装的大宗物品，如煤炭、矿石、黄沙等，也适用于库内少量存放的谷物、碎料等散装物品。散堆法是直接用堆扬机或者铲车在确定的货位后端起，直接将物品堆高，在达到预定的货垛高度时，逐步后退堆货，后端先形成立体梯形，最后成垛，整个垛呈立体梯形状。

垛堆法主要适用于有包装（如箱、桶、袋、箩筐、捆、扎等）的物品，包括裸装的计件物品，垛堆方法储存能充分利用仓容，做到仓库空间整齐，方便仓储作业和保管。

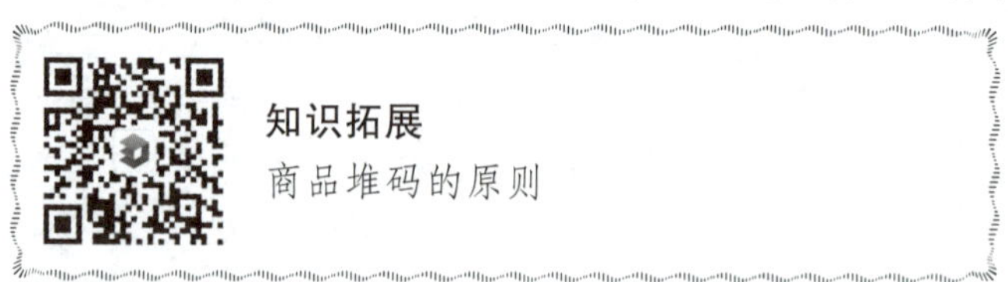

商品的堆码要求合理、牢固、定量、整齐、节约和方便，堆码的垛形有平台垛、起脊垛、立体梯形垛、行列垛、井形垛、梅花形垛等。

1. 平台垛

平台垛，如图 5-2-1 所示，是先在底层以同一个方向平铺摆放一层物品，然后垂直继续向上堆积，每层物品的件数、方向相同，垛顶呈平面，垛形呈长方体。平台垛适用于包装规格单一的大批量物品、能够垂直叠放的方形箱装物品、大袋物品，有规则的软袋成组物品、托盘成组物品。

2. 起脊垛

起脊垛，如图 5-2-2 所示，是先按平台垛的方法码垛到一定的高度，以卡缝的方式逐层收小，将顶部收尖成屋脊形。起脊垛是堆场场地堆货的主要垛型，货垛表面的防雨遮盖从中间起向下倾斜，便于雨水排泄，可防止雨水淋湿物品。

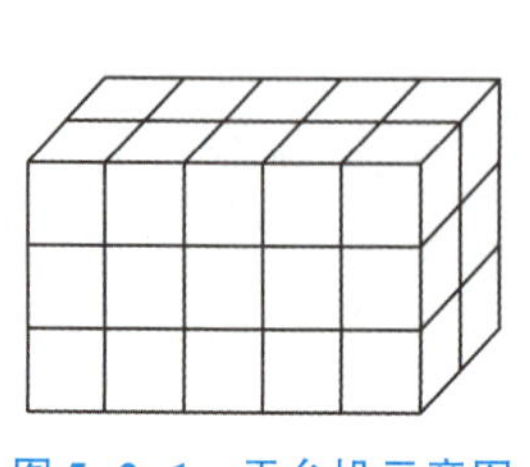

图 5-2-1　平台垛示意图

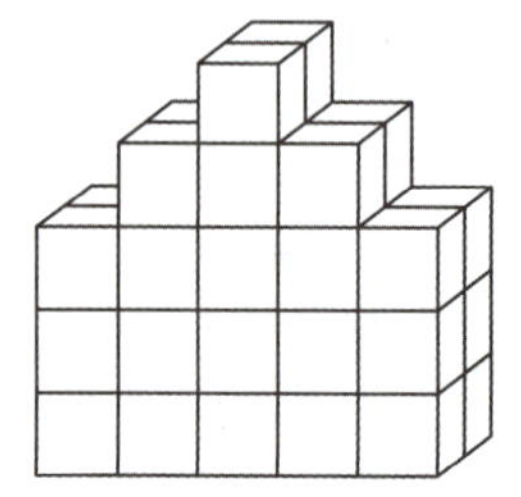

图 5-2-2　起脊垛示意图

3. 立体梯形垛

立体梯形垛，如图 5-2-3 所示，是在最底层以同一方向排放物品的基础上，向上逐层同方向减数压缝堆码，垛顶呈平面，整个货垛呈下大上小的立体梯形形状。立体梯形垛用于包装松软的袋装物品和上层面非平面而无法垂直叠码的物品的堆码，如横放的桶装、卷形、捆包物品。

4. 行列垛

行列垛，如图 5-2-4 所示，是将每票物品按件排成行或列，每行或列一层或数层高，垛形呈长条形。行列垛适用于存放批量较小的物品，如零担物品。因每垛货量较少，垛与垛之间都需留空，垛基小而不能堆高，使得占用库场面积大，库场利用率较低。

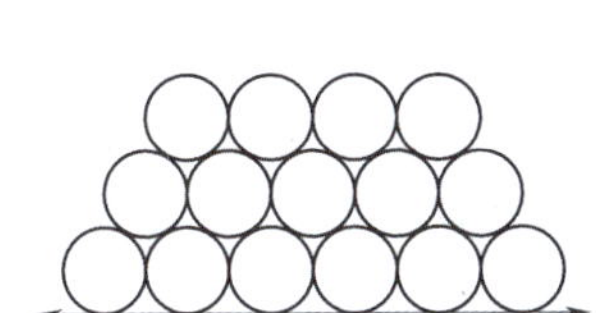

图 5-2-3 立体梯形垛示意图

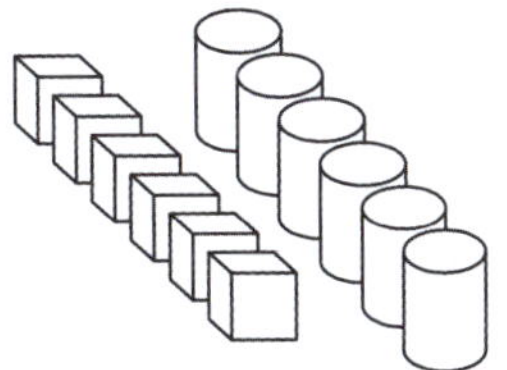

图 5-2-4 行列垛示意图

5. 井形垛

井形垛，如图 5-2-5 所示，用于长形的钢材、钢管及木方的堆码。它是在以一个方向铺放一层物品后，再以垂直的方向铺放第二层物品，物品横竖隔层交错逐层堆放，垛顶呈平面。井形垛垛形稳固，但层边物品容易滚落，需要捆绑或者收紧。

6. 梅花形垛

对于需要立直存放的大桶装物品，将第一排（列）物品排成单排（列），第二排（列）的每件靠在第一排（列）的两件之间卡位，第三排（列）同第一排（列）一样，而后每排（列）依次卡缝排放，形成梅花形垛，如图 5-2-6 所示。梅花形垛物品摆放紧凑，充分利用了货件之间的空隙，可节约库场面积。

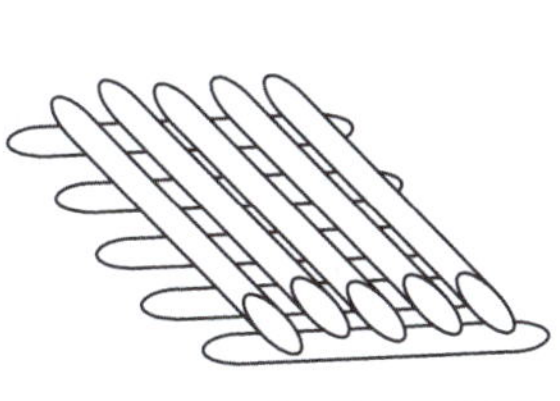

图 5-2-5 井形垛示意图

图 5-2-6 梅花形垛示意图

二、商品的养护

（一）商品保管养护的任务

“预防为主，防治结合”是商品养护的基本方针。做到预防为主，就要事先了解商品的特性，知晓商品在库期间可能会发生什么变化，以便采取相应的保管及养护措施。

商品养护的基本任务就是面向库存商品，根据商品的特性及其变化规律，为商品提供适宜的保管环境，合理利用储存空间和设施设备，使商品质量不变，以求最大限度地避免和减少商品损失，降低保管损耗。

（二）商品的存放要领

1. 整理仓库

仓库主管应要求各仓管员整理好仓库通道，并进行合理设计，留有适宜的包装或拆包场地。整理仓库时应注意以下四个要点。

①根据商品的性质、形状、数量等，确定适宜的存放地。货架隔板应能上下调节，货架正反两面都应能存放物品。

②通道宽度应便于搬运机械的搬运和通行。

③为便于搬运机械发挥作用，物品存放应尽量实体化。

④包装或开包地点应尽量选择中间位置。

2. 各种库存品的存放要领

各种库存品应根据不同性质进行存放，具体存放要领如表 5-2-1 所示。

表 5-2-1 各种库存品的存放要领

库存品类别	存放要求	操作要领
物料	做好防湿、防尘、防霉、防蛀工作	（1）防湿品应存放于湿度控制室，也可以利用防湿包装或添加干燥剂； （2）易碎和易坏品应格外小心存放； （3）冷冻品应存放于冷冻室，冷藏品应存放于冷藏室，需冰温品应存放于冰温室； （4）做好防尘工作，注意防止变质、变色或腐烂； （5）危险品应单独存放
成品	物品的存放保管应利于出库，便于提高出库效率	（1）存放品应便于计数和检查，最好横放，避免计数时翻查； （2）同种类成品应集中存放于同一场所； （3）厚重品置于下方，轻薄品置于上方，出库频率高的产品应存放于出入口附近； （4）存放时，应方便搬运机械操作
其他商品	根据各自属性，选择不同器具进行存放	（1）电器件等小商品应放于抽屉式货箱； （2）多类少量商品应尽量组合存放； （3）电池类商品可采用托架式存放，并配以挡板，以增强其稳定性； （4）铁锹等商品可采用吊挂式存放； （5）床、椅、机床等应采取平堆式存放

3. 商品的防误发和防破损

为避免保管品的误发和破损，需注意以下四个事项。

①对不同保管品分别注明品名、现货样品和类似品样品。对不稳定的物品，应注明单位重量或单位体积。

②在危险品和易损品的外包装上，应分别标示“危险品”“易损品”“注意存放”“切勿倒置”等字样。

③暂存品、不良品等应单独存放，并以醒目标志标示。

④存放地与通道之间应画白线界定。

4. 商品的堆放

商品的堆放正确与否直接关系到商品保管的质量。仓库主管须对仓管员的堆放作业和堆放效果进行指导与检查，确保商品的堆放科学、合理。具体来说，商品堆放时有以下几点要求。

①多利用货仓空间，尽量采取立体堆放方式，提高货仓使用率。

②利用机械装卸，如使用加高机等以增加商品堆放的空间。

③通道应留有适当的宽度，并保留装卸空间，这样既可保证商品搬运的顺畅，又不会影响商品装卸的工作效率。

④不同的商品应依商品的形状、性质、价值等因素选择不同的堆放方式。

⑤商品的仓储，要遵循先进先出的原则。

⑥商品的堆放，要保证容易核算储存数量。

⑦商品的堆放应方便识别与检查，如良品与不良品、呆料与废料应分开处理。

（三）温度、湿度控制

商品在储存期间大都需要有一个适宜的温、湿度，以确保商品的性质稳定。常见的温、湿度调控主要通过通风降温、密封、吸潮来实现。温度、湿度调控方法如下。

①通风降温：通风降温时应注意气象条件，如在天晴且风力不超过 5 级时效果较好，在秋冬季节通风较为理想。

②密封：一般情况下，对商品出入不太频繁的库房可采取整库封闭；对商品出入较为频繁的库房可采取封垛的措施。

③吸潮：可使用吸湿剂吸收空气中的水汽，吸湿剂主要有生石灰、氯化钙和硅酸；也可使用吸湿机把库内的湿空气吸入冷却器内，使它凝结成水而排出。

三、盘点作业

在物流配送中心里，由于货物的不断入库和出库，长期积累下的理论库存数与实际库存数有可能不相符；也可能某些货物由于存放过久、养护不当，导致质量受到影响，难以满足用户需要。为了有效地控制和掌握货物的数量和质量，必须定期或不定期地对在库的货物进行清点、查核，这一作业过程称为盘点作业。

（一）盘点的目的

①核查实际库存数量。盘点可以查清实际库存数量，并通过盈亏调整使库存账面数量与实际库存数量一致。

②计算企业资产的损益。库存物品总金额直接反映企业流动资产的使用情况，库存量过高，流动资金的正常运转将受到威胁，因此，为了能准确地计算出企业实际损益，必须盘点库存。

③发现物品管理中存在的问题。通过盘点查明盈亏的原因，发现作业与管理中存在的问题，并通过解决问题来改善作业流程和作业方式，提高人员素质和企业的管理水平。

（二）商品盘点的基本工作程序

盘点作业一般根据以下几个步骤进行：设定盘点计划、确定盘点时间、确定盘点方法、培训盘点人员、清理盘点现场、盘点、查清差异原因、盘点结果处理。盘点的基本工作程序如图 5-2-7 所示。

1. 设定盘点计划

一般而言，盘点计划多在复盘日期的一个月前就要具体拟定而且发布，如预定 6 月 26 日到 6 月 30 日复盘（又称大盘点），那么 5 月 31 日前就要确定盘点计划。这样才可以要求仓库人员做好预盘，以待复盘的完善执行。盘点计划也可以为采购人员及托外加工人员提供更具体的因应指示，使其对复盘进行分析，对储位规划做出结论，帮助仓库人员在预盘阶段就融入仓储整顿与储位规划中。

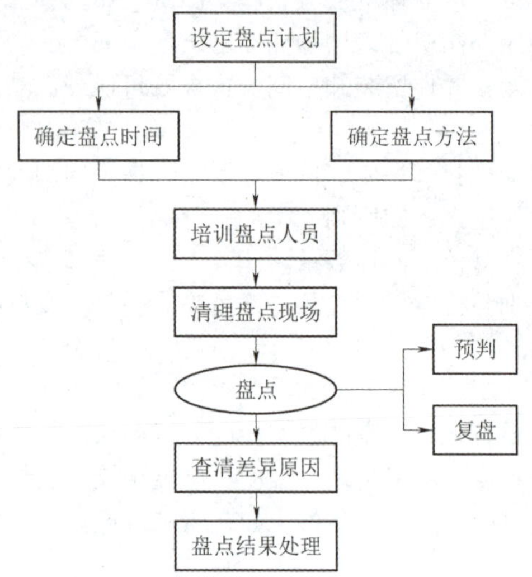

图 5-2-7　盘点的基本工作程序

2. 确定盘点时间

一般来说，为保证账物相符，商品盘点次数越多越好。但盘点需投入人力、物力、财力，有时大型的全面盘点还可能引起生产的暂时停顿，所以合理地确定盘点时间非常必要。

3. 确定盘点方法

不同的现场对盘点的要求不同，盘点的方法也会有差异，为尽可能快速准确地完成盘点作业，必须根据实际需要确定盘点方法。盘点作业方法如图 5-2-8 所示。

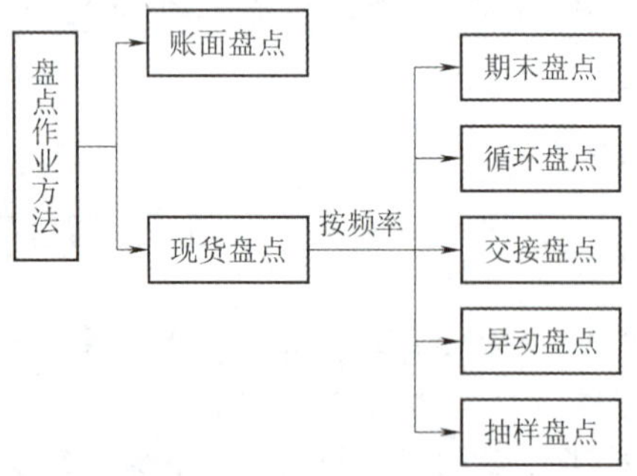

图 5-2-8　盘点作业方法

（1）账面盘点法。

账面盘点法就是为每一种商品分别设立“存货账卡”，然后将每一种商品的出入库数量及相关信息记录在账面上，逐笔汇总出账面库存余额，便于随时从账面或电脑中查询出入库记录及库存结余数量。

（2）现货盘点法。

现货盘点就是对实际库存商品进行数量的清点。依据盘点时间和盘点频率的不同，现货盘点包括以下几种盘点方法。

1）期末盘点。

期末盘点是指在会计计算期末全面清点所有商品数量的方法，又称为全盘。常见的有月度盘、季度盘、年度盘。

特点：期末盘点将仓库所有商品一次盘点完，工作量大，盘点要求严格，盘点期间要停止出入库作业，会影响生产，通常是因财务核算要求而进行的盘点。

2）循环盘点。

循环盘点是指在每天、每周盘点一部分商品，一个循环周期将每种商品至少清点一次的方法。

特点：循环盘点一次只对少量商品盘点，适用于不能停止生产的仓库。

3）交接盘点。

交接盘点是指交接班时的盘点。

特点：交接盘点适用于零售业或对贵重商品的盘点。

4）异动盘点

异动盘点（又称动态盘点或不动不盘）是指每天对有出入库变化的料号或储位进行盘点。

特点：异动盘点工作量小，能及时反映商品数量变化，可在每天下班前进行。对于 24 h 作业的仓库，后一个班盘点前一个班的异动并查明原因。

5）抽样盘点

抽样盘点是指库存如果有多个品种，抽取其中几种进行盘点。

特点：抽样盘点选择某些商品进行盘点，可减少盘点工作量。适用于品种繁多的配件类物资盘点。

4. 培训盘点人员

盘点人员的培训分为两部分：一是针对所有人员进行盘点方法及盘点作业流程的培训，让盘点作业人员了解盘点目的、盘点表格和单据的填写；二是针对复盘与监盘人员进行确认货品的培训，让他们熟悉盘点现场和盘点商品，对盘点过程进行监督，并复核盘点结果。

5. 清理盘点现场

盘点作业开始之前必须对盘点现场进行清理，以提高盘点服务的效率和盘点结果的准确性。清理工作主要包括以下几个方面的内容。

①盘点前对已验收入库的商品进行整理并归入储位，对未验收入库属于供应商的商品，应区分清楚，避免混淆。

②盘点场关闭前，应提前通知，将需要出库配送的商品提前做好准备。

③账卡、单据、资料均应整理后统一结清，以便及时发现问题并加以预防。

④预先鉴别变质、损坏的商品。盘点前要对储存场所堆码的商品进行整理，特别是对散乱商品进行收集与整理，以便盘点时计数。在此基础上，由商品保管人员进行预盘，以便提前发现问题并加以预防。

6. 盘点

盘点工作可分为两部分进行。

（1）预盘阶段。

预盘不限于仓库商品，而应该扩大到生产现场，因为生产现场难免仍有在制品，原则上，半成品、余料及成品在盘点前最好已经回缴仓库（但是有些工厂仍留在现场待盘点）。

在预盘阶段，由盘点主持人以计算机或会计部门的永续盘存账为基准做出预盘明细表，如表 5-2-2 所示，交给仓库（或现场等直接责任对象），仓库按要求“点”出应有数量，同时依新储位整顿存置定位，挂上盘点单，记录预盘有关栏位，并把预盘结果（包括盘盈，盘亏的差异）呈报盘点主持人。盘点主持人也可以不用预盘明细表，直接做出盘点单交给预盘主办者。

表 5-2-2　预盘明细表

品类：			预盘期：　　年　　月			
料号	品名规格	单位	前期 盘存量	本期 入库量	本期 出库量	本期应有 盘存量

依据预盘明细表，仓库人员在预盘阶段逐一清点库存商品后，再挂上盘点单，盘点单如表 5-2-3 所示。是最合理的工作方式。

表 5-2-3　盘点单

<table>
<tr><td colspan="3">物料盘点单</td><td>No.</td><td colspan="2"></td></tr>
<tr><td colspan="2">品类代号</td><td></td><td>简称</td><td colspan="2"></td></tr>
<tr><td colspan="2">料号</td><td colspan="4"></td></tr>
<tr><td colspan="2">品名</td><td colspan="4"></td></tr>
<tr><td colspan="2">规格</td><td colspan="4"></td></tr>
<tr><td colspan="2">计量</td><td></td><td>应有盘点量</td><td colspan="2"></td></tr>
<tr><td rowspan="2">预盘</td><td>日期</td><td></td><td>盘点人</td><td colspan="2"></td></tr>
<tr><td>盘点量</td><td></td><td>盘盈（亏）量</td><td colspan="2"></td></tr>
<tr><td rowspan="2">复盘</td><td>日期</td><td></td><td>盘点人</td><td colspan="2"></td></tr>
<tr><td>盘点量</td><td></td><td>盘盈（亏）量</td><td colspan="2"></td></tr>
<tr><td>存料状态</td><td colspan="2">□良品 G
□不良品 B
□呆料 D</td><td>备注</td><td colspan="2"></td></tr>
</table>

（2）复盘阶段。

复盘工作较为单一，是根据预盘阶段的盘点单去复查。复盘者可以要求被盘点者逐项将料品卸下，深入清点，再记入实际状况，填入“复盘”有关栏位内，通常是撕下盘点单一联，交给盘点主持人。更负责任的复盘人员，会更进一步复查料品的品质状况（甚至存置时间和存料状况），并呈报反映给盘点主持人。

7. 查清差异原因

盘点会将一段时间以来积累的作业误差及其他原因引起的账物不符暴露出来，盘点人员发现账物不符，而且差异超过容许误差时，应立即追查产生差异的原因。一般而言，产生盘点差异的原因主要有如下几个方面。

①记账员素质不高，登录数据时发生错登、漏登等情况。

②账务处理系统管理制度和流程不完善，导致商品数据不准确。

③盘点时发生漏盘、重盘、错盘现象，导致盘点结果出现错误。

④盘点前数据资料未结清，使账面数不准确。

⑤出入作业时产生误差。

⑥由于盘点人员不尽责导致商品损坏、丢失等后果。

8. 盘点结果处理

修补改善工作。盘点结束后，仓库管理员应做好修补改善工作。查清原因后，为使账面数与实物数保持一致，需要对账物、物料管制卡的账面进行纠正，不足的物料迅速办理订购。

（1）差异性追查。

盘点的目的是及时检讨货物的出入库及保管状况，消除误差，提高仓库管理效益。因此，通过盘点要了解的问题是：实际存量与账面存量的差异是多少；这些差异发生在哪些品种；造成差异的原因是什么；平均每一差异量对公司损益造成多大影响等。

知识拓展

货物盘点差异性追查的评估指标

（2）盘盈与盘亏处理。

在追查盘点差异原因后，应针对主因采取适当措施进行调整与处理。对呆废品、不良品减损的部分需与盘亏一并处理。货物除了盘点时产生数量的盈亏外，有些货物在价格上也会产生增减。这些变迁在经主管审核后必须填写货物盘点数量盈亏及价格增减更正表，如表 5-2-4 所示。

表 5-2-4　货物盘点数量盈亏及价格增减更正表

年　　月　　日

<table>
<tr><th rowspan="3">发货编号</th><th rowspan="3">货物名称</th><th rowspan="3">单位</th><th colspan="3">账面资料</th><th colspan="3">盘点实存</th><th colspan="4">数量盈亏</th><th colspan="4">价格增减</th><th rowspan="3">差异因素</th><th rowspan="3">负责人</th><th rowspan="3">备注</th></tr>
<tr><th rowspan="2">数量</th><th rowspan="2">单价/元</th><th rowspan="2">金额/元</th><th rowspan="2">数量</th><th rowspan="2">单价/元</th><th rowspan="2">金额/元</th><th colspan="2">盘盈</th><th colspan="2">盘亏</th><th colspan="2">增加</th><th colspan="2">减少</th></tr>
<tr><th>数量</th><th>金额/元</th><th>数量</th><th>金额/元</th><th>单价/元</th><th>金额/元</th><th>单价/元</th><th>金额/元</th></tr>
<tr><td></td><td></td><td></td><td></td><td></td><td></td><td></td><td></td><td></td><td></td><td></td><td></td><td></td><td></td><td></td><td></td><td></td><td></td><td></td><td></td></tr>
<tr><td></td><td></td><td></td><td></td><td></td><td></td><td></td><td></td><td></td><td></td><td></td><td></td><td></td><td></td><td></td><td></td><td></td><td></td><td></td><td></td></tr>
<tr><td></td><td></td><td></td><td></td><td></td><td></td><td></td><td></td><td></td><td></td><td></td><td></td><td></td><td></td><td></td><td></td><td></td><td></td><td></td><td></td></tr>
</table>

四、6S 管理

（一）6S 管理的概念

6S 就是整理（seiri）、整顿（seiton）、清扫（seiso）、清洁（seiketsu）、素养（shitsuke）、安全（safety）的简称，6S 的含义如表 5-2-5 所示。

表 5-2-5　6S 管理含义

6S	含义
整理	现场商品区分为要用的和不用的，不用的商品处理掉，腾出空间，打造清爽的工作场所
整顿	把要用的商品，在指定位置摆放整齐，并做好标识，进行管理
清扫	清扫场地，保持无垃圾、无灰尘、干净整洁的状态
清洁	将整理、整顿、清扫制度化、规范化，保持一个清洁的场所
素养	所有员工养成良好的习惯，并按规则做事
安全	安全作业，每时每刻都有安全第一的观念，防患于未然

（二）6S 管理的内容

仓库进行 6S 管理时，首先要用标识线将仓库的各个分区（如收货区、品控质检区、存储区、退货商品存放区、不良品区、发货区、工具存放区、纸箱暂存区、消防区、垃圾区等）明确标识出来，将通道、货架、货位编码清晰且准确地标识出来。然后明确每个分区的 6S 管理负责人，对本分区的 6S 执行情况负责，仓储主管对仓库内的 6S 执行情况负全部责任。

1. 整理

整理仓库，将库内物品进行区分，要用的正常商品留下，呆料、废料、不用的包装和不用的工具与设备等清除到别处。整理的目的是：腾出更大的空间，防止商品混放、错放等；清除不用的杂物，保持通道畅通，提高工作效率；减少磕碰的机会，保障安全，提高保管质量。

2. 整顿

把有用的商品按规定分类摆放在固定位置，并将摆放的位置加以标识，便于寻找。整顿的目的是：杜绝商品混放乱放，消除因混放而造成的差错；使工作场所一目了然，便于目视化管理；创造一个整齐的工作环境，减少寻找商品的时间，提高工作效率。

3. 清扫

将仓库内所有地方，包括地面、墙面、天花板、货架、商品表面、工作台等进行清扫，对设备、器具进行清扫及润滑，有损害的及时进行修理。清扫的目的是提供一个清洁、专业的仓储环境，减少灰尘对商品的影响，清除垃圾杂物，维护作业安全，保障储存环境质量。

4. 清洁

将整理、整顿、清扫工作制度化和规范化。经常性地做整理、整顿、清扫工作，并对以上三项工作采取定期与不定期巡查监督的措施，目的是巩固整理、整顿、清扫工作成果，保持仓储环境任何时候都处于整齐、干净的状态。

5. 素养

持续推行 6S 管理，直到每位员工养成整洁有序、自觉遵守的好习惯。开展 6S 管理容易，但长时间地维持必须靠员工良好的素养。维持的手段有制定标准和制度，利用培训、班前会等进行宣贯。

6. 安全

强化员工安全意识，防患于未然，建立一个安全的生产环境。主要手段有制定严格的操作规程，完善各种安全制度，对危险区域加以标识，员工进入仓库戴安全帽、穿安全鞋，仓库配备必要的消防、防盗设备等。

学习案例

顺丰“慧眼神瞳”用科技提高仓配物流质量管理效率

知识链接

仓储防火的基本措施

任务实施

A 公司的产品入库完毕之后，小陈要对奶粉进行在库管理，以确保商品的质量和安全。

步骤一：商品养护

奶粉制品对库内的温度、湿度要求严格。仓库管理员每日必须定时对库内的温、湿度进行观测、记录，如表 5-2-6 所示。

表 5-2-6　仓库温、湿度检测表

月份：2022 年 6 月						温、湿度计编号：
日期	9：00—12：00		12：00—15：00		15：00—18：00	
	温度/℃	湿度/%	温度/℃	湿度/%	温度/℃	湿度/%
6 月 1 日						
6 月 2 日						
6 月 3 日						
6 月 4 日						
6 月 5 日						
6 月 6 日						
6 月 7 日						
6 月 8 日						
6 月 9 日						
6 月 10 日						
6 月 11 日						
6 月 12 日						
6 月 13 日						
6 月 14 日						
6 月 15 日						
6 月 16 日						
6 月 17 日						
6 月 18 日						
6 月 19 日						
6 月 20 日						
6 月 21 日						
6 月 22 日						
6 月 23 日						
6 月 24 日						
6 月 25 日						
6 月 26 日						
6 月 27 日						
6 月 28 日						
6 月 29 日						
6 月 30 日						
温度区间：0 ℃ ~ 35 ℃						

1. 奶粉仓库温湿度的测定

仓库管理员每日必须定时对库内的温、湿度进行观测、记录，一般在 9：00—12：00、12：00—15：00、15：00—18：00 各观测一次，并将结果填写在“仓库温、湿度检测表”中。

仓库管理员对记录资料要妥善保存、定期分析、摸出规律，以便掌握货物保管的主动权。

2. 控制和调节仓库温湿度

奶粉仓库温度需要保持在 0 ℃~35 ℃，湿度在 35%~75%。在超过标准值时，须进行控制和调节仓库温、湿度。密封、通风与吸潮相结合是控制和调节库内温、湿度行之有效的办法。

对于温度超过或低于标准：立即开启空调进行温度调节。

对于湿度超过或低于标准，分两种情况进行处理。

①高于 75%，进行吸潮，利用物理或化学的方法，将库内潮湿空气中的部分水汽除去，以降低空气湿度。一是用吸湿机把库内的湿空气通过抽风机吸入到吸湿机冷却器内，使它凝结成水而排出；二是用吸潮剂氯化钙、硅胶进行吸潮。

②低于 35%，开空调加湿功能或利用加湿器与中央空调系统相连，给整个仓库加湿。

步骤二：盘点作业

1. 制定盘点计划

A 供应链公司奶粉仓库要求每年需要进行一次年终盘点，仓库仓储部小陈根据实际情况，提前制订年终盘点计划，如表 5-2-7 所示。

表 5-2-7 盘点计划表

序号	事项	日期	时间
1	停止收、发货	2022-12-30	18：00 前
2	系统操作冻结	2022-12-30	18：00 前
3	初盘及货物整理	2022-12-31	9：00—16：00
4	出具盘点报表	2022-12-31	16：00—18：00
5	实物盘点	2023-01-04	9：30—15：30
6	差异核对	2023-01-04	15：30—18：00
7	正常收、发货	2023-01-06	9：00

2. 盘点前准备工作

①于盘点日前 5 天发布盘点计划。

②盘点日前 4 天物流开始整理商品堆放及标识；去掉不需要参加盘点的。

③盘点前 3 日向上游和下游发送盘点通知，确保盘点日停止收发货。

④盘点前 2 日完成盘点培训工作（是否需要自订）。

⑤盘点前 1 日处理完在途物流单据、在途商品。

⑥盘点前将所有未录入的出货、进货、库存调拨、在途单据清理完毕。

⑦将所有单据录入系统并记账；如确实不能录入的，整理好单据以做盘点数据调整还原用。

⑧日盘点数据导出后停止所有商品的进出库动作，保证库存处于静止状态。

⑨如果客观上无法解决的盘点当日出入库，入库可以先收货暂不入库单独存放，出库做好登记暂不做系统出库，盘点结果根据登记表进行还原，盘点工作完成后再做系统单据。

3. 盘点过程

①正式盘点前小陈组织动员会，布置盘点工作并安排重点事项。

②盘点前从系统中分项目导出盘点表，盘点实行“盲盘”（盘点表无系统库存数据）。

③商品盘点须按项目及类别组织盘点，实物负责人不得参与本人负责商品的复盘。

④盘点时必须按商品的陈列、堆码的顺序，由左至右、由上至下依次进行，不得跳盘。

⑤如果商品有实物而盘点表上无数据的，则在盘点表下方按盘点表格式登记；如果盘点表上有数据，但无商品实物的，则盘点表实盘数栏必须写“0”，不得留有空白。

⑥任何人不得擅自修改盘点数据，如需改动，须经盘点人和复盘人签名确认。

步骤三：6S 管理

A 供应链公司对于仓库管理人员的管理十分严格，仓储专员小陈每天的上下班必行项如下。

上班必行项：

①检查仓库门窗情况，确保仓库门关好，检查窗户是否有异常情况。

②检查仓库安全设施情况，如防盗网、防爆灯、灭火器等。

③执行仓库 6S 工作，着重进行整理、整顿、清洁、清扫 4 项工作。

④登录系统和邮件系统，查看是否有未处理单据和待处理事项。

⑤记录仓库温、湿度计数值，检查是否超出货物规定的温度、湿度存储范围。

下班必行项：

①登录系统检查单据处理情况，与财务沟通是否还有单据需要处理。

②下班前对当天所有的单据进行整理、核对，完成当日系统单据审核和回单整理。

③下班前按照 6S 管理的要求对库内操作现场进行清扫和整理，对仓库区域进行检查，确认无安全隐患后才可离岗下班。

A 供应链公司制定日检查表和每周检查表，例表如表 5-2-8 和表 5-2-9 所示。

表 5-2-8 仓库 6S 每日检查表样例

仓库 6S 每日检查表

编号:JL-ZY007-001

月份:________

序号	检查日期 检查内容	1	2	3	4	5	6	7	8	9	10	11	12	13	14	15	16	17	18	19	20	21	22	23	24	25	26	27	28	29	30
1	外来人员进入库区是否按要求登记																														
2	进入库区人员是否穿安全鞋(鞋套)																														
3	栈板是否按类别整齐存放在指定位置																														
4	地面是否随时保持整洁干净																														
5	清洁工具是否干净并放在指定位置																														
6	非作业时间库区卷闸门是否关闭																														
7	设备未使用时是否放在指定位置																														
8	温、湿度是否每日点检并记录																														
9	叉车是否每日点检并记录																														
10	下班前是否检查水电、门窗关闭完好																														
检查人签名																															

表 5-2-9　仓库 6S 每周检查表样例

仓库 6S 每周检查表

月份：________

类别	序号	检查内容 \ 检查日期	周一 日	周二 日	周三 日	周四 日	周五 日	问题点改善
人员管理	1	上班人员是否准点上班						
	2	工作期间是否存在人员擅自离岗						
	3	是否礼貌待人，热情周到						
	4	外来人员进入库区是否按要求登记						
设备管理	5	栈板是否按类别整齐存放在指定位置						
	6	清洁工具是否干净并放在指定位置						
	7	手动叉车未使用时是否放在指定位置						
	8	叉车是否每日点检并记录						
清洁卫生	9	地面是否随时保持整洁干净						
	10	办公桌上物品是否整齐整洁						
	11	货物是否整齐存放在所属区域						
	12	货架货品上是否有灰尘						
温度管控	13	非作业时间库区卷闸门是否关闭						
	14	温、湿度是否每日点检并记录						
安全管理	15	进入库区人员是否穿安全鞋（鞋套）						
	16	人员进入货架区作业是否戴安全帽						
	17	库区内是否有货物阻塞通道						
	18	下班前是否检查水电、门窗关闭完好						
检查人签名								

素养园地

以“智”提“质”实现仓库管理降本增效

课后习题

在库作业管理

任务三 出库作业管理

任务导入

A 供应链公司仓库刘经理接到 F 公司下单通知，需要从仓库送一批奶粉到惠州，刘经理将客户需求转给仓库管理员小陈，他接下来该怎么做？

一、订单处理

（一）订单处理的概述

所谓订单处理，就是由订单管理部门对客户的需求信息进行及时处理，这是物流活动的关键之一，是从客户下订单开始到客户收到货物为止，这一过程中所有的单据处理活动。与订单处理活动相关的费用属于订单处理费用。订单处理是配送作业的“灵魂”，其包括有关用户和订单的资料确认、存货查询和单据处理等内容。订单处理的详细内容是：从接到客户订货开始到准备着手拣货为止的作业阶段，对客户订单进行品项、数量、交货日期、客户信用度、订单金额、加工包装、订单号码、客户档案、配送货方法和订单资料输出的确认、处理等一系列的技术工作。

（二）订单处理步骤

订单处理是企业的一个核心业务流程，包括订单准备、订单传输、订单录入、订单履行、订单跟踪等活动。订单处理是影响企业实现顾客服务目标最重要的因素。改善订单的处理过程，缩短订单的处理周期，提高订单满足率和供货的准确率，提高订单处理全程跟踪的信息效率，可以大大提高顾客满意度，同时也能够降低库存成本，做到在提高顾客服务水平的同时降低物流总成本。

订单处理过程主要包括 5 个部分，如图 5-3-1 所示。

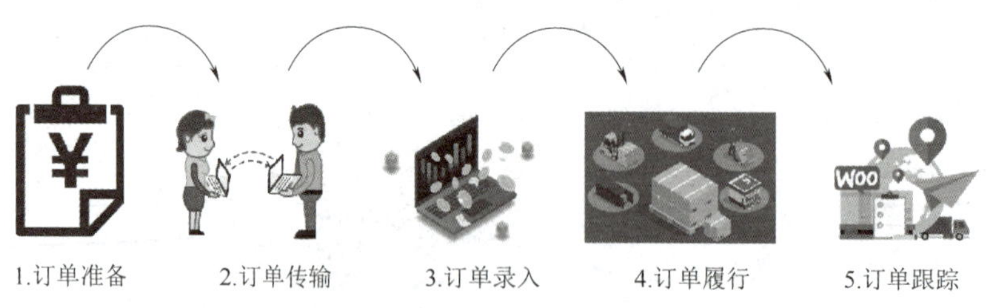

图 5-3-1 订单处理过程

1. 订单准备

订单准备是指搜集所需产品或服务的必要信息和正式提出购买要求等活动。具体过程为：决定供应商—由客户或销售人员填写订单—决定库存的可得率—通报订单的信息，这一过程通过信息技术可大大加快（在商店可通过条形码收集信息；客户可以通过网络查询货品信息；工业采购订单可由系统自动产生；利用 EDI 买卖双方可实现无纸交易）。

2. 订单传输

订单传输涉及订货请求从发出地点到订单录入地点的传输过程，可分为两种基本方式：人工方式和电子方式。

3. 订单录入

订单录入是指在订单实际履行前所进行的各项工作，主要包括核对订货信息的准确性；检查所需商品是否可得；如有必要准备补交订单或取消订单的文件；审核客户信用；必要时，转录订单信息；开具账单。通过信息技术进行订单录入可获得巨大效益。

4. 订单履行

订单履行是指由与实物有关的各项活动组成的一系列程序的开展，主要包括通过提取存货、生产或采购员购进等方式获得客户所订购的货物；对货物进行运输包装；安排送货；准备运输单证。其中有些活动可以与订单录入同时进行以缩短订单处理时间。订单处理的顺序可能影响某些订单的处理速度，尤其是重要的订单。如果订购的货物不能立即得到，就有可能会出现订单分割的问题（订单分割会带来额外的信息处理和运输成本，但等到货物配齐后再执行则会降低服务水平）。

5. 订单跟踪

订单处理过程的最后环节是不断向客户报告订单处理过程中或货物交付过程中的任何延迟问题，确保优质的客户服务。具体而言包括以下三个方面。

①在整个订单周转过程中跟踪订单。

②与客户同步订单处理进度、订单货物交付时间等方面的信息。

③运用条形码技术、互联网和相关软件能随时报告何人、何时、何地收到了货物，客户通过互联网可以随时跟踪货物到了何处，同时也获得了较高的服务水平。

二、拣货作业

（一）拣货作业概述

1. 拣货作业概念

拣货作业是仓配中心依据顾客的订单要求或配送计划，迅速、准确地将商品从其储位或其他区位取出来，并按一定的方式进行分类、集中作业的过程。

智慧拣选作业，是按照订单要求，以基于人工智能算法的软件系统为核心，通过机器人、堆垛机、输送机等自动化和智能化拣选设备为工具手段，将商品从存储的货架或货垛中取出，并分别放到指定位置，完成用户配货要求的作业系统。从拣选作业方式特点来看，智慧拣选作业方式主要有自动分拣系统（automatic sorting system）、机器人分拣系统。

（1）自动分拣系统。

自动分拣系统是利用自动控制技术完成产品分拣与输送的拣送设备。自动分拣系统具有很高的分拣效率，通常每小时可分拣商品 6 000 ~ 12 000 箱，是提高物流配送效率的一项关键因素。自动分拣系统如图 5-3-2 所示。

当配送中心接收到发货指令时，自动分拣系统会精准地找到所需商品的货架位置，按所需要商品数量出库，并将从不同储位上取出的不同数量的商品按配送地点的不同运送到不同的理货区域或配送站台集中，以便转运或装车配送，充分实现快速分拣输送功能。

图 5-3-2　自动分拣系统

（2）机器人分拣。

机器人分拣可大量减少分拣过程中对人工的需求，提高分拣效率及自动化程度，并大幅提高分拣准确率。机器人分拣作业流程主要包括以下内容。

①揽件：包裹到达分拣中心后，卸货至皮带机，由工作人员控制供件节奏，包裹经皮带机输送至拣货区工位。

②放件：工人只需将包裹以面单朝上的方向放置在排队等候的自动分拣机器人上，机器人搬运包裹过龙门架进行面单扫描以读取订单信息，同时机器人可自动完成包裹称重，该包裹的信息将直接显示并上传到控制系统中。

③机器人分拣：所有分拣机器人均由后台管理系统控制和调度，并根据算法优化为每个机器人安排最优路径进行包裹投递，如图 5-3-3 所示。分拣机器人在分拣作业过程中可开启互相避让、自动避障等功能，系统根据实时的道路运行状况尽可能地使机器人避开拥堵。当机器人运行至目的地格口时，停止运行并通过机器人上方的辊道将包裹推入格口，包裹顺着滑道落入集包区域。目的地格口按照城市设置，未来随着业务量的增加，可灵活调度调节格口数量，甚至一个城市分布多个格口。

图 5-3-3 机器人分拣

④集包装车：集包工人打包完毕后，将包裹放上传送带，完成包裹的自动装车。

2. 拣货作业基本过程

拣货作业的主要过程如图 5-3-4 所示。

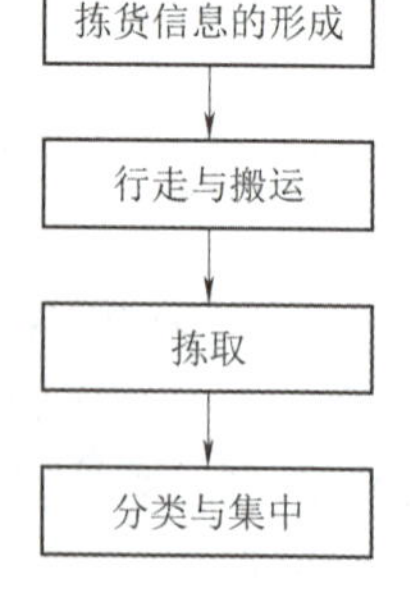

图 5-3-4 拣货作业基本过程

（1）拣货信息的形成。

拣货作业开始前，指示拣货作业的单据或信息必须先行处理完成。一些配送中心直接利用顾客订单或公司交货单作为拣货指示，但此类单据容易在拣货过程中受到污损而产生错误，所以多数拣货方式仍需将原始单据转换成拣货单或电子信号，使拣货员或自动拣取设备进行更有效的拣货作业。将订货单转换成拣货单或电子信号需要考虑众多管理因素和技术因素。

（2）行走与搬运。

拣货时，拣货作业人员或机器必须直接接触并拿取货物，这样就形成了拣货过程中的行走与货物的搬运。这一过程有三种完成方式。

①人到物方式。即拣货人员步行或搭乘拣货车辆到达货物储位。这一方式的特点是物静而

人动，拣取者包括拣货人员、自动拣货机或拣货机器人。

②物到人方式。与第一种方式相反，拣取人员在固定位置作业，而货物保持动态的储存方式。这种方式的特点是物动而人静，如轻负载自动仓储、旋转自动仓储等。

③无人拣取方式，拣取动作由自动的机械完成，电子信息输入后自动完成拣选作业，无须人工干预。

（3）拣取。

当货品出现在拣选员面前时，接下来就要抓取和确认。确认的目的是确定抓取的物品、数量是否与指示拣选的信息相同。实际作业中都是利用拣选员读取品名与拣货单作对比，比较先进的方法是利用无线传输终端机读取条形码，再由计算机进行对比。拣货的确认可以大幅降低拣选的错误率，同时也比出库验货发现错误再处理来得直接和有效。拣货信息被确认后，拣取的过程可以由人工或自动化设备完成。

（4）分类与集中。

配送中心在收到多个客户的订单后，可以先批量拣取，然后再根据不同的客户或送货路线分类集中，有些需要进行流通加工的商品还需要根据加工方法进行分类，加工完毕后再分类出货。多品种分货的工艺过程较复杂，容易发生错误，必须在统筹安排形成规模效应的基础上，提高作业的精确性。分类完成的每一批订单的类别和货品经过检验、包装等作业后出货。

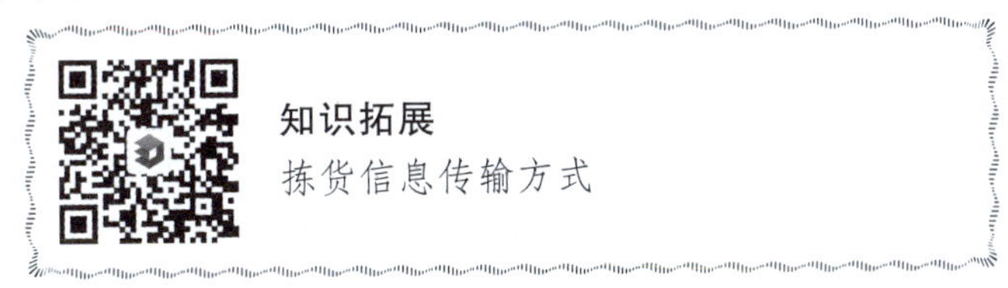

（二）拣货作业的方式

1. 摘果式拣选

第一种方式：安排一组拣货人员，并且每个拣货人员负责固定的拣货区域，采用并行工作的方式，将货物拣选到分拣线上，最后将货物集中装入周转箱，如图 5-3-5 所示。

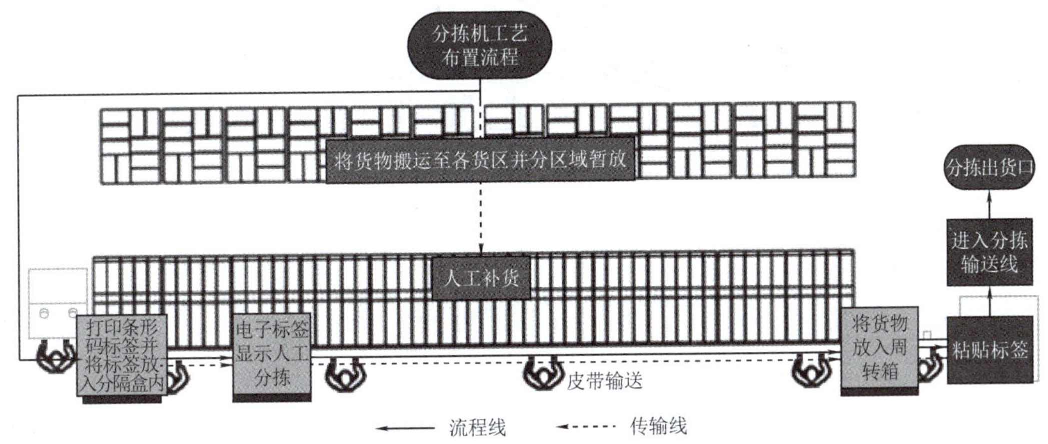

图 5-3-5 摘果式拣选的第一种方式

第二种方式：安排一个拣货人员，依次将所需分拣的货物放入周转箱，如图 5-3-6 所示。

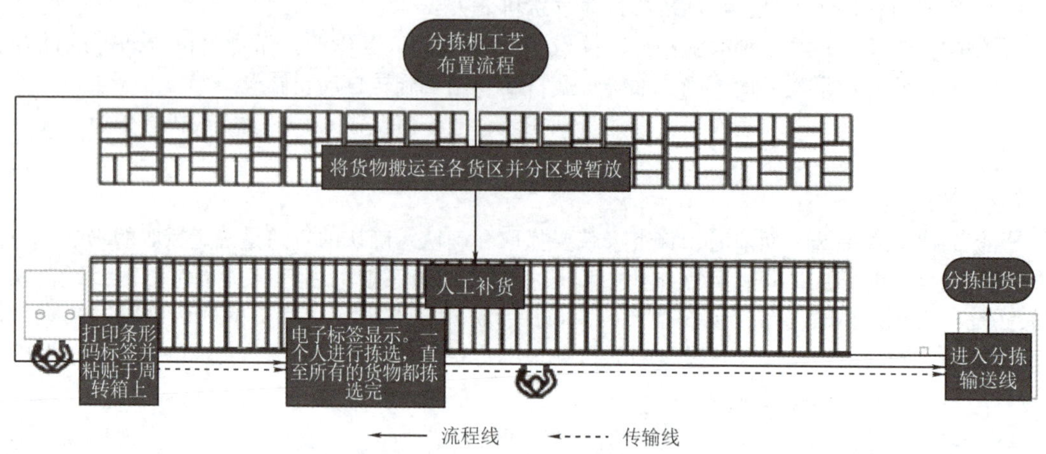

图 5-3-6 摘果式拣选的第二种方式

第三种方式（接力方式）：由一组拣货人员采取接力式的作业方式，上游分拣人员将自己负责区域的货物拣出并放入周转箱，完成第一个订单分拣后皮带输送线将周转箱送至下游分拣人员处，由下游分拣人员继续分拣其他货物，直至该订单所有的分拣任务完成。

上游分拣人员分拣完第一个订单后，不用等待下游分拣人员都分拣完成，就可以继续分拣第二个订单，如图 5-3-7 所示。

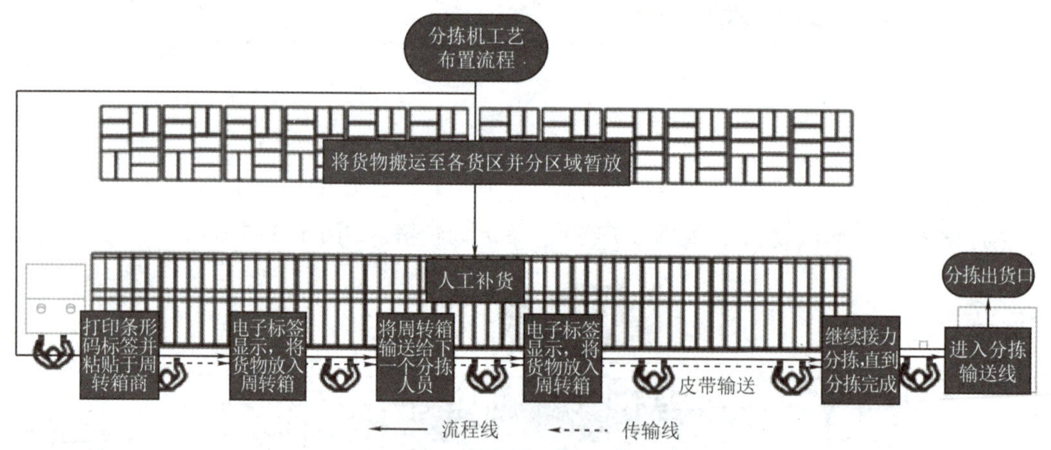

图 5-3-7 摘果式拣选的第三种方式

2. 播种式拣选

播种式拣选的步骤：①领取分拣任务；②分拣系统操作员启动分拣系统，检查各设备工作情况，提取订单处理信息；③工作人员根据订单处理结果将当日分拣所需货物运到集中拣货区；④集中分拣人员按订单统计结果集中分拣；⑤对集中分拣完的货物进行核对；⑥系统操作人员提取客户分拣信息，并下发分拣任务；⑦执行分拣任务开始，需要第一种货物所对应客户的电子标签指示灯亮起；⑧分拣工作人员根据电子标签显示位置及数据对货物进行分拣；⑨分拣完一种货物，系统操作人员再下达第二个分拣任务；⑩直至所有的货物都分拣完毕。

三、补货作业

补货作业是将货物从仓库保管区域搬运到拣货区的工作，其目的是确保商品保质、保量、按时送到指定的拣货区。

（一）补货作业流程

补货作业是把商品从保管区运到拣货区的工作。补货单位一般是托盘或箱品，补货作业流程图如图 5-3-8 所示。

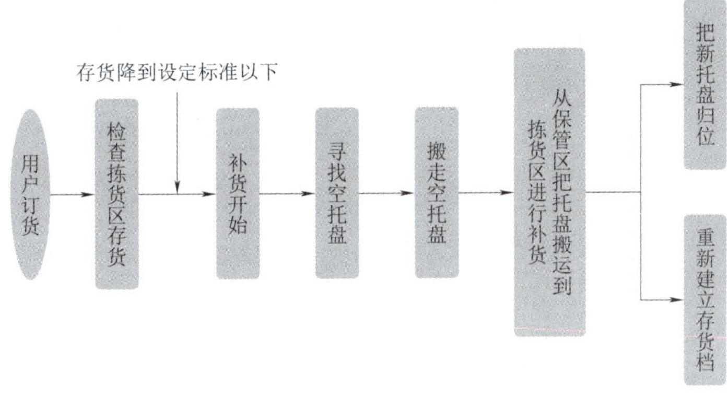

图 5-3-8　补货作业流程图

（二）补货方式

①整箱补货。由货架保管区补货到流动货架的动管区。这种补货方式的保管区采用货架储存，动管区为两面开放的流动货架拣货区。拣货员拣货之后把货物放入输送机并运到发货区。当动管区存货量低于设定标准时，作业员进行补货。

②托盘补货。这种补货方式是以托盘为单位进行补货，把托盘由地板堆放保管区运到地板堆放动管区。拣货时把托盘上的货箱置于中央输送机送到发货区。当动管区存货量低于设定标准时，立即补货。用堆垛机把托盘由保管区运到拣货动管区，也可把托盘运到货架动管区进行补货。

图 5-3-9 为由保管区向流动货架动管区补货作业示意图。

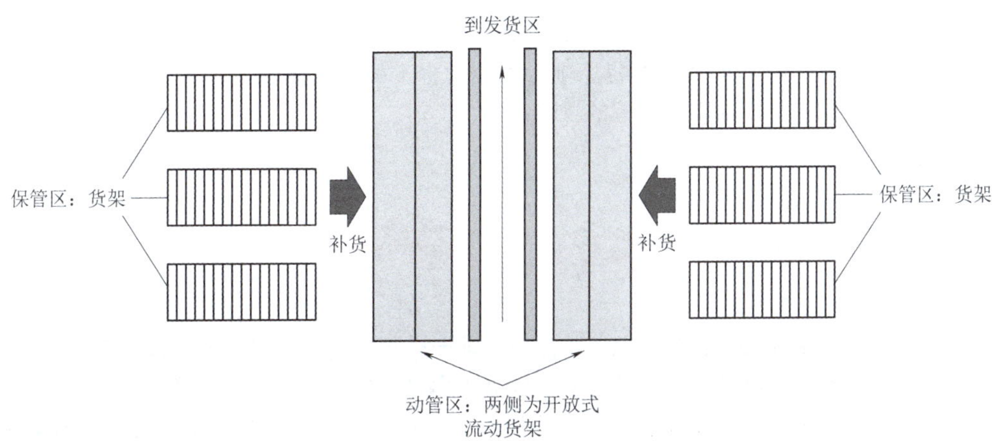

图 5-3-9　补货作业示意图

图 5-3-10 说明了补货方式的应用。

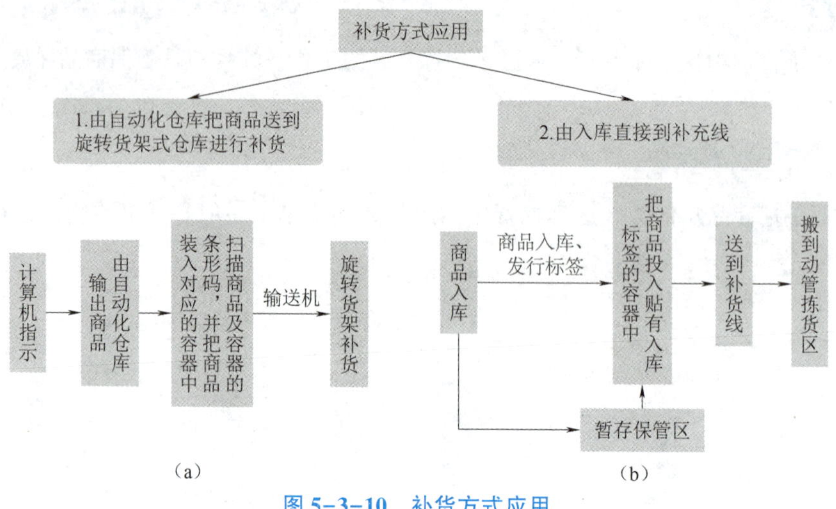

图 5-3-10　补货方式应用

（a）自动化仓库补货流程；（b）直接补货流程图

（三）补货时机

补货作业的发生与否主要看拣货区的货物存量是否符合需求；为了避免出现在拣货中途才发现拣货区货量不足需要补货，从而影响整个拣货作业的情况，通常可利用批次补货、定时补货或随机补货三种时机进行补货。

1. 批次补货

在每天或每一批次拣取之前，经计算机计算所需货物的总拣取量，再查看拣货区的货物量，计算差额并在拣货作业开始前补足货物。这种“一次补足”的补货原则，比较适合于一天内作业量变化不大、紧急追加订货不多或是每一批次拣取量大需事先掌握的情况。

2. 定时补货

将每天划分为若干个时段，补货人员在每个时段内检查拣货区货架上的货物存量，如果发现不足，马上予以补足。这种“定时补足”的补货原则，比较适合于分拣货时间固定且处理紧急追加订货的时间也固定的情况。

3. 随机补货

这是一种指定专人从事补货作业的方式，这些人员随时巡视拣货区的分批存量，发现不足随时补货。这种“不定时补足”的补货原则，比较适合于每批次拣取量不大、紧急追加订货较多，以至于一天内作业量不易事前掌握的场合。

四、配货作业

（一）配货作业实施方法

1. 根据配货情况确定配货方法

配货单位可根据情况采用托盘、箱、单品形式或混合形式进行配货作业。配货方法也可分为多品种少量时的单品、中品种多量时的整箱和少品种多量时的托盘等进行配货。

①多品种少量的情况，主要考虑进行单品的配货。商品保管时采用平置式轻量、中轻量货架，或重力式货架、回转式货架，或几种货架组合使用的方式。可以引入数字表示和回转货架控

制等方面的计算机辅助配货系统，引入适合的配货线进行自动化配货。可根据商品的属性、重量、配送形式等因素的不同选用依据配货清单的指示配货，依据价格标签等的标签配货，依据数码显示的数字配货，利用配货卡的数字配货等方法。

②中品种多量的情况，主要考虑进行整箱的配货。商品保管采用托盘货架或高层货架，如果商品属轻量小型就采用手动车，如果商品属重量型且数量大则采用自动牵引车挂 1~2 台拖车的方法。

③少品种多量的情况，主要考虑进行托盘的配货。保管可使用托盘货架或高层货架，也可以不使用货架，直接在地面上码放或堆垛存放。装卸则采用叉车进行作业。

2. 根据配货条件确定配货方式

根据计算机系统中的订货数据，将配货清单以托盘、箱、单品为单位，分别按商品存放位置顺序进行打印，按照打印配货清单进行配货作业。配货的方式可根据配货商品的订单件数（entry）、商品种类数（item）和订货量（quantity）的 EIQ 分析方法进行判断，决定是采用摘取式还是播种式方式进行配货作业。

3. 标签配货的运用

标签配货是出库指示、标贴价签和验货合一的配货方法。价格标签是对必要的客户所提供的服务。在得到订货信息的同时，计算机系统所输出的配货清单用专用打印机以价格标签的形式打印。由于是按商品的配货数打印价签，在标贴价签的同时进行配货，因此价签用完配货作业也就结束了。因为标贴价签和验货同时进行，所以标签配货也称标签验货。以单品进行配货的作业，原则上使用标签配货可以大大降低商品的误配率，可以将误配率降低到 0.2% 以下。

（二）配货作业的差错分析

配货作业的准确率与商品的保管方式、区域设置、作业指示方法、作业通道设计、配货数量等要素密切相关，如表 5-3-1 所示。

表 5-3-1　配货作业的差错分析及对策

项目	原因	对策
配货指示错误	位置指示错误（位置主文件未更新，商品放置错误）	信息处理及时化，位置主文件实时更新；严格管理商品，固定位置保管
取出商品错误	配货数量错误（数字读错）	使用易看易懂的显示器
	商品不易区分（商品代码相似，商品形状相似）	使商品易于判别（易于区分的商品陈列，不同色通用箱的管理，带区分通用箱的标志）
	注意力集中（连续工作时间长，工作环境杂声大，身体欠佳）	改善作业环境（增强照明，工间休息，人员交替工作）
	责任心差，配货意识低	增强作业意识（参观后续作业，公布考核标准，工作简单化）
指定仓所有不同的物品	无放置空间（商品放满无空间，无放置地址）	商品在库量的合理化（在库状况确认后补货，设置非正常货架）
	无确切放置位置或商品放置作业不熟练	
商品在库数据不正确	出库后在库未更新，返品数据未登录	进行作业后确认（按结束按钮，读货架上的条形码，贴确认标签）
	非正常损失	
作业单据错误	读数错误	认真核对每张单据
	配货货架未记载	
	单据混淆（未按不同客户分开，未按商品代码顺序排列，追加订货中途输出）	

五、智慧包装

（一）智慧包装装备概述

1. 智慧包装的概念与特征

智慧包装是在机械化、自动化包装装备的基础上，运用智能感知、智能互联、智能控制等技术手段，具备自动识别包装货品、智能数据采集分析、自主规划自身行为、智能控制设备运行等功能的包装装备。智慧包装具有自动化、智能化、集成化、柔性化的特征。

2. 智慧物流包装的功能特点

（1）保护商品。

由于智慧物流包装对商品所处的环境具有感知功能，如识别、判断和控制商品包装微空间的湿度、温度、压力及密封状态等参数，因此能在商品质量、安全监控等方面发挥有益的保障作用。新型智能化包装材料、包装结构的应用极大地提高了商品保护功能。

例如，对气调包装的密封泄漏监测，气体指示剂通常可指示气体（二氧化碳、氧气、水蒸气、乙醇气体等）浓度变化的定性或半定量信息，可监测整个物流链中气调包装状况。新鲜度指示剂通过其与微生物生长代谢物的反应，直接提供食品中微生物生长或化学变化所引起的食品质量信息，也可用于对易腐产品剩余货架寿命的估计。冲击指示剂（防震标签）已广泛应用于运输过程中的货物监视，常贴于货物外包装箱上，当指示剂所受的冲击超出其设定阈值时，指示剂晶管便会由白色转变为有色，冲击指示剂可提供若干个感应阈值，不同转变颜色表示激活指示剂的不同的外来冲击设定阈值，从而具有明显警示作用，可引导物流工作人员正确操作。

（2）方便储运。

图形码技术、RFID 技术、图像识别技术、虚拟现实/增强现实（virtual reality/augmented reality，VR/AR）技术等物联网和现代信息技术在智慧物流包装上的运用，实现了物流信息数据的自动高效采集，提高了商品在物流过程中的可视化、透明化状态，可以对商品进行全过程及全时空的控制、检测和追踪，利用每个智能标签、智能技术终端，实现物流运行的自动化、智能化和精细化管理。例如，通过在包装上加入 RFID 标签的方式，将智能包装产品通过感应器来进行商品信息入库录入，加快了商品库存盘点的效率。

（3）商品跟踪。

智慧物流包装使包装含有大量的商品信息。通过传感器元件或条码及商标信息系统，将商品信息和监控系统相结合，形成一套扩展跟踪体系。例如，借助具有跟踪溯源功能的智能包装，物流中的运输容器就能被全方位地跟踪，控制中心能根据采集的信息对运输线路、运输中的商品进行管理，从而使商品流通管理更加方便，有效降低运输成本。借助 RFID 标签采集商品在生产和流通过程中的信息，既能让生产商和用户实时掌握商品库存、流通、货架期等信息，还能在物流管理中预测顾客购物情况，优化库存管理，整合资源，形成一个智能化管理体系。在冷冻食品及冷藏药品的运输和储存中，实时监测商品所处环境的变化以保证冷链温度在规定范围内是一个亟须解决的难题，基于 RFID 及时间—温度指示标签（time-temperature index，TTI）的智能包装就能很好地解决这个问题。

包装的智能化会促进物流资源配置管理的科学化，如优化物流路线、改善仓储堆码方式、提高仓库利用率、实现包装物回收的逆向物流等。由于智慧物流包装能对商品的流通过程进行全程跟踪定位，即间接控制了商品供应链中的生产商、物流运输方和零售商，从而确保了商品的品质和运输效率，提高了商品流通的成效及安全性，减少了零售商退货和消费者投诉。

（4）安全追溯。

国务院办公厅发布的《关于积极推进供应链创新与应用的指导意见》（国办发［2017］84 号）指出：要促进制造供应链可视化和智能化，提高质量安全追溯能力，建立基于供应链的重要商品质量安全追溯体系。包装作为供应链体系的重要组成部分，贯穿于商品生产、物流、仓储、销售等供应链的全过程，在商品的整个生命周期中都扮演着重要角色。构建基于供应链的重要商品质量安全追溯体系，智慧物流包装技术的应用是一条根本途径。

（二）智慧包装机械

智慧包装机械是指包装作业中结合先进的工控技术，融合机电一体化，为产品包装提供自动开箱—自动套膜—自动装箱—在线称重—自动贴标—自动封箱—自动打包捆扎等自动化作业的无人化、智能化包装设备，一般又称包装机器人。典型的智慧包装设备包括装箱机器人、码垛机器人和贴标机器人。

1. 装箱机器人

装箱机器人，通过末端执行器对装箱产品采用抓取或吸取方式，将产品送到指定的包装箱或托盘中，如图 5-3-11 所示。

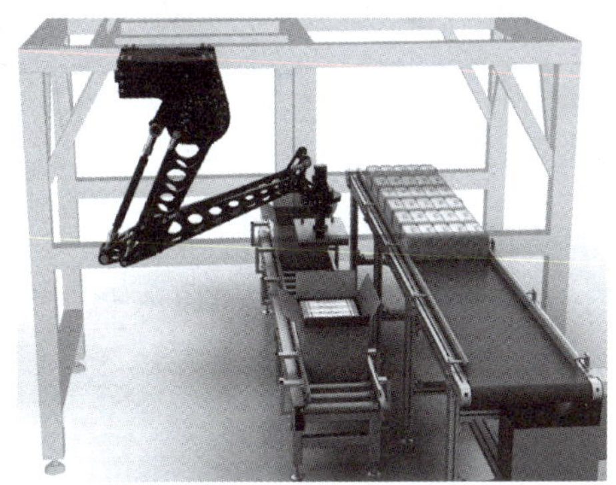

图 5-3-11　装箱机器人

2. 码垛机器人

码垛机器人，主要用于托盘物品的码垛和拆垛，具有抓放精度高、动作响应快的特点，能够使前道来料和后道码垛柔性衔接，大幅度缩短包装时间，如图 5-3-12 所示。

图 5-3-12　码垛机器人

3. 贴标机器人

贴标机器人运用视觉技术，在追踪定位搬送线上产品位置的同时，为产品自动、精准地贴上标签，如图 5-3-13 所示。

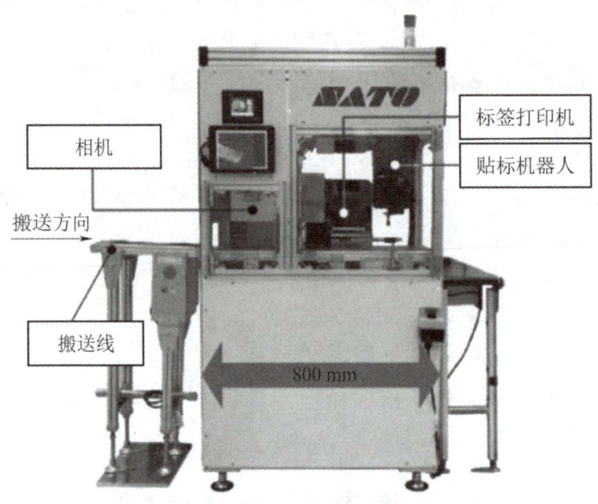

图 5-3-13　贴标机器人

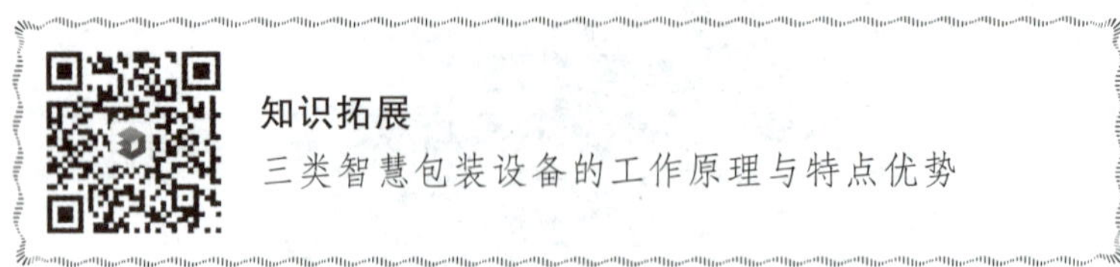

六、出货作业

商品在完成分拣、包装作业之后，最后通过出库交接作业把货物交付给客户。出货作业流程如图 5-3-14 所示。

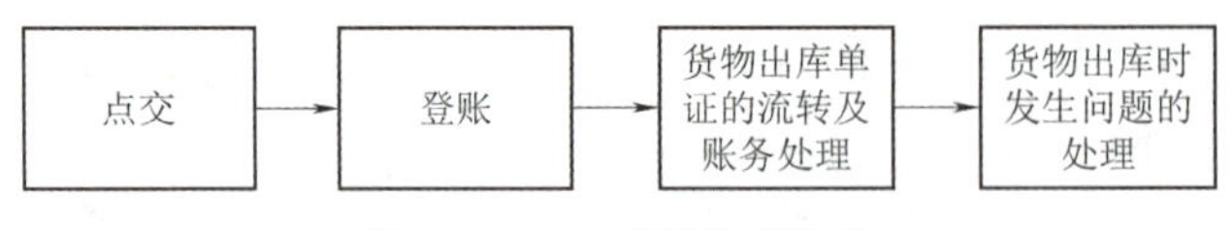

图 5-3-14　出货作业流程

1. 点交

出库商品无论是要货单位自提，还是交付运输部门发送，发货人员必须向收货人员或运输人员按车逐件交代清楚，划清责任。如果在本单位内部领料，则将商品和单据当面点交给提货人，办理好交接手续。若送料或将商品调出本单位办理的，则应与送货人或运输部门办理交接手续，当面将货物点交清楚。交清后，提货人员应在出库凭证上签字盖章。发货人员在经过接货人员认可后，在出库凭证上加盖货物付讫印戳，同时给接货人员填发出门证，门卫核验出门证无误后方可放行。

知识链接

商品出库要求做到“三不”“三核”和“五检查”。

①三不：未接单据不翻账、未经审单不备库、未经复核不出库。

②三核：发货时要核实凭证、核对账卡、核对实物。

③五检查：单据和实物要进行品名检查、规格检查、包装检查、件数检查、重量检查。

仓库必须建立严格的出库和发运程序，应严格遵循“先进先出，推陈出新”的原则，尽量一次完成，防止出现差错。需托运商品的包装还要符合运输部门的要求。

2. 登账

点交后，仓储管理人员应在出库单上填写实发数、发货日期等内容并签名，然后将出库单连同有关证件及时交给货主，以便货主办理结算。出库凭证应当日清理，定期装订成册，妥善保存，以备查用。

3. 货物出库单证的流转及账务处理

出库单证包括提货单、送货单、移库单和过户单等。其中，提货单为主要的出库单证，它是从仓库提取货物的正式凭证。不同单位会采用自提和送货这两种不同的出库方式，不同的出库方式及其单证流转与账务处理的程序也有所不同。

4. 货物出库时发生问题的处理

①出库凭证上的问题。出库凭证是指用户自提情况下的出库通知单和仓库配送计划通知书。发货前验单时，凡发现提货凭证有问题，应及时与仓库保卫部门联系，妥善处理。任何白条都不能作为发货凭证，特殊情况（如救灾等）发货必须符合仓库有关规定。提货时，用户发现规格开错，仓储管理人员不得自行调换规格发货，必须重新开票方可发货。商品进库未验收或者期货未进库的出库凭证，一般暂缓发货，并通知供应商，待货到并验收后再发货。

②漏记账和错记账。当遇到提货数量大于实际货物库存量时，无论是何种原因造成的，都需要和仓库部门、提货单位及时取得联系后再做处理，如果属于入库时错账，则可采用报出/报入方法进行调整。报出/报入方法即先按库存账面数开具出库单销账，然后再按实际库存数量入库登记，并在入库单上签明情况。如果属于仓储管理人员串发、多发、错发等引起的问题，应由仓库方面负责解决库存数与提单数之间的差额。如果属于财务部门漏记账而多开出库数，应由单位开具新的提货单，重新组织提货和发货。如果属于仓储过程中的损耗，需考虑该损耗数量是否在合理的范围之内，并与货主单位协商解决。合理范围内的损耗应由货主单位承担，而超过合理范围的损耗则应由仓储部门负责解决。

③串发货和错发货。所谓串发货和错发货，是指发货人员在对商品品种、规格不熟悉的情况下，或者由于工作中的疏漏把错误规格、数量的商品发出库的情况。如提货单开具某种商品的甲规格出库，而在发货时将该商品的乙规格发出，造成甲规格账面数小于实存数、乙规格账面数大于实存数。这种情况下，如果商品尚未出库，应立即组织人员重新发货，如果商品已经提出仓库，仓储管理人员要根据实际库存情况，如实向本库主管部门和运输单位讲明串发货和错发货商品的品名、规格、数量、提货单位等情况，会同货主单位和运输单位共同协商解决。一般在无直接经济损失的情况下，由货主单位重新按实际发货数冲票解决。如果造成直接的经济损失，应按损失赔偿单据冲转调整保管账。

④包装损坏。若发现包装内的商品有破损、变质等质量问题或数量短缺，不得以次充好、以溢余补短缺，把商品按质按量补齐后方可出库，否则造成的损失由仓储部门承担。

⑤货未发完。仓库发货，原则上是按提货单上的数量在当天一次发完，如果确实有困难不能在当日提取完毕的，应办理分批提取手续。

学习案例
电商企业智慧出库管理

任务实施

步骤一：订单处理

小陈根据公司规定做好了如下出库准备。

①查看系统是否有财务审核后符合放货规定的供货凭证。

②调度核对有效的供货凭证信息，核对无误后进行供货凭证打印，通知仓库做好出货准备，如叉车、卡板、检验单等。

③供货凭证信息有误，实际库存与出库数量、明细有差异时，应立即通知财务人员，并与财务确认最终送货数量和明细；同时将供货凭证从系统驳回，以待财务调整供货凭证。

④仓库必须按单拣货。

⑤每单同品种、同效期的货物必须摆放在同一个卡板上。

⑥仓管员须按先进先出原则拣货，未配备系统的仓库，须同时对物料卡进行登记。

⑦仓管员拣货完成后，拣货人员须在供货凭证上签名及标注拣货时间，并盖物流管理部发货专用章。

⑧仓管员在拣货时发现在库存量不足或效期不好无法出库的，须在单据上进行划单，并在划单处写上实际出货的数量，注明划单原因和签上自己的名字，同时须将划单数量通知对应的业务人员。

步骤二：拣货作业

1. 拣货过程

①根据拣货单拣取货物。

②每单同品种、同效期的货物必须摆放在同一个卡板上。

③仓管员须按先进先出原则拣货，未配备无线销售配送仓库管理系统（wireless sales distribution warehouse management system，WSD 仓库管理系统）（WSD 仓库管理系统是基于无线终端技术的深度分销仓库管理系统，从仓库布局、入库与退货、出库与拣货、移库与盘点到物流人员关键绩效指标（key performance index，KPI）实现一体化管理的仓库）的仓库，须同时对物料卡进行登记。

④拣货完成后，拣货人员须在供货凭证上签名及标注拣货时间。

⑤仓管员在拣货时发现在库存量不足或效期不好无法出库的，须在单据上进行划单，并在划单处写上实际出货的数量，注明划单原因和签上自己的名字，同时须将划单数量通知对应的业务人员。

2. 拣货复核

①已完成的拣货，复核人员必须按系统打印出的供货凭证逐单复核；复核人须与拣货人不是同一人。

②复核人必须在复核完的单据上签名，对于需要换货的货物，须对换货再次进行复核。

③复核人须在供货凭证上签字确认，并注明复核时间。

④当天的拣货必须在当天复核完毕；复核完毕后将第一联单据递交到物流文员处。

⑤复核人员在复核过程中如发现数量、型号等不对时，应及时通知拣货人员进行处理，当仓库无此货库存时应及时通知财务，在征得财务同意后将系统供货凭证驳回，等待财务重新调整订单。

⑥完成复核后调度以供货凭证交付承运商作为终端客户收货、签收凭据。承运商须一一核对接收货物品名、效期、数量并签字确认（必须注明姓名、车牌号、身份证号码及日期、时间）。

⑦承运商在要求的时间内送货至销售终端客户并将货物卸至指定的区域，并随附供货凭证，如图 5-3-15 所示。

⑧货物出库后 0.5 h 内物流文员完成系统数据及手工台账操作。

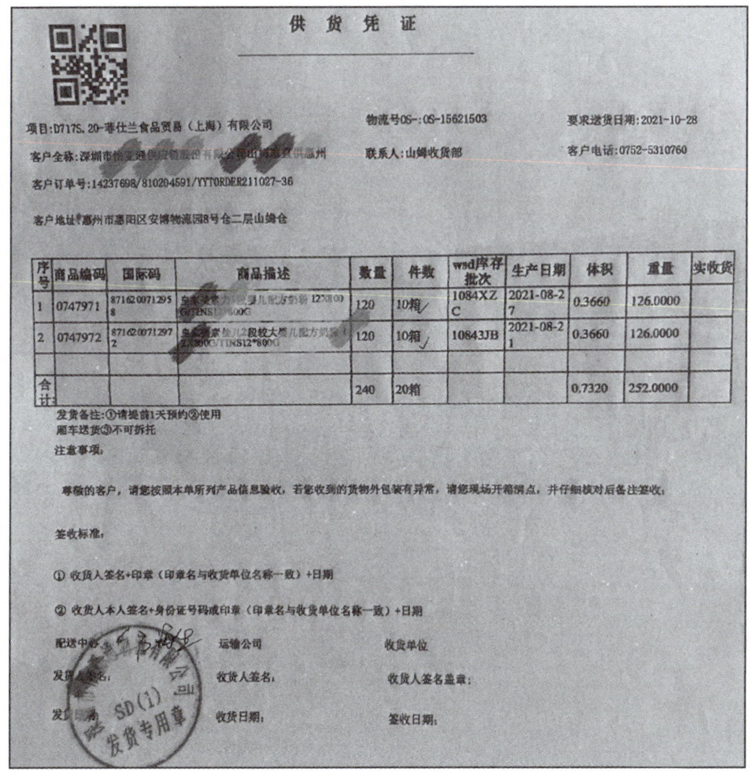

供 货 凭 证

项目:D717S.20-菲仕兘食品贸易（上海）有限公司　物流号OS-:OS-15621503　要求送货日期:2021-10-28

客户全称:深圳市[illegible]惠州　联系人:山姆收货部　客户电话:0752-5310760

客户订单号:14237698/810204591/YYTORDER211027-36

客户地址:惠州市惠阳区安博物流园8号仓二层山姆仓

序号	商品编码	国际码	商品描述	数量	件数	wsd库存批次	生产日期	体积	重量	实收货
1	0747971	871620071295 8	[illegible]	120	10箱	1084XZ C	2021-08-2 7	0.3660	126.0000	
2	0747972	871620071297 2	[illegible]	120	10箱	10843JB	2021-08-2 1	0.3660	126.0000	
合计				240	20箱			0.7320	252.0000	

发货备注:①请提前1天预约②使用厢车送货③不可拆托

注意事项:

尊敬的客户，请您按照本单所列产品信息验收，若您收到的货物外包装有异常，请您现场开箱清点，并仔细核对后备注签收:

签收标准:

① 收货人签名+印章（印章名与收货单位名称一致）+日期

② 收货人本人签名+身份证号码或印章（印章名与收货单位名称一致）+日期

配送中心　运输公司　收货单位

发货人签名:　收货人签名:　收货人签名盖章:

发货日期:　收货日期:　签收日期:

图 5-3-15　供货凭证表样例

步骤三：补货作业

①当货品拣选完毕后，仓管员发现拣选货品的目前货位货品数量较少，为了下次拣选出库的顺利进行，可利用 PDA，点击“查看最新”按钮，进入快捷按钮页面，点击“补货单”按钮，进入补货单录入页面，点击“新增”按钮，录入补货订单。录入完毕后，点击“补货作业单提交”按钮，下达补货指令。补货作业是从托盘货架下架货品，放到补货缓冲区，然后从补货缓冲区对栈板货架进行补货上架操作。

②补货作业准备。仓管员根据所需补货的数量准备补货所有相关设备。

③补货作业。

④仓管员将下架的货品放入补货缓冲区，从补货缓冲区的相应货品托盘中选取包含相应补货数量货品的包装箱进行开箱，从中取出相应数量的货品，并放置在手推车内，对电子标签拣选货架进行补货作业。

⑤仓管员把货品送到补货区域，利用 PDA 进行补货上架操作。首先仓管员扫描货品条形码，扫描需要补货的货位编码，补货数量至少是一箱。单击“确认补货”按钮，完成补货上架操作。

⑥当货品补货上架完成后，仓管员将在补货作业时开箱的包装箱进行数量清点，清点完成后用胶带将包装箱封口，将包装箱标记为“散装包装箱”并标注箱内货品数量。之后利用手动液压拖车将补货缓冲区的相应货品用托盘运至托盘货架区进行货品上架归位作业。

步骤四：出货作业

完成系统台账操作。

①货物完成交接后，调度将有承运商签字的第五联单递交到物流文员处。

②物流文员根据签字交接后的供货凭证更新系统数据，同时登记到手工台账。

③在做系统出入库时对于已收款未出货的商品须有财务的书面通知才可在系统点击出货；对于已出货未收款的由业务和平台总经理签字，转由业务负责收款后才可点击系统出货；对于未出货又未收款的严禁点击系统。

素养园地

物流仓储交易生态链助力临沂钢铁业高质量发展

课后习题

出库作业管理

项目评价

<table>
<tr><td colspan="4">知识巩固与技能提高（40 分）</td><td>得分：</td></tr>
<tr><td colspan="5">计分标准：任务课后习题得分 = 2×单选题正确个数+3×多选题与填空题正确个数+1×判断题正确个数+5×简答题正确个数
得分 = 项目任务课后习题得分总和/任务数量</td></tr>
<tr><td colspan="4">学生自评（20 分）</td><td>得分：</td></tr>
<tr><td colspan="5">计分标准：初始分 = 2×A 的个数+1×B 的个数+0×C 的个数
得分 = 初始分/30×20</td></tr>
<tr><td>专业能力</td><td>评价指标</td><td>自测结果</td><td colspan="2">要求
（A 掌握；B 基本掌握；C 未掌握）</td></tr>
<tr><td>掌握入库作业管理</td><td>1. 入库准备的流程；
2. 货位的使用与分配；
3. 货物接运；
4. 货物验收；
5. 货物入库的手续</td><td>A□ B□ C□
A□ B□ C□
A□ B□ C□
A□ B□ C□
A□ B□ C□</td><td colspan="2">了解货物入库的准备工作，掌握存储计划制定、货物接运、验收及入库手续办理等各个环节的要求与注意事项</td></tr>
<tr><td>掌握在库作业管理</td><td>1. 货物堆码；
2. 商品的养护与存放；
3. 盘点作业；
4. 6S 管理</td><td>A□ B□ C□
A□ B□ C□
A□ B□ C□
A□ B□ C□</td><td colspan="2">明晰货物在库管理的各项要求，理解 6S 管理的概念，掌握货物堆码、养护、盘点的方法和要领</td></tr>
<tr><td>掌握出库作业管理</td><td>1. 订单处理；
2. 拣货与补货作业；
3. 配货与出货作业；
4. 智慧包装</td><td>A□ B□ C□
A□ B□ C□
A□ B□ C□
A□ B□ C□</td><td colspan="2">了解订单处理流程，明确如何根据订单需求实现货物出库，并熟练掌握拣货、补货、配货等作业方法，同时关注各环节的智能化发展趋势</td></tr>
<tr><td>职业道德思想意识</td><td>1. 爱岗敬业、认真严谨；
2. 不断探索，提升认知</td><td>A□ B□ C□
A□ B□ C□</td><td colspan="2">责任意识与进取意识得以提升，保持对知识的渴望和对进步的追求</td></tr>
<tr><td colspan="4">小组评价（20 分）</td><td>得分：</td></tr>
<tr><td colspan="5">计分标准：得分 = 10×A 的个数+5×B 的个数+3×C 的个数</td></tr>
<tr><td>团队合作</td><td>A□　B□　C□</td><td colspan="2">沟通能力</td><td>A□　B□　C□</td></tr>
<tr><td colspan="4">教师评价（20 分）</td><td>得分：</td></tr>
<tr><td>教师评语</td><td colspan="4"></td></tr>
<tr><td>总成绩</td><td colspan="2"></td><td>教师签字</td><td></td></tr>
</table>

项目六 供应链智慧配送管理

项目概述

配送是现代物流的重要功能之一，它直接面向用户，是满足物流服务需求的末端关键环节。本项目以制订配送计划与执行配送计划为主线，结合相关政策文件及教材的技术、技能知识点，把整个工作过程与相关知识点、技能点形象具体地串联起来，便于指导实践。

项目导航

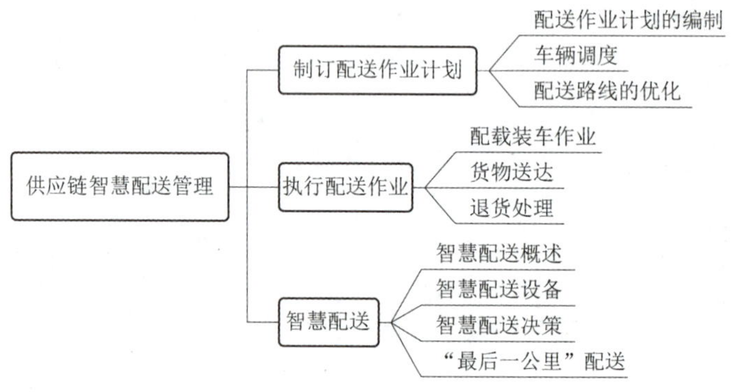

学习目标

知识目标：

熟悉配送的主要模式；

掌握编制配送计划的要点；

掌握配送路线优化的方法；

掌握到达送货的注意事项；

掌握退货处理的流程；

掌握无人机配送、机器人配送、智能快递柜的应用。

技能目标：

能合理优化配送线路；

能具备正确制订配送作业计划的能力；

能合理安排货物的装载作业；

能安全、及时地将货物送给客户；

能识别退货情况的真实性，并按退货政策进行退货处理。

素养目标：

提升学生对企业作业流程化实施的理解，培养学生总结归纳的能力；

提升学生自身的职业素养与专业能力；

培养学生持续的学习力与思考力；

培养学生诚信经营、守时的职业素养。

任务一　制订配送作业计划

任务导入

A 公司深圳仓的系统中接到经销商订单，分别为白云区的 3 个客户配送商品。公司安排调度员小陈负责制订此订单的运输计划。小陈该如何做好这份工作？

相关知识

配送运输是指将被订购的货物通过使用汽车或其他运输工具从供应点送至客户手中的活动。其中，可能是从工厂等生产地仓库直接送至客户，也可能是通过批发商、经销商或由配送中心、物流中心转送至客户手中。配送运输通常是一种短距离、小批量、高频率的运输形式。单从运输的角度看，配送运输是对干线运输的一种补充和完善，属于末端运输、支线运输。配送运输以服务为目标，优先满足客户的要求。

一、配送作业计划的编制

（一）配送作业基本流程

1. 划分基本配送区域

为使整个配送有一个可循的基本依据，首先，应将客户所在地的具体位置做系统统计；其次，将其作业区域进行整体划分，把每个客户囊括在不同的基本配送区域之中，以此作为下一步决策的基本参考。例如，按行政区域或交通条件划分不同的配送区域，在这一区域划分的基础上进行弹性调整来安排配送。

2. 车辆配载

由于配送货物品种、特性各异，为提高配送效率、确保货物质量，应在接到订单后，首先将货物依特性进行分类；其次，分别选取不同的配送方式和运输工具，如按冷冻食品、速食品、散装货物、箱装货物等分类配载；最后，配送货物有轻重缓急之分，必须按照先急后缓的原则，合理组织运输配送。

3. 暂定配送先后顺序

考虑到其他影响因素，在确定配送方案前，应先根据客户订单要求的送货时间将配送作业的先后次序进行大致的确订，为后面车辆积载做好准备工作。计划工作的目的是保证达到既定的目标，因此预先确定基本配送顺序，既可以有效地保证送货时间，又可以尽可能地提高运作效率。

4. 车辆安排

车辆安排要解决的问题是安排什么类型、吨位的配送车辆进行最后的送货。一般企业拥有的车辆类型有限，车辆数量也有限，当本公司车辆无法满足要求时，可使用外雇车辆。在保证配送运输质量的前提下，是组建自营车队，还是以外雇车为主，须视经营成本而定。

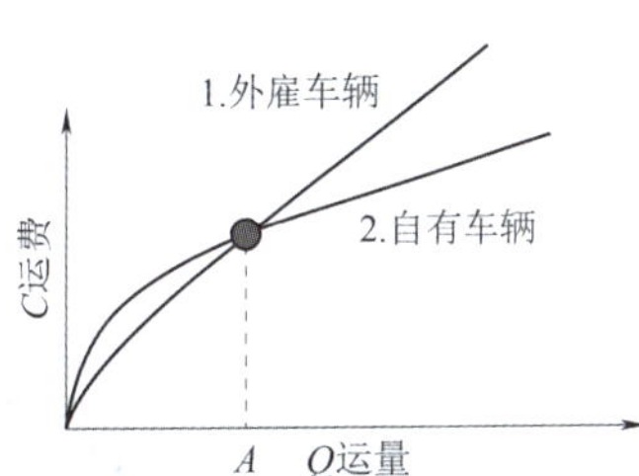

图 6-1-1　外雇车辆与自有车辆运费与运量的关系

图 6-1-1 里面，曲线 1 表示外雇车辆的运费会随运输量的增加而增加；曲线 2 表示自有车辆的运费随运量的增加而增加的量要小于外雇车辆运费的增加量。当运量小于 *A* 时，外雇车辆运费小于自有车辆运费，所以应选用外雇车辆；当运量大于

A时，外雇车辆运费大于自有车辆运费，所以应选用自有车辆。无论是自有车辆还是外雇车辆，首先，必须掌握有哪些车辆可供调派并符合要求，即这些车辆的容量和额定载重是否满足要求；其次，安排车辆之前，还必须分析订单上货物的信息，如体积、重量、数量以及对于装卸的特别要求等；最后，综合考虑各方面因素的影响，安排最合适的车辆。

5. 选择配送线路

知道了每辆车负责配送的具体客户后，如何以最快的速度完成对这些货物的配送，即如何选择配送距离短、配送时间短、配送成本低的线路，须根据客户的具体位置、沿途的交通情况等进行优先选择和判断。除此之外，还必须考虑有些客户或其所在地的交通环境对送货时间、车型等方面的特殊要求，例如，有些客户不在中午或晚上收货，有些道路在高峰期实行交通管制等。

6. 确定最终配送顺序

做好车辆安排，以及选择最优配送线路后，依据各车负责配送的具体客户的先后顺序，即可确定客户的最终派送顺序。

7. 完成车辆积载

确定了客户的配送顺序后，接下来就是如何将货物装车、以什么次序装车的问题，即车辆的积载问题。虽然原则上知道了客户的先后配送顺序，只要将货物依“后送先装”的顺序装车即可，但是有时为了有效利用空间，可能还要考虑货物的性质（怕震、怕压、怕撞、怕湿）、形状、体积及重量等进行弹性调整。此外，对于货物的装卸方法也必须依照货物的性质、形状、重量及体积等来具体决定。

在以上各阶段操作过程中，需要注意的要点包括：明确订单内容；掌握货物的性质；明确具体配送地点；适当选择配送车辆；选择最优的配送线路；充分考虑各作业点装卸货时间。

综上所述，配送运输基本作业流程如图 6-1-2 所示。

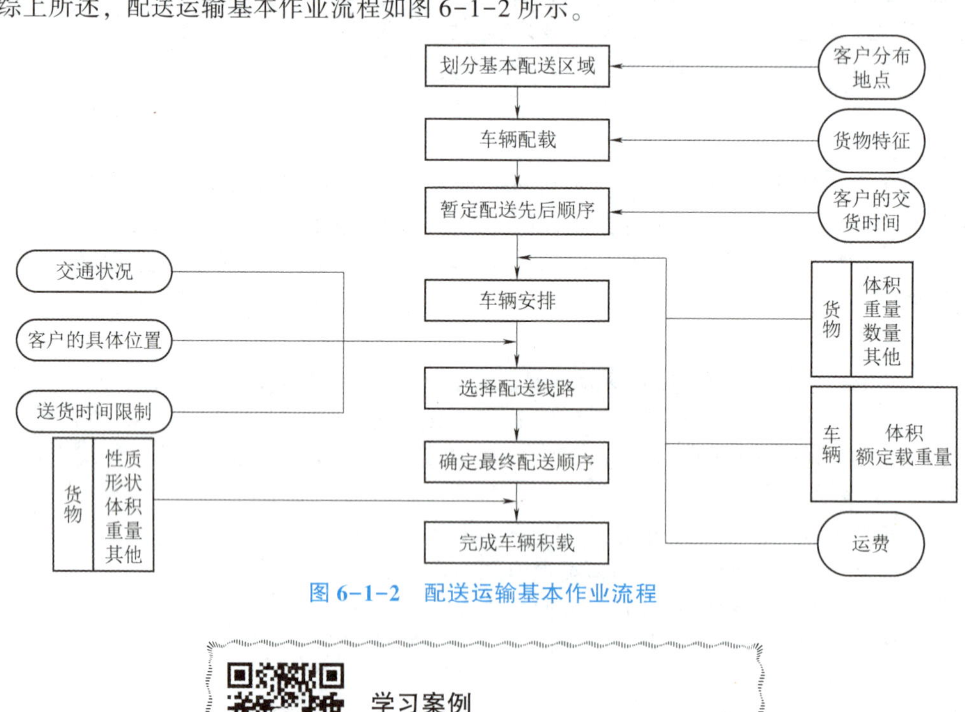

图 6-1-2 配送运输基本作业流程

学习案例

苹果公司的物流体系

（二）配送的主要方式

在不同的市场环境下，为了满足不同产品、不同客户、不同流通环境的要求，在配送组织活动过程中，可以采取不同的配送方式来满足用户的需要。根据配送组织过程的两大要素，即配送的时间和配送货物数量的不同，将配送方式分为定时配送、定量配送、定时定量配送、定时定线配送和即时配送。

1. 定时配送

按规定时间和时间间隔进行配送的模式都称为定时配送。定时配送的时间由配送的供给与需求双方通过协议确认。每次配送的品种及数量既可预先在协议中确定，实行计划配送，也可以在配送之前以商定的联络方式（如电话、传真、计算机网络等）通知配送品种及数量。

定时配送这种服务方式，由于时间确定，因此对用户而言，易于根据自己的经营情况，按照最理想的时间进货，也易于安排接货力量（如人员、设备等）。对于配送供给企业而言，这种服务方式易于安排工作计划，有利于对多个用户实行共同配送以降低成本，易于计划使用车辆和规划路线。对这种配送服务方式而言，如果配送物品种类、数量有较大变化，则配货及车辆装配的调整难度较大，会使配送运力的安排出现困难。

2. 定量配送

定量配送指按规定的批量进行配送，不确定严格的时间，只是规定在一个指定的时间范围内配送。这种方式由于每次配送的品种、数量固定，因此备货工作较为简单，不用经常改变配货、备货的数量，可以按托盘、集装箱及车辆的装载能力规定配送的定量，既能有效利用托盘、集装箱等集装方式，又可做到整车配送，配送效率较高，成本较低。由于时间不严格限定，因此可以将不同用户所需物品凑整装车后配送，提高车辆利用率。对用户而言，每次接货都处理同等数量的货物，有利于准备人力、设备能力。

定量配送适合在下述领域采用。

①用户对于库存的控制不是十分严格，有一定的仓储能力，不实行零库存。

②从配送中心到用户的配送路线保证程度较低，难以实现准时的要求。

③难以对多个用户实行共同配送。只有达到一定配送批量，才能使配送成本降低到供、需双方都能接受的水平。

3. 定时定量配送

定时定量配送指按照规定的配送时间和配送数量进行配送，兼有定时、定量两种方式的优点，是一种精密的配送服务方式。

定时定量配送方式要求有较高的服务质量水平，组织工作难度很大，通常只针对固定客户进行这项服务。由于适合采用的对象不多，很难实行共同配送等配送方式，因此成本较高，只在用户有特殊要求时采用，不是一种普遍适用的方式。

定时定量配送方式，主要应用于大量而且稳定生产的汽车、家用电器、机电产品的供应物流。这种方式的管理和运作，一是以配送双方事先签的一定时期的协议为依据来执行；二是采用“看板方式”来决定配送的时间和数量。

4. 定时定线配送

定时定线配送在确定的运行路线上制订到达时间表，按运行时间表进行配送。用户既可在规定的地点和时间接货，又可按规定路线及时间提出配送要求。采用这种方式有利于配送企业计划安排车辆及驾驶人员，由于可以依次对多个用户实行共同配送，无须每次决定货物装配、配送路线、配车计划等问题，因此比较易于管理，配送成本较低。

在配送用户较多的地区，这种配送方式也可解决因为过分复杂的配送要求带来的配送计划、组织工作、配货工作及车辆安排的困难。

对用户而言，既可在一定路线、一定时间内进行选择，又可有计划地安排接货活动。这种配送方式可以为众多的中小型客户提供极大的方便，例如，连锁商店配送活动。因为其应用领域有限，所以定时定线配送不是一种可普遍采用的方式。这种方式特别适合对于小商业集中区的商业企业的配送。由于商业集中区域交通较为拥挤，街道又比较狭窄，难以实现配送车辆到门的配送，因此将相当多商家的货物送达某一站点后，再用小型人力车辆将货物运到各商家。这项操作往往在非营业时间内完成，可以避免对配送造成影响。

5. 即时配送

即时配送是指完全按照用户突然提出的时间、数量方面的配送要求，随即进行配送的方式。采用这种方式，客户可以将安全储备降低为零，以即时配送代替安全储备，实现零库存经营。

即时配送方式是以某天的任务为目标，在充分掌握这一天货物需要地、需要量及种类的前提下，即时安排最优的配送路线，并安排相应的配送车辆实施配送。可以在初期按预测的结果制订计划，统筹安排一个时期的任务，并做相应的准备。实际的配送实施计划则可在配送前一两天根据任务书制订。由于这种配送可以避免其他方式的不足，做到每天配送都能实现最优的安排，因此是水平较高的配送方式，适合一些零星商品、临时需要的商品或急需商品的配送。

即时配送可以灵活高效地满足用户的临时需求，最终解决用户企业担心的断供问题，是大幅度提高供应保证能力的重要手段。即时配送是配送企业快速反应能力的具体化，体现配送企业的能力。即时配送成本较高，对配送中心的要求比较高，特别是对配送速度和配送时间要求比较严格，而这两方面正是整个配送合理化的重要保证手段。此外，用户实行零库存，即时配送也是重要保证手段。

通常只有配送设施完备，具有较高的管理和服务水平、较高的组织和应变能力的专业化配送中心才能大规模地开展即时配送业务。

（三）配送计划的编制

配送虽然是一种物流业务，但是商流是编制配送作业计划的依据，即由商流决定何时、何地向何处送何种货物。编制配送计划的主要依据有以下几点。

①根据订货合同确定客户的送达地、接货人、接货方式、客户订货的品种、规格、数量及送货时间等。

②根据配送商品的性能、状态和运输要求，决定运输工具及装卸、搬运的方法。

③根据分日、分时的运力配置情况，决定是否要临时增减配送业务。

④充分考虑配送中心到送达地之间的道路水平和交通条件。

⑤调查各配送地点的商品品种、规格、数量是否适应配送任务的完成。

表 6-1-1 为配送计划表示例。

表 6-1-1　配送计划表

序号	客户名称	订购商品品名	商品规格	配送数量	配送时间	运输工具及数量

续表

序号	客户名称	订购商品品名	商品规格	配送数量	配送时间	运输工具及数量
合计						

二、车辆调度

（一）车辆运行调度工作的内容

1. 编制配送车辆运行作业计划

编制配送车辆运行作业计划包括编制配送方案、配送计划、车辆运行计划总表、分日配送计划表、单车运行作业计划等。根据掌握的用车时间、乘车地点、乘车人单位和姓名、乘车人数、行车路线等情况，做计划安排，并将执行任务的驾驶员姓名、车号、出车地点等在调度办公室公布或口头通知驾驶员本人。

2. 现场调度

现场调度根据货物分日配送计划、车辆运行作业计划和车辆动态分派配送任务，按计划调派车辆，签发行车路单；勘察配载作业现场，做好装卸车准备；督促驾驶员按时出车；督促车辆按计划送修保养。

3. 随时掌握车辆运行信息，进行有效监督

如果发现问题，则应采取积极措施，及时解决和消除问题，尽量减少配送中断，使车辆按计划正常运行。

4. 检查计划执行情况

检查配送计划和车辆运行作业计划的执行情况。

知识拓展

车辆运行调度工作的原则

（二）车辆调度的方法

车辆调度的方法有多种，可根据客户所需货物、配送中心站点及交通线路布局的不同而选用不同的方法。简单的运输可采用定向专车运行调度法、循环调度法、交叉调度法等。复杂的运输可采用的调度方法有如下几种。

1. 图上作业法

图上作业法是将配送业务量反映在交通图上，通过对交通图初始调运方案的调整，得出最优配送车辆运行调度方法。当运用这种方法时，要求交通图上没有货物对流现象，以运行路线最短、运费最低或行程利用率最高为优化目标。其有以下几个基本步骤。

①绘制交通图。根据客户所需货物汇总情况、交通线路、配送点与客户点的布局，绘制出交通示意图。

例：设 A_1、A_2、A_3 三个配送点分别有化肥 40 t、30 t、30 t，4 个客户点 B_1、B_2、B_3、B_4 分

别需要化肥 10 t、20 t、30 t、40 t，已知各配送点和客户点的地理位置，以及它们之间的道路通阻情况，可据此绘制出相应的交通图，如图 6-1-3 所示。

②将初始调运方案反映在交通图上。

任何一张交通图上的线路分布形态都可分为成圈与不成圈两类。对于不成圈的，如 A_1，B_2 的运输，可按就近调运的原则，就很容易得出调运方案。其中，$A_1 \to B_4$ 路程（70 km）小于 $A_3 \to B_4$ 路程（80 km），$A_3 \to B_2$ 路程（70 km）小于 $A_2 \to B_2$ 路程（110 km），可先假定 $A_1 \to B_4$，$A_3 \to B_2$ 运输。对于成圈的，A_2、A_3、B_1、B_4 所组成的圈，可采用破圈法处理，即先假定某两点 A_2 与 B_4 不通（即破圈，见图 6-1-4），再对货物就近调运，$A_2 \to B_3$，$A_2 \to B_4$，数量不够的再从第二点调运，即可得出初始调运方案，如图 6-1-4 所示。在绘制初始方案交通图时，凡是按顺时针方向调运的货物调运线路（如 $A_3 \to B_1$，$B_1 \to B_4$，$A_2 \to B_3$），其调运箭头线都画在圈外，称为外圈；否则，其调运箭头线（$A_3 \to B_3$）都画在圈内，称为内圈，或者两种箭头相反方向标注。

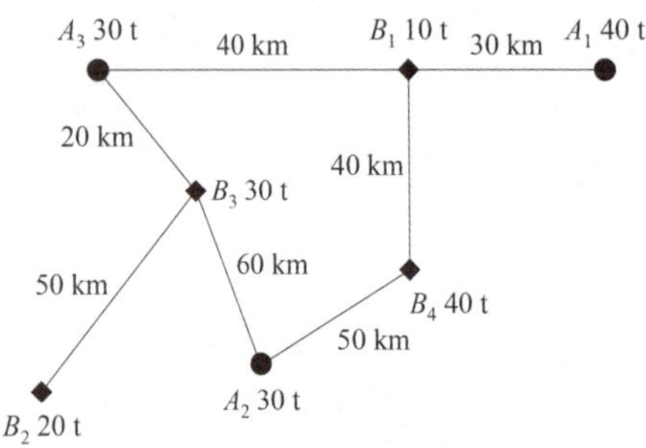

图 6-1-3　运距运量交通图

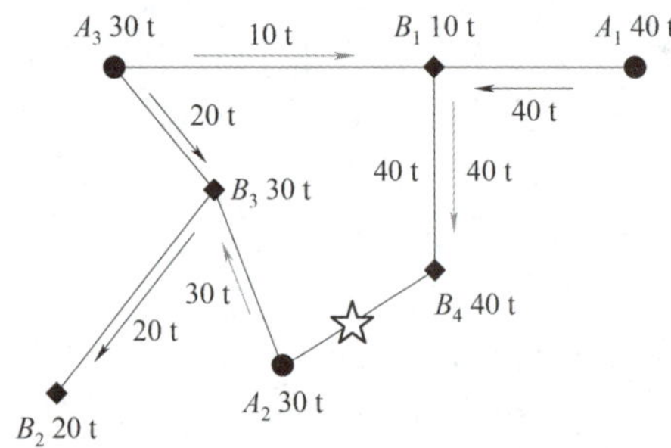

图 6-1-4　$A_2 \to B_4$ 破圈调运图

③检查与调整。面对交通图上的初始调运方案，分别计算线路的全圈长、内圈长和外圈长（圈长，即指里程数）。如果内圈长和外圈长都分别小于全圈长的 1/2，则该方案为最优方案；否则，为非最优方案，需要对其进行调整。

如图 6-1-4 所示，全圈长（$A_2 \to B_3 \to A_3 \to B_1 \to B_4$）为 210 km（40+40+50+60+20），外圈（$A_3 \to B_1$ 为 40 km、$B_1 \to B_4$ 为 40 km、$A_2 \to B_3$ 为 60 km）长为 140 km，大于全圈长的一半，显然，需要缩短外圈长度。调整的方法是在外圈（若内圈小于全圈长的一半，则在内圈）上先假定运量最小的线路两端点（A_3 与 B_1）之间不通，再对货物就近调运，可得到调整方案如图 6-1-5 所示。然后，再检查调整方案的内圈长与外圈长是否都分别小于全圈长的一半。如此反复至得出最优调运方案为止。如图 6-1-5，计算可得内圈长（$A_3 \to B_3$（20 km），$A_2 \to B_4$（50 km））为 70 km，外圈长（$B_1 \to B_4$（40 km），$A_2 \to B_3$（60 km））为 100 km，均小于全圈长的一半，可见，该方案已为最优方案。

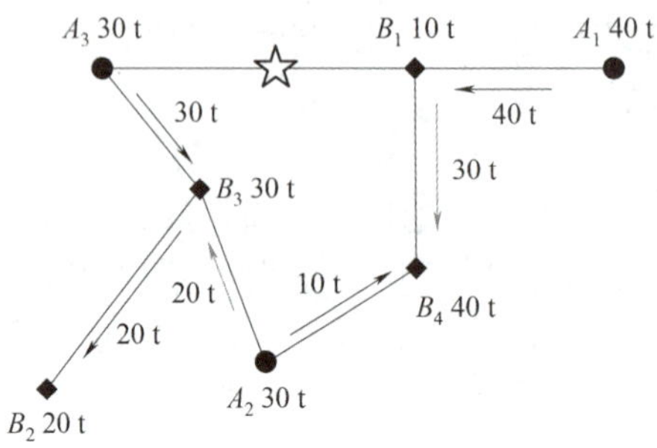

图 6-1-5　$A_3 \to B_1$ 破圈调运图

2. 经验调度法和运输定额比法

经验调度法，主要依赖于调度人员的经验和技巧来安排车辆运行，并处理运行中发生的问题。在这种方法中，调度人员根据对快件业务量、快件时限、派送路线以及交通状况的掌握情况，对车辆进行合理调度。

运输定额比法，即运用理论方法做出决定，计算每种车辆运输不同货物的定额比（小于1的定额比忽略不计），定额比的大的货物优先考虑安排车辆。

例：某建材配送中心，某日需运送水泥580 t、盘条400 t左右和不定量的平板玻璃。该中心有大型车20辆，中型车20辆，小型车30辆。各种车每日只运送一种货物，运输定额如表6-1-2所示。

表6-1-2 车辆运输定额表 单位：t/(日·辆$^{-1}$)

车辆种类	运送水泥	运送盘条	运送玻璃
大型车	20	17	14
中型车	18	15	12
小型车	16	13	10

选择运输工具的基本操作步骤有如下几点。

步骤一：明确运输定额

在有多种车辆时，车辆使用的经验原则为尽可能使用能满载运输的车辆进行运输。在能够保证满载的情况下，优先使用大型车辆，且先载运大批量的货物。

步骤二：确定经验派车方案

根据前面的经验调度法，优先使用大型车辆，确认车辆安排的顺序为大型车、中型车、小型车，且先载运大批量货物，货载安排的顺序为水泥、盘条、玻璃。得出派车方案如表6-1-3所示，可完成货运量1 090 t。

表6-1-3 经验派车法

车辆种类	运送水泥	运送盘条	运送玻璃	车辆总数
大型车/辆	20	—	—	20
中型车/辆	10	10	—	20
小型车/辆	—	20	10	30
货运量/t	580	410	100	—

步骤三：确定运输定额比法

对于以上车辆的运送能力，可以按表6-1-4计算每种车运送不同货物的定额比。

表6-1-4 车辆运输定额比

车辆种类	运水泥/运盘条	运盘条/运玻璃	运水泥/运玻璃	……
大型车	1. 18	1. 21	1. 43	—
中型车	1. 2	1. 25	1. 5	—
小型车	1. 23	1. 3	1. 6	—

其他种类的定额比都小于 1，不予考虑。

步骤四：按定额比派车

在表 6-1-4 中，小型车运送水泥的定额比最高，因而要安排小型车运送水泥；其次由中型车运送盘条；最后，剩余的由大型车完成。得出表 6-1-5 的派车方案，可完成运量 1 108 t。

表 6-1-5 定额比法优化派车方案

车辆种类	运送水泥	运送盘条	运送玻璃	车辆总数
大型车/辆	5	6	9	20
中型车/辆	—	20	—	20
小型车/辆	30	—	—	30
货运量/t	580	402	126	—

三、配送路线的优化

配送运输由于配送方法的不同，其运输过程也不尽相同。影响配送运输的因素很多，如车流量的变化、道路状况、客户的分布状况、配送中心的选址、道路交通网、车辆定额载重量及车辆运行限制等。

在配送运输线路设计时，需根据不同客户群的特点和要求，选择不同的线路设计方法，最终达到节省时间、减少运距和降低配送运输成本的目的。

（一）直送式配送路线优化（一对一配送）

直送式配送运输，是指由一个供应点对一个客户货物接收点的专门配送。从物流优化的角度看，直送客户的基本条件是其需求量接近于或大于可用车辆的额定重量，需专门派一辆或多辆车一次或多次送货。

因此，一对一配送情况下，货物的配送追求的是多装快跑，选择最短配送线路，节约时间、费用，提高配送效率。一对一配送运输的物流优化主要是寻找物流网络中的最短线路问题。

（二）分送式配送路线优化（一对多配送）

分送式配送是指由一个供应点往多个客户货物接收点的配送。这种配送运输模式要求，同一条线路上所有客户的需求量总和不大于一辆车的额定载重量。其基本思路是由一辆车装载所有客户的货物，沿一条优选的线路，依次逐一将货物送到各个客户的货物接收点，既保证客户按时收货，又节约里程、节省运输费用。

1. 分送式单车配送路线优化

分送式单车配送指一个配送点用一辆车向多个客户送货，配送车辆从仓库送货至各客户再返回仓库，重新装货送货。实践中采取数学方法和经验探试方法进行定量分析与定性分析。

2. 分送式多车配送路线优化

分送式多车配送指配送中心用多辆车同时给多个客户送货，期望在使用尽可能少的车辆，并且行驶总里程也尽可能少的情况下，完成客户送货任务。每辆车负责的送货客户及行驶路线的合理安排，可用运筹学中的扫描法和节约里程法模型求解。

（1）扫描法。

扫描法采用极坐标来表示各需求点的区位，任取一个需求点为起始点，定其角度为零度，以顺时针或逆时针方向，车辆的载货能力（包括容量和重量两个方面）为限制条件进行服务区域的分割，再进行区域内需求点的排序，即行车路线安排。

（2）节约里程法。

节约里程法的核心思想是依次将送货运输问题中的两个回路合并为一个回路，每次使合并后的总运输距离减小的里程最大，当达到一辆车的装载限制时，再进行下一辆车的优化。

知识拓展

节约里程法的基本思想与求解步骤

（三）配送式配送运输路线优化（多对多配送）

1. 概念

配送式配送运输是指由多个供应点向多个客户的送货运输。它的宗旨是将货物从多个供应点分别送到多个客户手中，既满足客户对货物的配送需要，又满足各供应点的存出货要求，并最终做到费用最低。

2. 运输求解方法

配送式配送运输根据问题的性质不同有不同的求解方法，通常有图上作业法、表上作业法、单纯形法等。

（1）图上作业法。

图上作业法是将货物供需方的地理位置、交通情况、供货量、需求量绘制成环线状流向图，根据就近分送的原则，通过简便计算得出货物运输路线规划的方法。如果交通网络图为环状线路，则要简化为线状线路。

（2）表上作业法。

表上作业法是指用列表的方法求解线性规划问题中运输模型的计算方法，是线性规划的一种求解方法。如果某些线性规划问题采用图上作业法难以进行直观求解，就可以将各元素列成相关表，作为初始方案。然后采用检验数来验证这个方案；否则就要采用闭合回路法、位势法等方法进行调整，直至得到满意的结果。

知识拓展

图上作业法与表上作业法的求解步骤及示例

任务实施

步骤一：明确客户订单内容

1. 客户订单

客户需求的物品品名、规格、数量、交货时间和交货地点。

白云区的 3 个客户需要配送商品，商品的品名、规格、数量及时间要求等信息如表 6-1-6 所示。

表 6-1-6　客户商品需求情况

客户名称	需求商品情况					需求时间
	品名	规格	数量/箱	毛重/(kg·箱$^{-1}$)	每箱体积/(cm×cm×cm)	
A	龙井茶叶	500 g/袋	50	11	85×60×45	2 月 16 日上午 11 点前
	光明牛奶	250 g/袋	100	8.5	70×50×35	
	东北大米	50 kg/袋	40	50	100×45×20	
	可口可乐	1.25 kg/瓶	65	8.5	60×35×50	
	雪碧	1.25 kg/瓶	65	8.5	60×35×50	
B	雕牌洗衣粉	1 kg/袋	50	11	75×55×40	2 月 16 日上午 10 点前
	力士香皂	125 g/块	40	4.25	60×30×25	
	天元饼干	1 kg/盒	100	6.5	90×80×70	
	可口可乐	1.25 kg/瓶	80	8.5	60×35×50	
C	喜多毛巾	(70 cm×40 cm)条	20	10.5	75×45×50	2 月 16 日上午 12 点前
	可口可乐	1.25 kg/瓶	100	8.5	60×35×50	
	光明牛奶	250 g/袋	100	8.5	70×50×35	
	雪碧	1.25 千克/瓶	100	8.5	60×35×50	
	东北大米	50 kg/袋	20	50	100×45×20	

2. 配送作业

①送货车辆、送货线路与人员。优化车辆行驶路线与送货批次，并将送货地点和路线在地图上标明或在表格中列出，配备合适人员全程、全车负责，完成对客户的送货。

车辆：东风厢式货车 3 t 型（5.8 m×2.1 m×2.2 m）、5 t 型（7.4 m×2.2 m×2.2 m）、5.4 t 型（9.8 m×2.38 m×2.4 m），共三辆。家乐配送中心与 3 个客户的位置关系如图 6-1-6 所示。

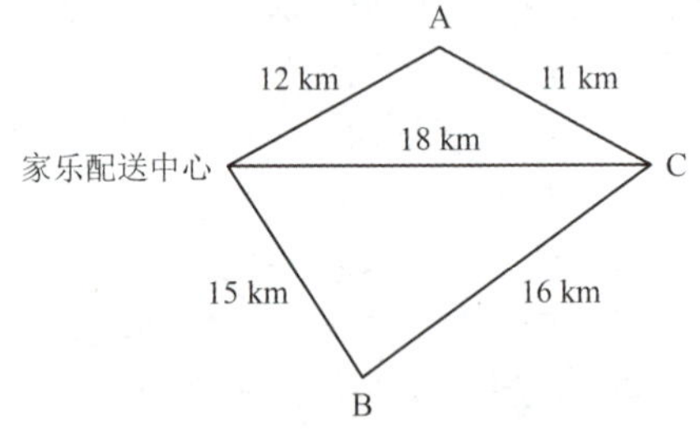

图 6-1-6　配送中心与客户位置关系图

人员：驾驶员、装卸员、理货员、调度员、仓管员。

②满足客户时间要求，结合运输距离确定送货时间。

③服务的具体组织方式。满足客户需求中所选择的送达服务的具体组织方式和规范要求，包括货物卸下、搬运、放置以及设施的安装、调试、维护、修理、更换，废弃物清理、回收，单据的填写、签章、货款的结算方式等规范及要求。

④配送预算。配送计划应对配送成本进行合理预算，包括资本成本分摊、支付利息、员工工资福利、行政办公费用、商务交易费用、自有车辆设备运行费、外车费用、保险费或残损风险、工具及耗损材料费、分拣装卸搬运作业费、车辆燃油费等。

步骤二：配送运输计划决策

1. 车辆安排

家乐配送中心现有东风厢式货车 3 t 型（5.8 m×2.1 m×2.2 m）、5 t 型（7.4 m×2.2 m×2.2 m）、5.4 t 型（9.8 m×2.38 m×2.4 m）各 1 辆，共计 3 辆。

根据客户的时间要求、每种货物的特性和其他因素，制订出配送货物的车辆安排：3 t 型（55.8 m×2.1 m×2.2 m）共配送货物一次；5 t 型（7.4 m×2.2 m×2.2 m）共配送货物两次；5.4 t 型（9. 8 m×2. 38 m×2. 4 m）共配送货物两次。

2. 车辆配载

①向 B 客户发货。5.4 t 型：装 B 客户货物（84 箱天元饼干，按照体积核算最佳）。

②5 t 型：装 B 客户的货物（16 箱天元饼干，40 箱力士香皂，50 箱雕牌洗衣粉，80 箱可口可乐）。装载方式如下：先把 80 箱的可口可乐放在第一层和第二层；然后把 50 箱的洗衣粉放在第三层；再把 40 箱的香皂放在第四层；最后把 16 箱的饼干放在顶层。

③3 t 型：装 A 客户的货物（100 箱光明牛奶，65 箱可口可乐，65 箱雪碧）。装载方式如下：先把 100 箱光明牛奶放在底层；再把 65 箱的雪碧放在第二层；最后把 65 箱的可口可乐放在顶层。

④5. 4 t 型：装 C 客户的货物（100 箱光明牛奶，100 箱雪碧，100 箱可口可乐）。装载方式如下：先把 100 箱的雪碧放在底层；再把 100 箱的光明牛奶放在第二层；最后把 100 箱的可口可乐放在顶层。

⑤5 t 型：装 A 客户的货物（50 箱龙井茶叶，40 箱东北大米）和 C 客户的货物（20 箱东北大米，20 箱喜多毛巾）。装载方式如下：先把 A 客户的 40 箱东北大米和 C 客户的 20 袋东北大米放在底层；再把 20 箱的喜多毛巾放在第二层；最后把 50 箱龙井茶叶放在顶层。

3. 暂定配送先后顺序

①向 B 客户发货。5. 4 t 型：装 B 客户货物（84 箱天元饼干）（16 日上午 5：00 装货）；5 t 型：装 B 客户的货物（16 箱天元饼干，40 箱力士香皂，50 箱雕牌洗衣粉，80 箱可口可乐）（16 日上午 5：00 装货）。

向 A 客户发货。3 t 型：装 A 客户货物（100 箱光明牛奶，65 箱可口可乐，65 箱雪碧）（16 日上午 5：00 装货）。

②向 A 和 C 客户发货。5 t 型：装 A 客户的货物（50 箱龙井茶叶，40 箱东北大米）和 C 客户的货物（20 箱东北大米，20 箱喜多毛巾）（16 日上午 7：00 装货）。

③向 C 客户发货：5. 4 t 型：装 C 客户的货物（100 箱光明牛奶，100 箱雪碧，100 箱可口可乐）（16 日上午 7：00 装货）。

4. 路线选择

①向 B 客户发货的路线：家乐配送中心→B 客户→家乐配送中心（上午 5：30 出发，行驶时间和全部卸货时间共计 90 min）。

②向 A 和 C 客户发货的路线：家乐配送中心→A 客户→C 客户→家乐配送中心（上午 5：30 出发，行驶时间和全部卸货时间共计 90 min）。

③向 A 客户发货的路线：家乐配送中心→A 客户→家乐配送中心（上午 7：30 出发，行驶时间和全部卸货时间共计 90 min）。

④向 C 客户发货的路线：家乐配送中心→C 客户→家乐配送中心（上午 7：30 出发，行驶时间和全部卸货时间共计 90 min）。

（注：所有车辆均配备一名配送人员和一名驾驶员，请配送人员按照工作条例及工作计划认真执行，按质按量完成任务）

5. 确定最终送货顺序

①家乐配送中心先分别派 5. 4 t 型厢式货车、5 t 型厢式货车向 B 客户发货，同时派 3 t 型厢式货车向 A 客户发货。

②等到 5. 4 t 型厢式货车和 5 t 型厢式货车返回家乐配送中心后，再派 5. 4 t 型厢式货车向 C 客户发货，派 5 t 型厢式货车向 A 客户和 C 客户发货。

素养园地
促进即时配送行业健康有序发展

课后习题
制订配送作业计划

任务二 执行配送作业

任务导入

小陈制订了奶粉的精细配送作业计划后，即进入执行配送作业环节。执行配送作业环节的重点包括配载装车作业、货物送达、退货处理。公司安排小陈执行奶粉配送作业计划，小陈应该怎么执行？

一、配载装车作业

（一）配送积载的概念

配送中心服务的对象是众多的客户，服务内容是配送各种不同的货物品种，为了降低配送运输成本，需要充分利用运输配送的资源，对货物进行装车调配、优化处理、提高车辆在容积和载货两方面的装载效率，进而提高对车辆运能、运力的利用率，降低配送运输成本，这就是积载。

（二）影响配送车辆积载的因素

1. 货物特性因素

如轻泡货物，由于车辆容积的限制和运行限制（主要是超高），因此无法满足吨位，造成吨位利用率降低。

2. 货物包装情况

如果车厢尺寸与货物包装容器的尺寸不成整倍数关系，则无法装满车厢。如货物宽度 80 cm，车厢宽度 220 cm，将会剩余 60 cm。

3. 不能拼装运输

尽量选派核定吨位与所配送的货物数量接近的车辆进行运输，或按有关规定必须减载运行，例如，有些危险品必须减载运送才能保证安全。

4. 由于装载技术原因，因此造成不能装足吨位

知识拓展

配送积载的原则与方法

知识链接

积载因数

二、货物送达

（一）货物送达的步骤

1. 预约送货

送货员在出发前应使用短信或电话提前与客户预约送货。出发后按照预先计划的配送路线行驶，途中与调度中心保持联系，保证送达时间和行驶安全。如果遇紧急事件不能按时送达，则应第一时间向配送中心报告，以便与客户沟通。

2. 到达交货

送货员到达客户指定的送货地址后，与客户办理交接。原则上是按箱交接，如果有外箱破损、浸渍、封口裂开等异常情况，则需要与顾客当面开箱并清点货物。交接完毕，客户在送货单上签字，送货员将顾客签收单带回配送中心。

送货员将货物送抵目的地后，需要顾客出示与签收单上收货人相符的有效身份证明，如果由他人代收货物时，除了核对原收货人的有效身份证明外，同时要求代收货人出示其本人有效身份证明，并将其身份证明的资料准确、清晰地登记在单据上（如姓名、身份证号码）。

（二）送达服务要求

送达服务的要求包括以下 5 个方面。

①时效性。由于时效是客户最重视的因素，因此对配送中心来说，一定要保证在指定的时间内把货物送达客户手中。由于配送是从客户下达订单到送达客户手中的最后一环，一旦延误就很难弥补，因此制订良好的配送计划是保证时效的关键。

②可靠性。要将物品完好无缺地送达客户手中，不仅取决于配送人员高度的责任心和职业素养，也取决于配送人员对于物品的熟悉程度、装货时的细心程度、运输过程中对客户和环境的熟悉程度等。

③沟通性。由于配送人员是直接把货物送达客户人员的手中，配送人员表现出来的态度会给客户留下深刻的印象，因此配送人员要做到与客户及时沟通，用良好的服务态度来维护公司的形象，提高客户对公司的信任度。

④便利性。由于配送最重要的是要让顾客感觉方便，提供让客户满意的各种服务是提高客户信任度的关键，因此可以开展紧急配送、顺道退货、资源回收等便利活动。

⑤经济性。经济性是配送中心和客户都关注的要素，因此采取合理的措施不仅能保证客户满意，也能够尽量做到成本最低。

知识拓展

配送作业管理的难题与应对措施

三、退货处理

（一）退货处理的概念

退货处理和正常的供应链操作基本是相反的，货物将会从消费者或者分销商处回到卖方或者制造商处，是安排和控制货物逆向流动的一系列活动。一些人仅仅将这个概念与处理退回的物品联系起来，而另一些人给予它更加广泛的意义，包含维修、翻新、回收等。退货处理的目的是让退回的货物回到原有的供应链体系来重新获取价值，或是找出最有效的处理方式。

知识拓展

退货产生的原因与退货处理概述

（二）退货处理的流程

退货处理是向原来销售供应相反方向进行货物的移动。这种活动可以从最终客户、零售商、批发商甚至是制造商开始（制造商将他们的原材料或者其他库存退回给他们的供应商）。由于业务的不同，因此过程会有一些不同。

1. 起始

消费者向供应商申请退货，原因可能是突然不想买了、产品无法使用、与描述不符或者无理由退回等。

2. 处理

供应商看到退货并确定如何处理。通常，公司会有自己的退货政策来处理退货（B2C），或者按照合同的部分来处理（B2B）。

3. 运输

如果退货申请被通过，则货物将被运回到供应商处。B2C 的场景通常由零售商安排，客户可以选择如何交货。B2B 的场景可能会有所不同。

4. 检查

供应商收到货物后进行检查。

5. 执行

在执行的阶段，会有很多种处理方式。退回的货物可以修好后寄回，在重新入库后重复使用或者销售、回收、清算，如果政策允许，则支持换货、退款、弥补信用额度等。

（三）退货处理方法

1. 无条件重新发货

对于因为配送中心发货错误造成的退货，由配送中心重新调整后发货，中间造成的费用由配送中心承担。

2. 运输单位赔偿

对于运输单位造成的退货，如果运输单位是配送中心内部部门，则由内部按照相应政策处理；如果运输单位是外包人员，则运输单位承担所有损失。

3. 收取费用，重新发货

对于客户原因造成的退货，如果客户申请，则配送中心可以重新发货，但产生的费用应该由客户承担。

学习案例

某电器公司退货纠纷案

（四）商品退货的清点

1. 数量清点

退货数量的清点一般采取“先卸后验”的办法进行数量清点。关键清点商品的数量，检查货品有无损伤等。

2. 质量检验

对于退回的商品可以进行初检，例如，在验收流质商品时，检查外包装有无污渍，如果有污渍，则开箱检查；在验收香水、花露水等商品时，可以闻一闻，判断商品气味是否正常；在验收针织品等怕湿物品时，可检查外包装是否有水渍；检查商品的出厂日期和有效期；在验收易碎商品时，摇动一下，如果听到破碎声音，则开箱检查，明确责任。商品初检后，可以再通过物理、化学、微生物检验等办法进一步明确商品的质量。

3. 包装检验

包装检验主要是检验商品的内外包装是否完好、标识是否清晰、条码是否清楚等。

任务实施

步骤一：配载装车作业

整理完奶粉的精细配送作业计划后，小陈开始准备奶粉配送的执行工作。

仓库配货单，用于记录仓库配货的各项信息，主要包括收货人、运输方式、货物信息等内容。仓库配货单如表 6-2-1 所示。

表 6-2-1 仓库配货单

城市、商场		制单员		制单日期	
联系电话		传真		邮编	
收货人		运输方式		保险金额/元	
收货地址					
品名	产品编码		单价/元	数量	金额/元
合计					
审核员		配货员		配货日期	

说明：①同类产品请放在一起，可提高仓库配货工作效率。

②“保险金额”是指要购买保险的货品总价值，请注明。

③请规范填写，笔迹清楚，以方便仓库配货。

小陈根据奶粉订货单和配送作业计划，认真填写奶粉仓库配货单。考虑了奶粉配送距离和配送积载的原则，小陈和同事一起将奶粉按要求装入货车，准备开始配送。

步骤二：货物送达

1. 预约送货

小陈与客户通过电话进行沟通，预约具体的奶粉送货时间。预约之后，小陈再根据配送路线计划将奶粉送达指定地点。在这个过程当中，小陈始终保持与调度中心的联系，确保奶粉在规定时间送达和行驶安全。

2. 到达交货

小陈将奶粉送达指定地点后，联系对方公司相关人员进行交货。核对收货人的有效身份证明，等对方检查奶粉包装、数量后，让对方仓库管理员在送货单（见表 6-2-2）上签字，完成交货。

表 6-2-2　送货单

送货单

收货公司/单位：________________　负责人：________　联系电话：________

收货项目：________________　收货地址：________________

送货公司/单位：________________　负责人：________　联系电话：________

序号	名称	规格	单价/元	数量	金额/元	其他
合计大写：			合计小写：			

仓库管理员签字：________　　制表人签字：________

日期：________　　日期：________

步骤三：退货处理

①起始：客户在奶粉收货后，发现有 3 箱奶粉出现了破损漏出，认为是包装问题，要求退货。

②处理：小陈按照公司退货政策，决定通过客户方的退货请求，填写了退货单，如表 6-2-3 所示。

表 6-2-3　退货单

城市、商场			制单员		制单日期	
联系电话			手机		传真	
品名	产品编码	单价/元	数量	金额/元	备注（退换原因）	审核（公司填写）
合计						
审核人员			收货人员		收货日期	

说明：①同类产品请放在一起，以提高仓库收货工作效率。

②如是维修品，请说明。

③请规范填写，笔迹清楚，以方便仓库收货。

③运输：客户方的退货申请通过审核，小陈与客户沟通之后，让客户方用快递寄回3箱奶粉，由公司出运费，并告知客户方，将在收货检查之后，给出解决方案。

④检查：小陈收货之后，立即对奶粉进行检查，发现奶粉包装确实存在问题。

⑤执行：和领导讨论之后，为留住客户，小陈决定给客户退款，并替换3箱新的奶粉快递给客户。

素养园地

《"十四五"现代物流发展规划》

课后习题

执行配送作业

任务三　智慧配送

任务导入

在了解智慧配送的知识后，小陈还从智慧配送设备和“最后一公里”物流两方面出发展开了学习和任务操作。小陈该如何借助这些知识来帮助企业解决快递最终配送环节存在的问题？

一、智慧配送概述

（一）智慧配送的概念

2015 年 7 月，商务部办公厅下发《关于智慧物流配送体系建设实施方案的通知》（简称《通知》）。《通知》指出：“智慧物流配送体系是一种以互联网、物联网、云计算、大数据等先进信息技术为支撑，在物流的仓储、配送、流通加工、信息服务等各个环节实现系统感知、全面分析、及时处理和自我调整等功能的现代综合性物流系统，具有自动化、智能化、可视化、网络化、柔性化等特点。发展智慧物流配送，是适应柔性制造、促进消费升级、实现精准营销、推动电子商务发展的重要支撑，也是今后物流业发展的趋势和竞争制高点。”

智慧配送是为适应智慧物流发展的新要求，升级原有的配送设备，应用大数据、人工智能算法和无人机等新型软硬件技术，对配送的全流程进行信息化、透明化管理，实现无人配送、即时配送和主动配送的物流活动。智慧配送可以降低配送成本，提高配送效率，提高客户对配送服务的满意度。

（二）智慧配送的种类

1. 送货上门的无人配送服务

由于配送的工作量大，实现送货到家的服务需要进行自主判断的情况多，因此工作人员需求量大、人力成本居高不下。无人配送通过人工智能算法与无人配送设备软硬件结合的方式，在人工智能的决策下，增加对硬件设施的使用，减少人员参与。相比需要大量配送员进行作业的配送模式，智慧配送可以实现送货上门配送服务的无人化。

2. 基于客户满意的即时配送服务

与智慧仓储和智慧运输相比，智慧配送更加注重客户体验。由于业务量过多，因此需要在一定的时间点收集前一时间段的所有订单，然后进行统一配送。这对于客户来说就产生了或多或少的滞后性，可能下单时间仅仅相差 5 min，收货时间却相差一天，严重影响客户的体验。新零售所带来的产业升级已经成为人与货、时间与距离的赛跑，客户与货物之间的距离变得越来越近，时间变得越来越短，给配送市场带来机会的同时也让竞争变得异常激烈。

智慧配送为用户提供可以在线上下单的互联网平台，在客户下单后，系统将线上线下的订单信息数据化，通过算法匹配，自动将配送任务信息发送到最合适的配送员的移动终端或配送设施的接收器上。配送者取件后，直接送到指定的目的地，无任何中转环节，真正实现即取即送。智慧配送的及时性为广大私人用户、企业及商业办公人群打造了高效、便捷、安全的加急件和私人物品专业化服务。

3. 小范围内的主动配送服务

配送不是单纯的运输或输送，而是运输与其他活动共同构成的组合体，并且配送所包含的运送范围较小，需求可以进行预测。

近年来，市场竞争日益激烈，未来配送的新趋势是一场关于人、环境、大数据和效率的变革。企业若不尽快采取措施去适应市场环境的变化，势必会逐渐失去原有的销售优势，使市场份额日渐减小。

各企业均在想方设法地通过不同途径、采用各种方式抢占市场。许多公司通过不断优化零售网络，提升商品的质与量，为客户提供标准化、专业化和个性化的优质服务，发展自身的服务品牌，提高顾客对企业的信任度，抢夺市场份额。

主动配送是在配送过程整体优化的基础上，依靠物联网大数据的支持，基于对一定市场范围内的需求预测和库存变化的判断，满足消费者的个性化需求，对主动配送网络优化，实现先发货后下单的主动式配送服务。在客户察觉到缺货前，主动将商品配送到客户处，体现了智慧配送的主动性特点。

知识链接

智慧物流配送体系节点

二、智慧配送设备

（一）无人机配送

无人机是一种由动力驱动、机上无人驾驶、可重复使用的航空器的简称。无人机配送一般指无人机快递，即通过利用无线电遥控设备和自备的程序控制装置操纵的无人驾驶的低空飞行器运载包裹，并自动送达目的地，如图 6-3-1 所示。

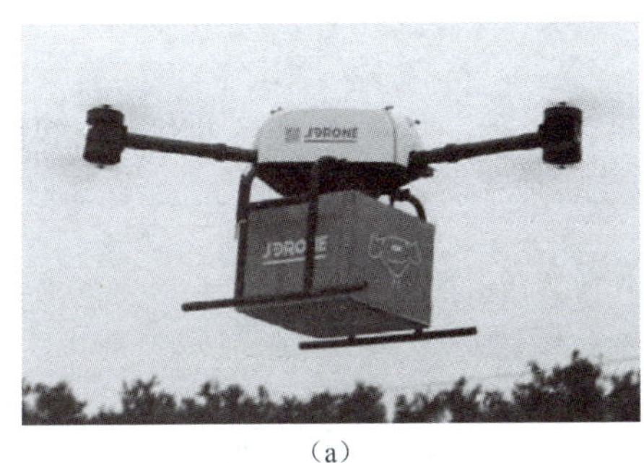

（a）

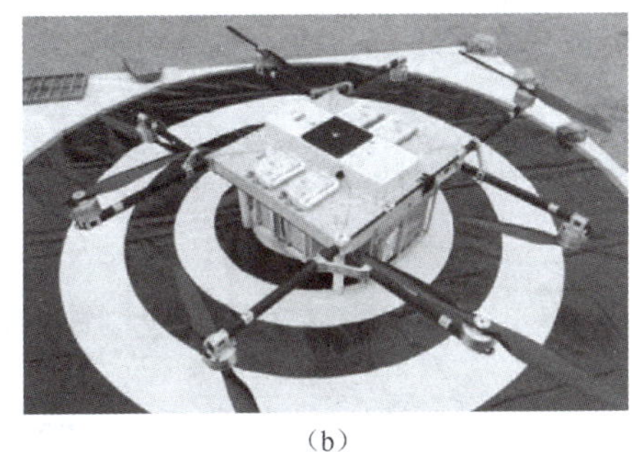

（b）

图 6-3-1　无人机配送

1. 无人机在智慧配送中发挥的作用

①克服环境对配送的限制，具有空间优势。无人机技术可以进行精准定位，智慧配送使用无人机作为配送设备，具有更强的技术优势。无人机配送很好地解决了此前传统配送困难地区，如农村、山区及市中心等区域的货物送达问题。

②灵活性强，时间成本较低，具有时间优势。智慧配送中使用的无人机体型较小，载货量较低，因此无人机配送更加灵活，不需花费时间汇总一定数量的订单后再集中配送，减少了客户的等待时间。无人机接到订单后立即执行任务，商品即收即送；同时，无人机的速度较快，可以迅速抵达客户的位置，从而提高消费者的购物体验。

③优化末端配送流程，提升配送效率。智慧配送使用无人机作为配送设备，可以大量减少配

送的中间环节。商品抵达配送站后，无须装车，直接通过智慧分拣系统使用无人机送达消费者处。

④节约人力成本。智慧配送使用无人机作为配送设备，可以节约人力，缓解企业作业压力。用无人机代替人力配送，可以减少企业的人力成本，提升企业的技术水平。

⑤产能协同和运力优化。在科学规划的基础上，综合利用“互联网+无人机”、机器人等技术和方式，能实现产能协同和运力优化。为了处理一些快速交货和连续补货的订单，亚马逊、沃尔玛等企业在建设先进的信息系统、智能仓储系统及优化业务流程的基础上，还规划了智能、高效的无人机城市配送中心（如亚马逊的无人机塔）及“无人机航母”（空中配送基地）等。

2. 无人机配送的关键技术

无人机数据链系统、无人机飞行控制导航系统（飞控）、无人机自主控制技术是实现无人机物流配送最关键的三大技术。

①无人机数据链是飞行器与地面系统联系的纽带，负责完成对无人机的遥控、遥测、跟踪定位和传感器传输。它是一个多模式的智能通信系统，能够感知其工作区域的电磁环境特征，并根据环境特征和通信要求，实时动态调整通信系统工作参数，达到可靠通信的目的。这项技术是满足未来无人机物流配送的关键支撑。随着机载传感器、定位的精准程度和执行任务的复杂程度不断加大，未来在全天候执行任务中，可能还将出现激光通信方式。

②飞控是无人机完成起飞、空中飞行、执行任务和返场回收等整个飞行过程的核心系统，相当于驾驶员。导航系统向无人机提供参考坐标系的位置、速度、飞行姿态，引导无人机按照指定航线飞行，相当于有人机系统中的领航员。

③无人机自主控制技术包括态势感知技术、规划与协同技术、自主决策技术等方面。这套系统通过获取各种信息，让设备自主地对任务环境进行建模，包括对三维环境特征的提取、态势的评估等，从而实现路径规划和协同控制。

（二）机器人配送

无人配送车又称机器人配送，是指基于移动平台技术、GPS、智能感知技术、智能语音技术、网络通信技术和智能算法等技术，具备感知、定位、移动、交互等能力，能够根据用户需求收取、运送和投递物品，完成配送活动的机器人，如图 6-3-2 所示。

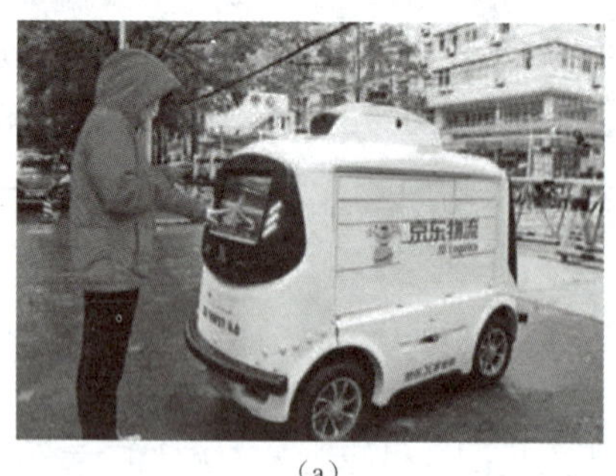

（a）

（b）

图 6-3-2 无人配送车

在进行配送前，用户可以与无人配送车预约配送的时间、地点与物品，无人配送车会协同工作，自动进行包裹的分配和运行路径的规划。通过内建的导航系统，它能在无人干预的情况下实现自主定位导航。此外，机器人配送车还具备多种智能功能，例如，乘坐电梯、识别行人车辆等动态障碍物，预判它们的运行轨迹并进行动态避障；自动实时监控机器人正在运送的包裹，既能在包裹被盗时进行报警，也能在包裹被误取时进行提醒。

1. 无人配送车在智慧配送中发挥的作用

①提高配送效率。无人配送车可以实现全天候、全时段运行投递，弥补人工投递的不足，提高配送效率，特别是针对零星小批量订单，更具优势，能够把配送员解放出来，让更多的配送员服务订单量大的区域，从而满足消费者对于速度、个性化服务等高质量的需求，缓解巨大的配送压力。

②实现无接触配送。通过无人配送，减少人与人的接触。无人配送特别适用于特殊危险环境及特殊情况下（如疫情）的货物配送。

③提升用户体验。无人配送车与用户的沟通交流更具智能化，能够更好地满足用户的需求；同时，在一定程度上也能满足部分用户"求鲜"的心理，提升部分用户的收货体验。

2. 无人配送车的关键技术

①环境感知。无人配送车以安全第一为标准，配备多个视觉传感器和雷达，通过生成视差图等方式构建三维环境，检测障碍物的大小和距离，控制机器人避障。

②车道保持。通过深度学习算法，可以识别交通标志和车道线，在任何照明状况或天气状况下都可以保证行驶遵守交通规则。

③动态识别。无人配送车能动态识别环境的变化，当探测到原路径无法正常通行时，机器人会立即重新调整、规划路线。

④实施规划。利用在线学习算法，根据线上反馈数据，实时、快速地进行路径调优。

⑤智能避障。通过深度学习，识别环境中的行人、车辆等不同的实体，对动态实体进行准确的轨迹预测，提前进行规避。

知识拓展

无人配送车的能力要求与工作流程

（三）智能快递柜

智能快递柜（见图6-3-3）是指在公共场合，可以通过二维码或者数字密码完成投递和提取快件的自助服务设备。智能快递柜的推行使用，使快递行业的配送业务得到了明显的改进，彻底解决了无人在家、重复投递、收件难等问题，方便了消费者和配送员，同时又规避了物业管理处代收快递的风险，解决了困扰物流行业多年的快递投递及代收难题。

图6-3-3　智能快递柜

1. 智能快递柜的功能

智能快递柜主要的功能有寄件、取件、暂存、广告、监控、照明和语音提示等。

①寄件。寄件是快递柜最基本的功能，主要是方便个人用户。用户只需要选择好快递公司，根据格口大小，把要寄的物品放进快递柜，扫二维码支付快递费用就可以了，配送员在投递快件的时候，看到有物品要寄出，就会通过智能快递柜揽收快件，整个流程简单方便。

②取件。智能快递柜的主要功能之一，它提高了配送效率并节省了用户的时间。通过将快件存入快递柜，配送员一天内可以投递更多快件，用户也可以随时取件。这给双方都带来了便利，也有利于促进消费。

③暂存。用户可以通过智能快递柜完成物品的多次存和取，轻松实现物品交换、库存管理。

④广告。智能快递柜的主柜屏幕在没有人取件或寄件时会放映广告，广告既属于智能快递柜的一项功能，又是其利润来源。

⑤监控、照明和语音提示。每一个智能快递柜的上方都会有一个监控器，可以实时记录寄件人、取件人的时间，这对于解决货物遗失等问题提供了有效的证据。在夜间，快递柜有感应灯照明，还配有语音提示功能，在用户的每一步操作之前，都会有语音提示。

2. 智能快递柜的关键技术

智能快递柜结构分为储物终端、平台管理系统，可以智能取件、智能存件、远程监控、管理信息、发布信息等。内嵌固定式条码扫描器，可读一维、二维条码等信息。取件时，用户可凭手机上收到的取件码，在智能快递柜的扫描窗口刷取，验证成功即可取件。其核心技术包括物联网、智能识别、无线通信等。

三、智慧配送决策

随着技术的进步，可供消费者选择的商品种类增多，客户需求也瞬息万变。为充分适应现有的市场状况，满足客户多维度的物流需求，通过配送服务提升消费者体验，建立智慧配送体系以替代传统的配送模式变得迫切起来。

智慧配送体系由大数据驱动决策、无人机和无人车配送、智慧终端存放三个顺序连接的过程组成。

①基于大数据驱动的智慧配送决策。收集成本、服务、交通等信息，以服务水平最大化、总成本最小化为目标，通过设计模型和优化算法进行求解，对智慧配送区域选取、配送工具选择及路线规划进行决策。

②使用无人机、无人配送车等无人设备进行配送。通过利用遥感技术、自备感应装置和预先设置的行驶方式，使用无人操纵或驾驶的机器运送包裹。其优势主要在于可以配送难度较高、成本较大的偏远或闹市地区，节约人力成本，提高配送效率。

③将商品存放到智慧配送终端。很多商务楼及社区因考虑安全等问题，要求配送人员不能上楼，而智能快递柜这类智慧配送终端通常摆放在楼下物业处，无须过多管理，也不需要人值守。无人机、无人配送车或配送人员将商品存放在智慧配送终端中，消费者可以通过短信取件码等方式取出商品，节省配送成本的同时还便于管理。

智慧配送体系可对配送需求的制订做到及时规划，通过无人技术将商品送达配送终端，达到配送过程的快、精、准。

四、“最后一公里”配送

“最后一公里”配送是指客户通过电子商务途径购物后，购买的物品被配送到配送点，从一个分拣中心，通过一定的运输工具，被送到客户手中，实现门到门的服务。配送的“最后一公里”并不是真正的一公里，而是由于配送距离短被称为“最后一公里”配送。

“最后一公里”虽然属于配送的末端，却具有非常重要的意义。派送环节是配送中物流企业与客户直接接触的环节，客户可以直接从配送人员的言行举止感受企业的文化与形象，这个环节的质量和效率很大程度上影响着客户的满意度。

知识拓展

“最后一公里”配送的意义

改善“最后一公里”配送服务的方法有以下几种。

①自建物流体系。建立独立、完整的物流体系，采取设置地铁自提点、社区自提柜及便利店等方式来弥补“最后一公里”的配送缺陷。前期需要投入高额的成本。

②共同配送，又称为“第三方物流服务”。它是多个客户联合起来共同由一个“第三方物流服务”公司来提供配送服务。当货物进入城市后，物流企业不再单独进行派件，而是由一个专门的配送末端统一配送。其优势在于可以通过规模化的统一配送模式降低物流企业成本，提高物流资源的利用效率。同时，共同配送可以减少物流企业各自进入市区的车辆，能在一定程度上改善城市中心拥堵的交通状况。

③与第三方合作模式。与便利店、商场超市、社区物业、机关学校开展投递服务合作，提供代收包裹服务。投资较少，容易操作，但是需要制订完善的合作方案。

④提高对物流企业的重视程度，加大政策支持。

政府应当颁布更多的关于城市配送的规范，同时对已经存在的规范做更加细致、详尽的规定。可以通过大量的社会调研，制订相关规定，解决“最后一公里”物流企业配送车辆的交通工具限制及进城通行、装卸作业等方面问题，提高快件运输车辆的配送效率。

⑤培养专业物流配送人才。为了促进现代物流行业和城市配送企业的发展，应当加快培养一批具备现代物流知识和业务能力的专业人才。通过不断更新管理理论知识，丰富管理经验，促进城市配送企业与研究咨询机构紧密合作，从而更有效地解决城市配送“最后一公里”物流问题。

学习案例

智慧配送打通快递“最后一公里”

任务实施

公司领导看了智慧配送行业情况的调研报告后，更加坚定向智慧配送转型，于是，让小陈尽快针对本公司物流快递情况给出一份可落地的“最后一公里”智慧配送方案。

步骤一：了解公司物流配送存在的问题

①加盟制网点，制度不完善，管理松散。

②派送人员业务素质差，未受过培训，出现暴力派件、态度差等问题。

③偏远地区配送规划不合理，客户分散，易造成不合理派送情况。

④派件过程中问题件处理不当，如电话打不通、快件丢失破损、地址不详、详情单脱落等情

况处理不及时，受到客户投诉。

步骤二：快递“最后一公里”配送方案设计

1. 派件人员配置设计

派件员在上岗之前，要对其进行专业基础知识和操作技能的培训，如果网点没有培训条件，则可以由上一级分拨中心组织对各网点的新员工进行培训，使其了解相关的知识，熟悉操作技能，能够处理派件中的问题，提高派件效率，提升客户满意度。

2. 派件时间、人员配置方案

派件是十分辛苦的工作，高强度的劳动会消耗派件员的积极性，为了提高配送效率，需要对人员、时间进行合理的配置。对于快递件数少的偏远郊区，每一派送区域采取一人一班制，每天可安排一名派件员进行全天派件，这样可以减少配送里程、节约配送成本；对于派件量大的城区，每一派送区域可以采取两人两班制，利用中午和晚上客户下班在家的时间派送，提高派送成功率，也减少派件员的劳动强度，如表 6-3-1 所示。

表 6-3-1　派件时间、人员配置

派送区域	派件员数	派送时间
偏远郊区	1	8：00—18：00
城区	1	8：00—14：00
城区	1	15：00—21：00

3. 配送路线的方案设计

同一配送区域，既有加急件又有大包裹件和信件时，应该如何规划派送路线？下面举例说明。

如图 6-3-4 所示，A 点为配送中心，B 点有一份文件需要派送，C 点有一单普通货物需要派送，D 点有一单一小时达货物需要派送，E 点有一单高价值货物需要派送。从 A 点到 E 点需要 20 min，从 A 点到 C 点需要 25 min，从 C 点到 E 点需要 25 min，从 E 点到 D 点需要 30 min，从 D 点到 C 点需要 10 min，从 C 点到 B 点需要 10 min，从 A 点到 B 点需要 30 min。派件员如何规划路线才能及时高效地完成快件派送呢？快件派送的原则是优先派送价值高的、有时效性的快件，其他货物则按照最优路线进行派送。由于 E 点有一单高价值货物需要优先派送，时长 20 min，再派送 D 点的快件，时长共 50 min，小于 1 h。其他快件则按最短路径的方案来派送。所以规划其配送路线为 A→E→D→C→B。

此案例是针对具有不同要求快件的路线规划。对于街道两旁都有普通快件派送的客户，需规划路线来提高派送效率，应根据快件数量、客户分布、车流量、人流量和街道情况等设计最优派送路线。

如图 6-3-5 所示，“之”字形行走路线是指派送快件时沿路的两侧穿梭行走，适用于街道狭窄，派件数量少，行人、车辆也稀少的街道情况。单侧行走路线是指派送快件时靠路的一侧行走，适用于街道较宽、房屋集中，派件数量多且行人、车辆稠密的街道情况。如果街道有明显不同的派送段，则可采用两种路线相结合的方法。

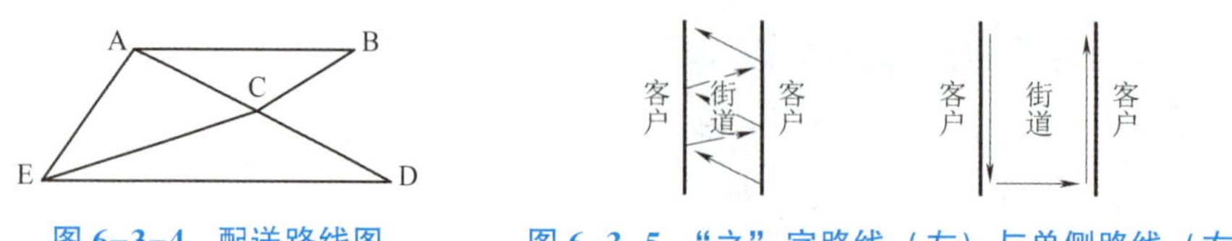

图 6-3-4　配送路线图　　图 6-3-5　“之”字路线（左）与单侧路线（右）

4. 问题件的处理方案设计

在配送过程中会发生各种问题，如果能及时解决，不仅会减少客户的投诉，而且还会提高客户的满意度，树立企业的良好形象。当派送过程中遇到如下问题时，设计相应处理方案：①客户搬迁、客户离职，通过张贴或他人告知的新址联系收货人；②无法联系收货人，根据新址试送；③客户外出，个人快件请他人代收，单位快件则再次派送；④客户拒收、拒付，退回网点，等待协商处理；⑤无着落快件，从物品中获取收件人信息，钱款上交银行，金银、货币上交国库，证件上交发证机关，证券寄往发行机构；⑥突遇交通堵塞、事故，改走其他路线，上报营业网点；交通事故，通知网点和收件人，并拨打 110 和 120。

步骤三：形成方案报告，汇报给上级

得出一套智慧快递“最后一公里”配送方案后，小陈立刻进行整理，并向上级汇报。

素养园地

美团自动配送车——助力抗疫“最后一公里”配送难题

“十三五”时期，我国综合交通运输体系建设取得了历史性成就，基本能够适应经济社会发展要求，人民获得感和满意度明显提升，为取得脱贫攻坚全面胜利、实现第一个百年奋斗目标提供了基础保障。进入新时期，《“十四五”现代流通体系建设规划》提出“推进城际干线运输和城市末端配送有机衔接”，把末端“最后一公里”网络服务能力提升到建设现代物流体系的重要地位。

即时配送通过打通城市末端“最后一公里”，提高了城市应急保供能力，增强了城市发展韧性。2022 年 4 月，上海首先出现疫情，美团从北京连夜调入上海一批自动配送车，助力当时上海社区抗疫中“最后一公里”的配送难题，让上海市民更快更安全地收到防疫物资。美团自动配送车参与了上海瑞金医院、复旦大学等 15 个社区的抗疫保供工作，为社区居民、医院医护人员等配送生鲜果蔬、外卖餐食等生活物资，同时参与了医院内部核酸检测样本、医护物资等货品的配送工作。美团自动配送车在上海抗疫保供中大大降低了一线志愿者的配送压力。

就如《“十四五”现代流通体系建设规划》中提出的创新驱动，深化改革。注重新科技深度赋能应用，提升交通运输数字化、智能化发展水平，破除制约交通运输高质量发展的体制、机制障碍，推动交通运输市场统一开放、有序竞争，促进交通运输提效能、扩功能、增动能。

课后习题

智慧配送

项目评价

<table>
<tr><td colspan="4">知识巩固与技能提高（40分）</td><td>得分：</td></tr>
<tr><td colspan="5">计分标准：任务课后习题得分=2×单选题正确个数+3×多选题与填空题正确个数+1×判断题正确个数+5×简答题正确个数
得分=项目任务课后习题得分总和/任务数量</td></tr>
<tr><td colspan="4">学生自评（20分）</td><td>得分：</td></tr>
<tr><td colspan="5">计分标准：初始分=2×A的个数+1×B的个数+0×C的个数
得分=初始分/24×20</td></tr>
<tr><td>专业能力</td><td>评价指标</td><td>自测结果</td><td colspan="2">要求
（A掌握；B基本掌握；C未掌握）</td></tr>
<tr><td>掌握配送作业计划的制订</td><td>1. 配送作业计划的编制；
2. 车辆调度；
3. 配送路线的优化</td><td>A□ B□ C□
A□ B□ C□
A□ B□ C□</td><td colspan="2">了解配送主要流程和模式，熟悉配送路线优化的方法，具备正确制订配送作业计划的能力，能合理优化配送线路</td></tr>
<tr><td>熟悉配送作业执行的流程</td><td>1. 配载装车作业；
2. 货物送达；
3. 退货处理</td><td>A□ B□ C□
A□ B□ C□
A□ B□ C□</td><td colspan="2">熟悉配送积载的概念及影响配送车辆积载的因素，能正确执行货物送达，符合送达服务要求，掌握退货处理的流程</td></tr>
<tr><td>了解智慧配送</td><td>1. 智慧配送概述；
2. 智慧配送设备；
3. 智慧配送决策；
4. “最后一公里”配送</td><td>A□ B□ C□
A□ B□ C□
A□ B□ C□
A□ B□ C□</td><td colspan="2">在理解智慧配送的基础上，了解智慧配送体系的组成及其中的关键技术，具备改善“最后一公里”配送服务的能力</td></tr>
<tr><td>职业道德思想意识</td><td>1. 精益求精、脚踏实地；
2. 总结归纳、提取经验</td><td>A□ B□ C□
A□ B□ C□</td><td colspan="2">保持务实的态度，不断总结经验并归纳提炼，以便更好应对未来的挑战</td></tr>
<tr><td colspan="4">小组评价（20分）</td><td>得分：</td></tr>
<tr><td colspan="5">计分标准：得分=10×A的个数+5×B的个数+3×C的个数</td></tr>
<tr><td>团队合作</td><td>A□ B□ C□</td><td>沟通能力</td><td colspan="2">A□ B□ C□</td></tr>
<tr><td colspan="4">教师评价（20分）</td><td>得分：</td></tr>
<tr><td>教师评语</td><td colspan="4"></td></tr>
<tr><td>总成绩</td><td></td><td>教师签字</td><td colspan="2"></td></tr>
</table>

项目七 供应链库存控制管理

项目概述

如何建立有效的库存控制方法，体现供应链管理的思想，是供应链库存管理的重要内容。通过预测库存需求、优化库存控制的实施方法，掌握库存管理策略，优化供应链库存管理思想和方法，达到提高供应链库存管理效益的目的。

项目导航

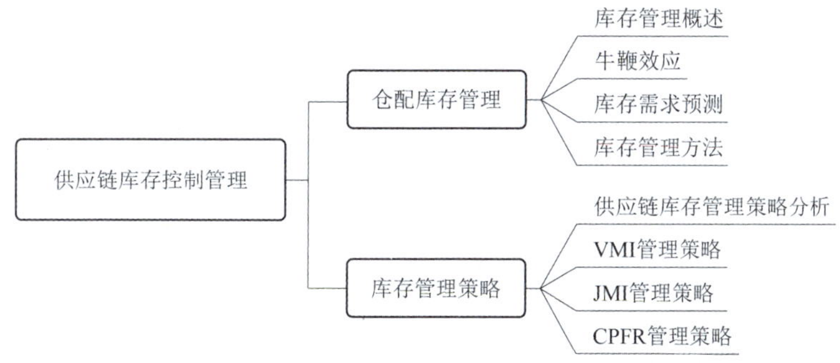

学习目标

知识目标：

了解库存控制的制约因素；

了解牛鞭效应；

掌握库存控制的方法；

掌握库存管理策略分析方法。

技能目标：

掌握库存需求预测的方法；

能够运用库存控制的方法优化库存；

掌握 VMI 的实施方法；

掌握 JMI 的实施方法；

掌握 CPFR 的实施方法。

素养目标：

培养学生的库存控制管理意识；

培养节约库存成本意识；

培养学生预测、决策、分析的能力。

任务一　仓配库存管理

任务导入

小陈到 A 供应链公司实习，发现 A 供应链公司信息流从最终客户端向原始供应商端传递时，无法有效地实现信息共享，使得信息扭曲并逐级放大，导致需求信息出现越来越大的波动。小陈应该使用哪种方法分析解决存在的问题呢？

一、库存管理概述

库存管理的基本任务是按照市场需求和企业目标，确定企业的订货量、订货时间、库存结构、库存量。进行库存管理，要有效控制库存量，尽可能避免缺货、库存过剩和额外增加库存成本等现象。

（一）库存的含义

库存（inventory 或 stock）是为了满足未来需要而暂时闲置的资源，多指处于储存状态的货物。广义的库存还包括处于制造加工状态和运输状态的物品。企业库存量过少会导致缺货，破坏供应链整体运作系统，使企业市场份额不断被挤压，无法获得更多利润；社会存货不足会直接导致物资匮乏，使消费者整体需求得不到满足。仓储物资会产生保管成本，货损也会造成库存风险。

知识链接

仓储管理和库存管理的区别和联系

（二）库存类型

从生产过程的角度划分，库存可分为原材料库存、零部件及半成品库存、成品库存三类。

根据存货状态分为狭义的静态库存与广义的动态库存。静态库存是长期或暂时处于储存状态的存货。广义的动态库存除了涵盖静态库存，还包含正处于加工或流通状态的物品。

基于生产经营活动，对库存进行以下分类。

1. 周期库存

周期库存（cycle inventory）是指用于销售或生产过程中的库存补给而产生的库存，这种库存是为了满足确定情况下的需求，即企业可以预测需求和补货周期。

例：某产品每天销售 20 单位，随着每日的销售，库存量不断减少，提前期总是 10 天，且在周期库存之外不再需要其他库存。那么，每当库存低于一定量，到达采购点，就需要重新订货，增加库存量，并依据特定原则循环进行。需求和提前期稳定情况下的库存水平如图 7-1-1 所示。

2. 在途库存

在途库存（transit inventory）是指从一个点到另一个点的路途上的货物，又称中转库存。虽然暂时无法使用这部分在途物资，但仍可将其看作库存的一部分。计算库存持有成本时，在途库存应被视为原装地的库存，因其暂时不能被使用、销售或再装运。

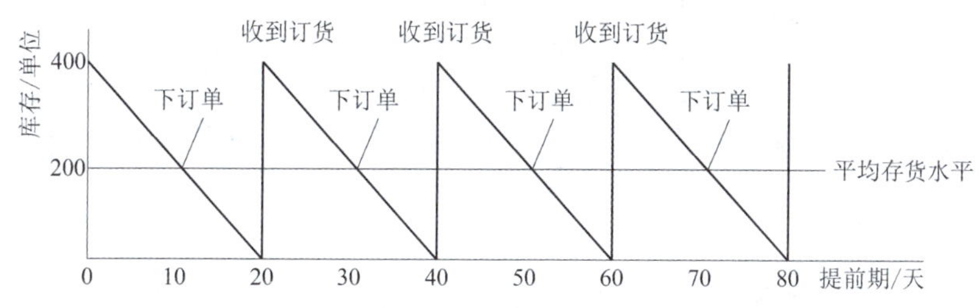

图 7-1-1　需求和提前期稳定情况下的库存水平

3. 安全库存

安全库存（safety or buffer inventory）是指尽可能避免因为不确定因素（如突发性大量订货或供应商延期交货）影响订货需求而形成的，在基本库存之外额外保有的缓冲库存。为有效适应不断改变的市场需求或订货提前期，采购点的平均库存应是安全库存与一半的订货量之和。

4. 季节性库存

季节性库存（seasonal inventory）是指为了满足特定季节中出现的特定需求而建立的库存，或是对季节性货物在出产的季节大量收储而建立的库存。

5. 投机库存

投机库存（speculative inventory）即增值库存，是为满足除正常需求之外的原因而准备的库存。例如，预测出商品市场价格将上升，为消除这种因价格上升带来的损失或为从中获取利润而增加产品库存；为批量折扣购买多于需求的材料；其他原因如罢工、水灾、火灾、地震等突发因素造成的供不应求。

6. 呆滞库存

呆滞库存（dead inventory）是指已有一段时间没有市场需求的滞销货物积压库存、超额仓储的库存、因货物品质变坏或损坏造成的库存。

（三）库存控制制约因素

企业的生产在不断地消耗库存，但企业又不断地购进物资补充库存，所以企业的库存量总处于不断变化的状态，如何在保证生产的前提下，尽量减少库存积压，是库存控制的核心。

库存控制的目标是企业在现有资源的约束下，以最低的库存成本满足预期需求。库存控制的基本原则：确定相邻两次订货的间隔时间，确定每次订货的订货批量，确定每次订货的提前期，满足用户需求的服务水平。

库存控制是受许多环境条件制约的，库存控制系统内部也存在“交替损益”现象，这些制约因素可以影响控制水平，乃至决定控制的成败。库存控制的主要制约因素如下。

1. 需求的不确定性

在许多因素影响下，需求可能是不确定的，例如，突发的热销造成的需求突增等，会使库存控制受到影响。

2. 订货周期

一个客户从发出订单至收到货物的时间，称为订货提前期；对于供货方，这段时间称为订货周期。这是购销双方对同一时间的不同称呼。

订货周期是指两次订货的时间间隔或订货合同中规定的两次进货之间的时间间隔，也就是从收到订货单到将所订货物发运出去的时间间隔。订货周期的长短直接决定了库存量的多少，库存水平的高低，因而也就决定了库存费用的多少。订货周期偏长，库存水平过高；订货周期过短，订货批次增多，从而增加了订货费用。对于供货方而言，客户订货周期的缩短标志着企业销售物流管理水平的提高。

3. 运输

运输的不稳定性和不确定性必然会制约库存控制，这种制约因素包括运输距离、运输条件和运输工具等。

4. 资金

资金的短缺、资本运营不良等，会使预想的控制方法落空。因而，是否具有一个良好的资金管理方式也是一个制约因素。

5. 管理水平

管理和信息一样，也是一般要素，库存控制系统并不是靠一条流水线、一种高新技术等硬件系统的支持，而是靠管理。如果管理水平达不到控制的要求，则控制必然无法实现。

6. 价格和成本

库存控制是建立在一定的成本基础上的，因此价格和成本成为库存控制中的一项制约因素。

二、牛鞭效应

（一）牛鞭效应概述

牛鞭效应是经济意义上的术语，是市场营销中的一种现象。它是指供应链中需求变化被放大的现象。由于信息在其流动的过程中无法真实有效地共享，进而被一步步扭曲放大，并由此导致客户需求信息发生变化。如图 7-1-2 所示，当信息从左到右逐步完成传递后，供应商的需求信息波动越来越大，这就是需求信息失真的放大效应，其在图形上的反映形似一个甩起的牛鞭，故称为牛鞭效应。

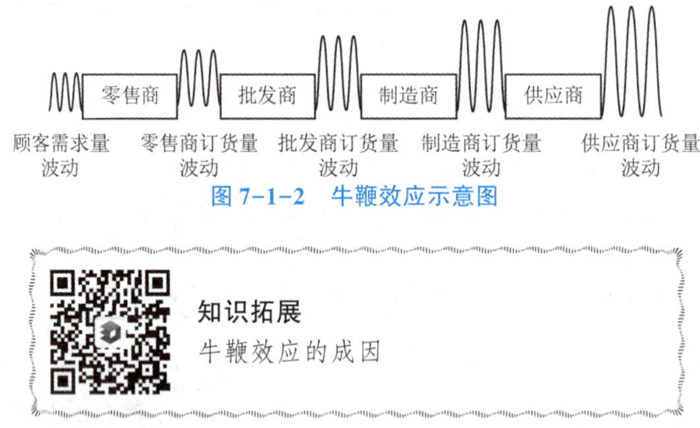

图 7-1-2　牛鞭效应示意图

知识拓展

牛鞭效应的成因

（二）牛鞭效应控制方法及管理策略

1. 实现信息共享，加强供应链中各成员之间的合作

供应链上各成员之间高质量的信息传递与共享，是供应链得以整体顺畅运作的根本保障。供应链上每个环节的各种信息都能真实地与其他环节进行实时交流与共享，这样就能够有效规避需求信息失真的现象，弱化了因需求信息被扭曲和被放大而产生的牛鞭效应。

2. 供应链层级结构合理精炼

在合理的条件下缩短供应链的链条长度，减少供应链的管理幅度，尽量使供应链层级结构合理、精炼，这样供应链中的信息被加工的次数相对减少，信息被扭曲的现象就能得到一定程度的减少。

3. 数量与价格的柔性化设计

有学者提出在签订合同时采用采购承诺或数量弹性条款，如客户在履行合同初期承诺采购一定数量或一定范围的货物时，供应商提供一定的优惠条件。其目的是让双方共同承担风险或共同分享利益，促使客户仔细预测需求和计划订单数量。

4. 规避短缺博弈

当制造商的生产能力有限，暂时不能满足客户潜在的需求时，可以将客户的历史订货信息、以往的销售记录、退货数据等作为限额供应的依据，而不是简单地依据客户上报的订货量进行限额配给。此外，还可以针对客户的退货行为采取适当的惩罚措施，以此规避客户的短缺博弈行为。

5. 建立快速响应系统，缩短订货提前期

由于订货提前期存在不确定性，因此下游企业会在需求预测上存在很大程度的误差。充分利用信息技术支持的快速响应系统，有利于减小预测误差，弱化牛鞭效应的负面影响。

6. 库存管理的改进与优化

企业运作中的传统库存管理都是互相独立的，由于各企业的库存控制策略不同，会不可避免地产生需求扭曲。要想改变这种现状，必须对库存管理改进与优化。一是供应商管理库存（vendor managed inventory，VMI），这是一种供应链一体化运作的决策代理模式。它将用户的库存决策权转移给供应商，供应商代表用户行使库存决策权。二是联合库存管理（jointly managed inventory，JMI），这是一种风险分担的库存管理模式。供应链中的每个库存经理相互协调，供应链中相邻需求的确定性，是供需双方协调的结果。三是多层次库存优化与控制，这是一项联邦供应链库存管理策略，可用于优化和控制整个供应链。

三、库存需求预测

（一）库存需求预测概述

1. 需求预测的定义

需求预测，即对未来市场需求的预估。通过预测未来某一时段内客户对于产品的需求，企业可以通过提前购买原材料、安排生产活动，来应对客户的需求变化。因此，预测的准确性，直接影响了企业的生产计划、库存水平和客户满意度。

2. 需求预测的组成

需求预测被设定为被考察需求，而被考察需求由系统需求和随机需求构成，具体如图 7-1-3 所示。其中，系统需求衡量期望的需求价值，由需求水平、需求趋势和季节性需求三部分构成，具体如图 7-1-4 所示。

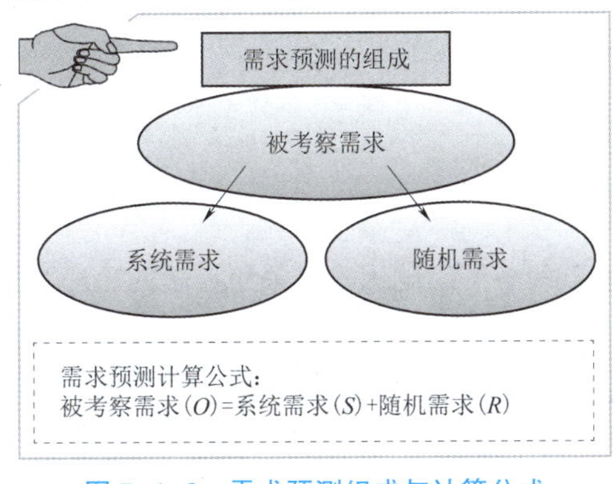

图 7-1-3　需求预测组成与计算公式

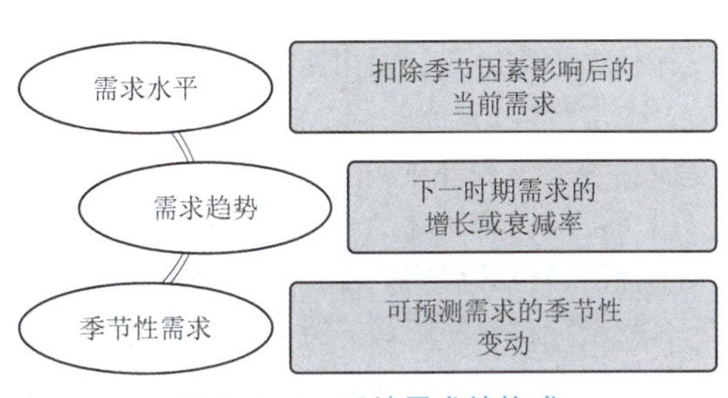

图 7-1-4　系统需求的构成

3. 影响需求预测的因素

需求预测的数据通常都存在一定的误差，影响需求预测的因素如图 7-1-5 所示。

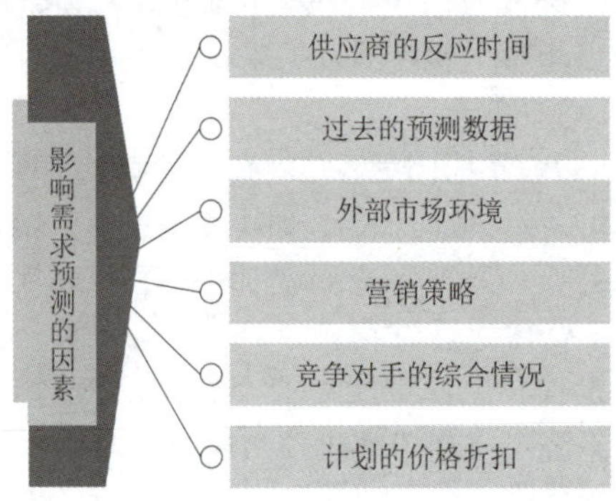

图 7-1-5　影响需求预测的因素

（二）需求预测应考虑的问题

为了让需求预测在供应链管理中发挥最大效用，进行需求预测时应做好全方位的考虑，如图 7-1-6 所示。

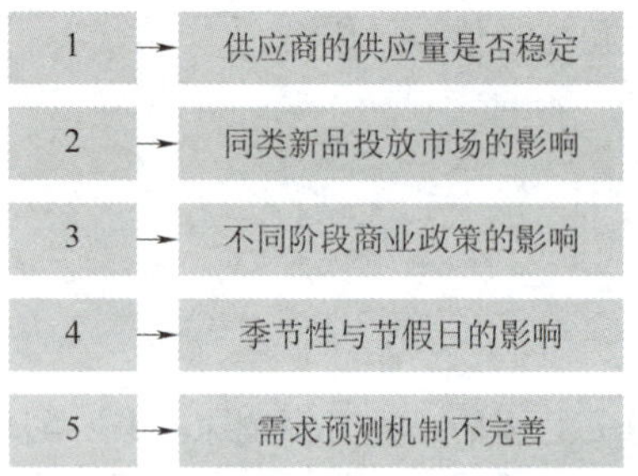

图 7-1-6　供应链需求预测应考虑的问题

（三）库存需求预测过程和步骤

1. 库存需求预测的过程

库存需求预测过程是一个系统工程，预测的技术和方法很多，各自的实施程序也不尽相同，但一般情况而言，预测过程如下。

①输入有关库存需求的数据资料。

②通过各种预测技术方法的应用，处理各种需求数据资料。

③根据预测结果，输出所需要预测的数据。

2. 库存需求预测步骤

库存需求预测旨在利用历史数据，结合实际情景下的各种影响因素，采用科学的手段与方法提出尽可能符合实际的未来需求目标，其步骤如图 7-1-7 所示。

①预测目标的确定。即预测的准确性与时间性，要明确库存需求预测需达到的效果。

②数据资料搜集整理。进行库存需求预测时必须有充足的数据与相关资料的支撑，根据需求预测目标的不同，将搜集的数据、资料进行分析、整理、汇总，并删除无用的或可信度不高的数据、资料，避免这些数据、资料对预测结果的精确度造成影响。

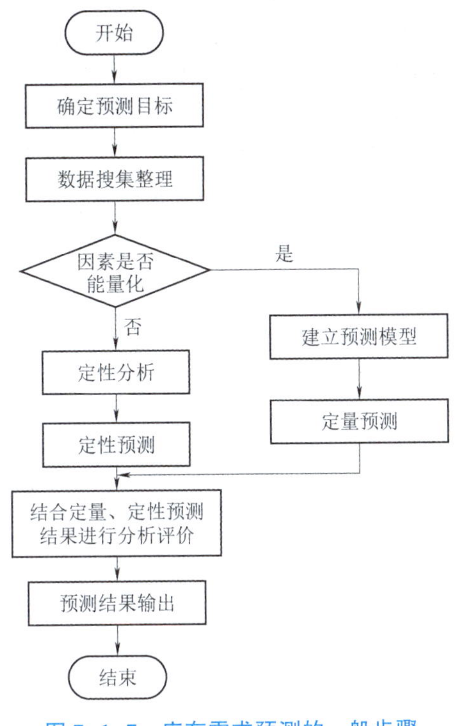

图 7-1-7　库存需求预测的一般步骤

③预测方法的选择。预测方法的选择要遵循预测目标。一般而言，在搜集的数据和资料较少、时间紧迫、对预测结果准确度要求较低的情况下，选用定性预测的方法；在有充足的数据和资料支撑、时间宽裕且要求预测结果准确度较高的情况下，选用定量预测的方法。

④建立预测模型。定性预测方法一般通过简单的计算便可得到预测结果。定量预测时则要建立可靠的数学模型，用数学模型抽象地描述需求与各影响因素的相互联系，输入数据，得出预测结果。

⑤结果分析与评价。通过库存需求预测过程得出的预测结果只是初步的结果，还要加以分析评价，判断预测结果的完整性和合理性。若不合理，则应改变预测方案。

⑥预测结果输出。将通过完整性、合理性检验的预测结果输出。

（四）库存预测方法

1. 定性预测方法

定性预测方法是指具有丰富经验和综合分析能力的人员与专家依据其熟悉的业务知识，根据已掌握的历史资料和直观材料，运用个人的经验和分析判断能力，对库存的未来发展作出性质和程度上的判断，再通过一定方式综合各方面的意见，作为预测未来库存的主要依据。定性预测方法在市场活动中被广泛使用，特别适合于对预测对象的数据、资料（包括历史的和现实的）掌握不充分，或影响因素复杂、难以用数字描述，或对主要影响因素难以进行数量分析等情况。

2. 定量预测方法

定量预测方法就是用已经掌握的历史资料作为基础，建立适当的数学模型，对未来的事物进行测算的方法，其特点是有明显的数量概念，侧重研究测算对象的发展过程（包括数量、时间、相关因素的比值、发展过程等）。

定量预测方法基于这样一个前提假设，即存在一种基本模型，这种基本模型以历史数据为依据，并能用数量来表示，且各种变量的历史数据存在着两种关系：一是随时间发生变化的一种或数种模式；二是两个或更多的变量之间的某种因果关系。这两种关系反映在预测技术上，就是常用的时间序列分析法和线性回归分析法。

定性预测与定量预测的差异如表 7-1-1 所示。

表 7-1-1 定性预测与定量预测的差异

区别	定性预测	定量预测
问题	询问宽泛的、开放性的问题	询问特定的、封闭式的问题
资料获取	通过观察和访谈获取，从文本、图像和视频资料获取	从直接参与者中获取，通过实地测量、调研获取
注重点	专注于经验、观点、感觉和知识	专注于测量、调研、比较和概括
方法	通过现场访谈或记录进行分析	通过假设、模型和统计进行分析
结果	结果一般为经验性的观点，抽象地判断趋势	结果一般具体到数值，是具体的、客观的数据

四、库存管理方法

（一）ABC 分类法

1. ABC 分类法概述

ABC 分类法，全称为 ABC 分类库存控制法，又称物资重点管理法。其基本原理是将库存物资按重要程度分为特别重要的库存（A 类）、一般重要的库存（B 类）和不重要的库存（C 类）三个等级，然后针对不同等级分别进行管理和控制。

当企业存货品种繁多、单价高低相差悬殊、存量多寡不等时，使用 ABC 分类法可以分清主次、抓住重点、区别对待，使存货控制更方便有效。

2. ABC 分类法的划分

ABC 类别的划分，并没有一个固定的标准。三类划分的界限应视不同的具体情况而定，如图 7-1-8 所示。

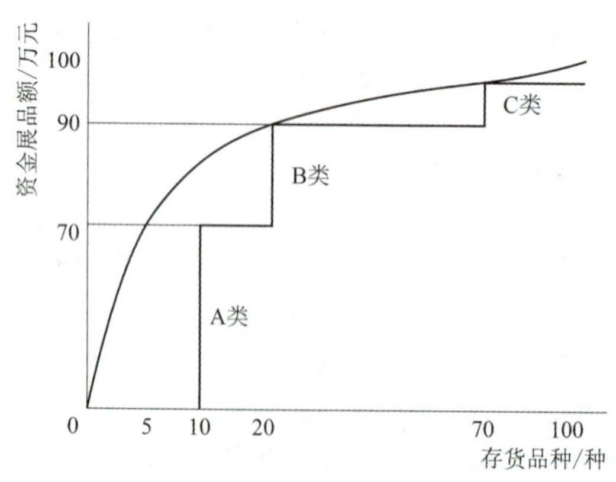

图 7-1-8 货品管理的 ABC 分类法示例图

A 类货品：品种比例在 10%左右，占比很小；但年消耗的资金金额比例约为 70%，比例较大，是重要的少数，应列为物资管理的重点对象，实行定期订购的控制方式，对库存盘点、来料期限、领发料等要严格要求。

B 类货品：品种比例在 20%左右；年消耗的资金金额比例约为 20%，品种比例与金额比例基本持平，常规管理即可。企业可根据自己物资管理的能力和水平，选择综合或连续、定期的控制方法。

C 类货品：品种比例在 70%左右，占比很大；但年消耗的资金金额比例在 10%左右，此类物品数量多，占用了大量管理成本，但年消耗的资金金额很小，定为物资管理的一般对象，采用比较粗放的管理方法，即定量订购的控制方式，可以适当加大保险储备量。表 7-1-2 总结出了 ABC 分类法的关键要点。

表 7-1-2 ABC 分类法的关键要点

管理级别	消耗定额的方法	检查	统计	控制	安全库存量	是否允许缺货
A 类货品	技术计算	每天检查	详细统计	严格控制	较低	不允许
B 类货品	现场核定	每周检查	一般统计	一般控制	较高	允许少次数内
C 类货品	经验估算	季度、年度检查	按金额统计	按金额总量控制	较高	允许一定范围内

应用 ABC 分类法需要注意的是，采用单一分类指标（如资金占用额）划分类别有时会导致分类不合理。例如，有些 B 类、C 类库存品尽管占用金额不高，但是对生产影响大，且采购周期较长，这类库存品按重要性程度也应归为 A 类重点管控。因此，在实际应用 ABC 分类时应兼顾多种因素，灵活掌握。

知识拓展

ABC 分类管理法实施步骤

（二）经济订货批量模型

经济订货批量（economic order quantity，EOQ）模型，又称整批间隔进货模型，是固定订货批量模型的一种，可以用来确定企业一次订货（外购或自制）的数量。当企业按照经济订货批量来订货时，可实现订货成本和库存成本之和最小化。

经济订货批量模型是目前大多数企业最常采用的货物订购方式。该模型适用于整批间隔进货、不允许缺货的库存情况，即某种物资单位时间的需求量为常数 D，库存量以单位时间消耗数量 D 的速度逐渐下降，经过时间 T 后，库存量下降到零，此时开始订货并随即到货，库存量由零上升为最高库存量 Q，然后开始下一个库存周期，形成多周期库存模型。

知识拓展

经济订货批量基本模型、公式及示例

（三）MRP 库存控制法

1. MRP 库存控制法概述

（1）含义。

物料需求计划（material requirement planning，MRP）库存控制法，是指根据主生产计划（master product schedule，MPS）、物料清单（bill of materials，BOM）、库存余额等对每种物料进

行计算，并算出何时将会发生物料短缺，以最小库存量来满足需求、避免物料短缺的方法。

MRP 被设计并应用于制造业库存管理信息处理系统，解决了如何实现制造业库存管理目标——在正确时间按正确数量得到所需物料的难题。

（2）MRP 库存控制法基本构成。

通过 MRP 的处理逻辑，可以看出 MRP 涉及三个输入信息：主生产计划、物料清单和库存状态文件，其原理如图 7-1-9 所示。

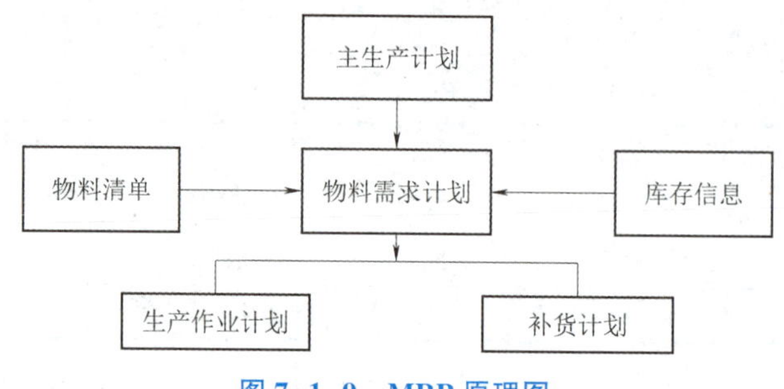

图 7-1-9 MRP 原理图

①主生产计划。确定每一具体的产品在每一具体时间段内生产数量的计划。

②产品结构与物料清单。要想 MRP 系统正确计算出物料需求的时间和数量，特别是相关物料需求的数量和时间，首先要让系统知道企业所制造的产品结构和所有使用到的物料。

③库存信息。库存信息是保存企业所有产品、零部件、在制品、原材料等存在状态的数据库。在 MRP 系统中，将产品、零部件、在制品、原材料甚至工装工具等统称为物料或项目。为便于计算机识别，必须对物料进行编码。物料编码是 MRP 系统识别物料的唯一标识。

2. MRP 库存控制法实施步骤

MRP 库存控制法实施步骤如图 7-1-10 所示。

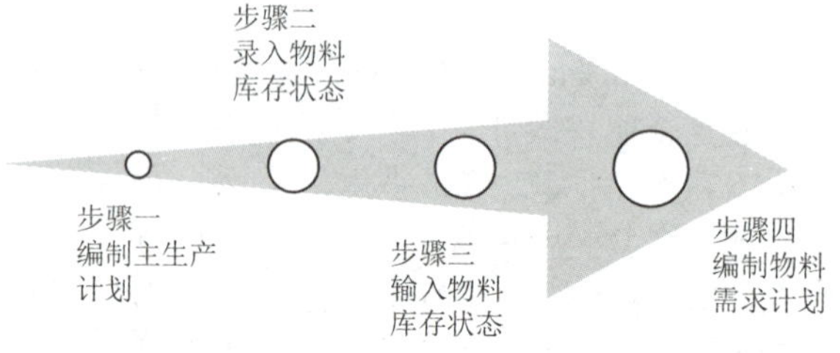

图 7-1-10 MRP 库存控制法实施步骤

步骤一：编制主生产计划

生产部根据产品实际需求量和需求时间，确定产品生产计划。产品生产计划的计划周期须长于最长的产品生产周期，以确保顺利制订物料投入计划。

步骤二：录入物料库存状态

生产部应提供产品的物料分解结构清单，并据此编制物料清单表，物料清单表需包括产品项目结构层次及制成最终产品各个阶段的先后顺序，并应及时录入 MRP 系统中。

步骤三：输入物料库存状态

仓储部负责向生产部提供物料实时存储状态和数量，提供的数据包括物料现有存储量、预计到货量、最低安全库存量等。

步骤四：编制 MRP

物料控制人员根据各种资料计算出物料的净需求量和需求时间，根据采购前置期（即发出订单到物料入库之间的时间）和交货期确定采购时间，编制 MRP。

学习案例

京凯公司成功实施 MRP

（四）JIT 库存管理法

JIT 管理是指在精确计算生产制造各工艺环节作业效率的前提下，准确地计划物料供应量和供应时间的生产管理模式。其核心思想是“只在需要的时候，按照需要的数量，生产需要的产品”。零库存和零缺陷是 JIT 库存管理法追求的目标。

JIT 库存管理法以顾客（市场）为中心，根据市场需求来组织生产。JIT 是一种倒拉式管理，即逆着生产工序，从顾客需求开始，按照订单→产成品→组件→配件→零件或原材料的顺序，最后到供应商。具体来说，就是企业根据顾客的订单组织生产，根据订单要求的产品数量，前道工序就应该提供相应数量的组件，更前一道工序就应该提供相应的配件，再前一道工序提供需要的零件或原材料（由供应商保证供应）。整个生产是动态的、逐步向前推进的。上道工序提供的正好是下道工序所需要的，且时间上正好（准时），数量上正好，也就是零库存。

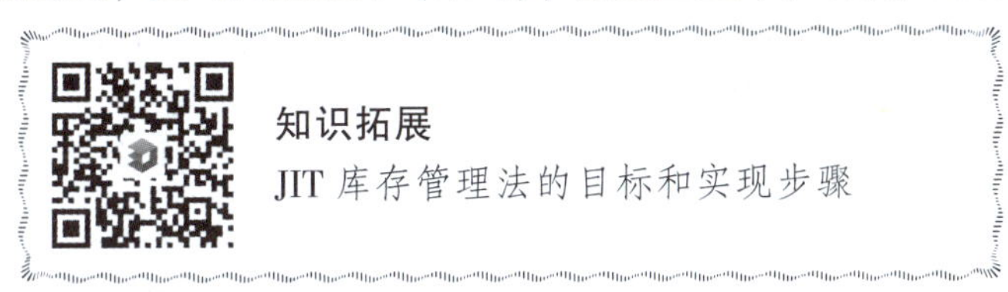

知识拓展

JIT 库存管理法的目标和实现步骤

（五）定量订货法和定期订货法

1. 定量订货法

（1）定量订货法的含义。

定量订货法是指当库存量下降到预定的最低库存量（订货点）时，按规定数量（一般以 EOQ 为标准）进行订货补充的一种库存控制方法，如图 7-1-11 所示。

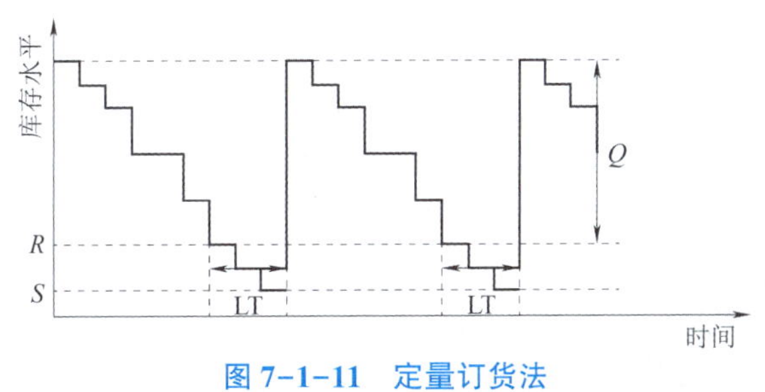

图 7-1-11　定量订货法

（2）定量订货法的基本原理及实施步骤。

当库存量下降到订货点 R 时，即按预先确定的订货批量 Q 发出订货单，经过交纳周期（订货至收货间隔时间）LT，库存量继续下降，当到达安全库存量 S 时，收到订货批量 Q，库存水平上升。

该方法主要靠控制订货点 R 和订货批量 Q 两个参数来控制订货，达到既能最好地满足库存需求，又能使总费用最低的目的。在库存需求固定、库存量变化周期均匀和订货交纳周期不变的条件下，订货点 R 由下式确定

$$R=\mathrm{LT}\times D/365+S$$

式中，D 是每年的需要量。

订货批量的确定依据条件不同，可以有多种方法。订货批量是一次订货的货物数量。订货批量取决于：①需求速率的高低，②经营费用的高低。

定量订货法的实施步骤如图 7-1-12 所示。

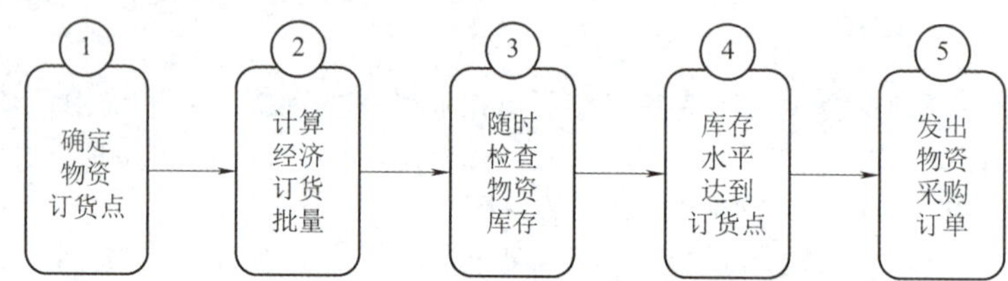

图 7-1-12　定量订货法的实施步骤

2. 定期订货法

定期订货法是按预先确定的订货时间间隔按期进行订货，来补充库存的一种库存控制方法。

其决策思路是每隔一个固定的时间周期检查库存项目的储备量。根据盘点结果与预定目标库存水平的差额确定每次订购批量。这里假设需求随机变化，因此，每次盘点时的储备量都是不相等的，为达到目标库存水平 Q_0 而需要补充的数量也随之变化。定期定货法的决策变量应是检查时间周期 T、目标库存水平 Q_0。定期定货法周期性检查方式如图 7-1-13 所示。

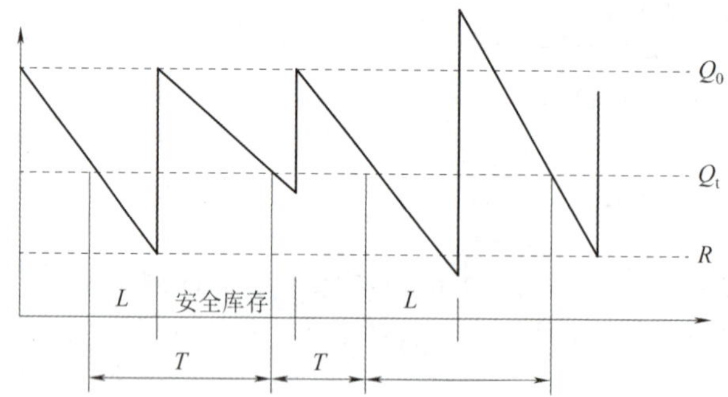

注：安全库存（Safety Stock，SS）又称为安全存储量、保险库存，是指为了防止不确定性因素（如大量突发性订货、交货期突然提前、临时用量增加、交货误期等特殊原因）而预计的保险储备量（缓冲库存）。

图 7-1-13　周期性检查方式示意图

知识拓展

定期订货法的运用与示例

任务实施

小陈选用了库存 ABC 管理法对库存进行分析。根据目前在库产品，仓储专员小钱对库存进行了整理。

步骤一：收集有关货物库存数据

小钱盘点了仓内的 10 种产品，各库存品种占用的资金如表 7-1-3 所示。

表 7-1-3　库存产品占用资金信息表

存货编号	库存金额/元	品种占比/%	存货编号	库存金额/元	品种占比/%
1	120	10	6	1 200	10
2	160	10	7	70	10
3	180	10	8	50	10
4	220	10	9	1 000	10
5	320	10	10	280	10

步骤二：整理数据

对这 10 种产品的数据进行整理后得到表 7-1-4。

表 7-1-4　产品库存信息表

存货编号	库存金额/元	品种占比/%
6	1 200	10
9	1 000	10
5	320	10
10	280	10
4	220	10
3	180	10
2	160	10
1	120	10
7	70	10
8	50	10

这 10 种产品的 ABC 分析表如表 7-1-5 所示。

表 7-1-5　ABC 分析表

品种	库存金额/元	累计供应金额/元	累计供应金额占比/%	品种累积占比/%
6	1 200	1 200	33	10
9	1 000	2 200	61	20
5	320	2 520	70	30
10	280	2 800	77	40
4	220	3 020	84	50

续表

品种	库存金额/元	累计供应金额/元	累计供应金额占比/%	品种累积占比/%
3	180	3 200	89	60
2	160	3 360	93	70
1	120	3 480	97	80
7	70	3 550	99	90
8	50	3 600	100	100

步骤三：确定分类

对这 10 种产品的产品进行分类得到表 7-1-6。

表 7-1-6　产品库存分类信息表

品种	库存金额/元	累计供应金额/元	累计供应金额占比/%	品种累积占比/%	库存分类
6	1 200	1 200	33	10	A 类
9	1 000	2 200	61	20	B 类
5	320	2 520	70	30	
10	280	2 800	77	40	
4	220	3 020	84	50	
3	180	3 200	89	60	C 类
2	160	3 360	93	70	
1	120	3 480	97	80	
7	70	3 550	99	90	
8	50	3 600	100	100	

素养园地

数智化方案助力企业降耗

课后习题

仓配库存管理

任务二　库存管理策略

任务导入

小陈到 A 供应链公司任职一段时间后，发现 A 供应链公司库存管理存在缺陷，于是他决定采取措施对库存进行管理优化。小陈该选用哪种方法分析解决仓库管理存在的问题呢？

一、供应链库存管理策略分析

（一）供应链下的库存管理策略

随着供应链的发展，供应链中存在需求被放大的现象，需求规律不能完全被人们所掌握。随着经济全球化的发展，尤其是供应链的竞争日趋激烈，如何快速有效地满足顾客多样化的需求，并同时实现企业低成本的运营，成为当前众多企业必须解决的难题。

知识链接
供应链库存管理

20 世纪 90 年代，国外制订了一系列先进的供应链库存管理策略。根据供应链中的库存管理主体及内涵的不同，主要存在以下三种库存管理策略：VMI，JMI，合作计划、预测与补给（collaborative planning，forecasting and replenishment，CPFR）。

VMI 是一种客户和供应商之间的合作性策略，对双方来说都是以最低的成本来获得产品，在一个双方同意的目标框架下由供应商来管理库存，目标框架被经常监督和修正，并连续改进。VMI 库存管理系统就是供应商代替客户（需求方）管理库存，库存的管理职能从客户转由供应商负责。这种库存管理策略打破了传统的条块分割的库存管理模式，体现了供应链的集成管理思想，适应市场变化的要求，是一种新的有代表性的库存管理思想。

JMI 是一种基于协调中心的库存管理模式，它更多地体现了供应链节点企业之间的协作关系，能够有效解决供应链中的需求变化被加速放大的问题，提高供应链同步化程度。这种模式体现了战略供应商联盟的新型企业合作关系。它强调双方同时参与，共同制订库存计划，使供应链过程中的每个库存管理者（供应商、制造商、分销商）都从彼此之间的协调性考虑，保持供应链相邻两个节点之间的库存管理者对需求的预测一致，从而消除了需求变化被放大的现象。任何相邻节点需求的确定都是供需双方协调的结果，库存管理不再是独立运作的过程，而是供需的连接纽带和协调中心。

CPFR 是一种协同式的供应链库存管理技术，建立在 JMI 和 VMI 的实践基础上，同时弥补了二者缺乏供应链集成等主要缺点，降低分销商的存货量，增加供应商的销售量。它采用一系列处理过程和技术模型，覆盖了供应链合作的整个过程，通过共同管理业务和共享信息来改善分销商和供应商的伙伴关系，提高预测的准确度，最终达到提高供应链效率、降低库存和提高客户满意度的目的。CPFR 的最大优势是能及时准确地预测由各项促销措施或异常变化带来的销售高峰和波动，从而使分销商和供应商都做好充分的准备，赢得商机。CPFR 采取了多赢的原则，始终从全局的观点出发，制订统一的管理目标及实施方案，以库存管理为核心，兼顾供应链上其他方面的管理。因此，CPFR 可以帮助制订面向客户的合作框架；基于销售报告的生产计划，让 CPFR 更有利于实现伙伴间更深入的合作。

知识拓展

供应链环境下库存管理现状

（二）供应链下库存管理的影响因素

1. 按供应链不确定性的来源划分

①供应商的不确定性。供应商的不确定性表现在提前期的不确定性、订货量的不确定性等。供应商不确定性的原因是多方面的，例如，供应商的生产系统发生故障延迟生产，供货商的延迟，交通事故导致运输延迟等。

②生产者的不确定性。生产者的不确定性主要源于制造商本身生产系统的不可靠性，机器的故障、计划执行的偏差等，造成生产者生产过程中在制品的库存，也体现在其对需求的处理方式上。生产计划是一种根据当前生产系统的状态和未来情况，进行的对生产过程的模拟，用计划的形式表现模拟的结果，用计划来驱动生产的管理方法。但是，生产过程的复杂性，使生产计划并不能精确地反映企业的实际生产条件相对于预测生产环境的改变，不可避免地造成计划与实际执行的偏差。生产控制的有效措施能够对生产偏差给予一定的修补，因此生产控制必须建立在对生产信息的实时采集与处理基础之上，使信息及时、准确、快速地转化为生产控制的有效信息。

③顾客的不确定性。顾客不确定性原因主要有需求预测的偏差、购买力的波动、心理和个性特征多样性等。通常，需求按照一定的规律运行或表现出一定的规律特征，但是任何预测方法都存在某些缺陷，无法确切地预测需求的波动和顾客心理的反应。在供应链中，不同节点企业相互之间的需求预测的偏差，进一步加剧了供应链的牛鞭效应及信息的扭曲。

2. 按供应链的不确定性表现划分

来自不同供应商的原料和零部件通过各种不同的方式被运送至生产现场，然后经过复杂的生产过程生产出各种零部件和最终产品，再将这些零部件和产品送至客户手中。这里的客户不仅包括最终产品的外部使用者，也包括以该产品为原料的下游生产过程的生产者。在这个过程中，原料要经过多次运输、生产、再运输、再生产等环节，最终成为产品并送达客户手中。其中，复杂的生产过程充满了不确定性。

运输环节也有多种工具，如飞机、火车、轮船、汽车等，实际运输过程中往往需要组合使用多种运输工具，能否准时送达也有不确定性。

二、 VMI 管理策略

（一）VMI 概述

1. 定义

VMI 是指供应商等上游企业基于其下游客户的生产经营、库存信息，对下游客户的库存进行管理与控制。VMI 是由供应商为客户管理库存，并为他们制订库存策略和补货计划。供应商根据客户的销售信息和库存水平为顾客进行补货，这是供应链上成员间达成紧密业务合作伙伴关系后的结果。VMI 是供应链集成管理思想的一种新型库存管理模式，其运作流程如图 7-2-1 所示。

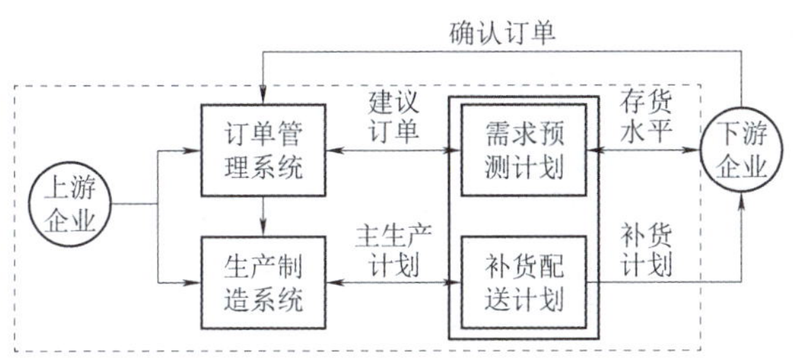

图 7-2-1 VMI 模式运作流程图

2. VMI 的形式

①“制造商—零售商”VMI 模式。这种模式多出现在制造商作为供应链的上游企业的情况中，且制造商是一个比较大的产品制造者，具有相当大的规模和实力，负责对零售商的供货系统进行检查和补充，完全能承担起管理 VMI 的责任，如图 7-2-2 所示。

②“供应商—制造商”VMI 模式。不同于“制造商—零售商”VMI 模式，VMI 的主导者可能还是制造商，但它是 VMI 的接收者，而不是管理者，此时的 VMI 管理者是该制造商上游的众多供应商，如图 7-2-3 所示。

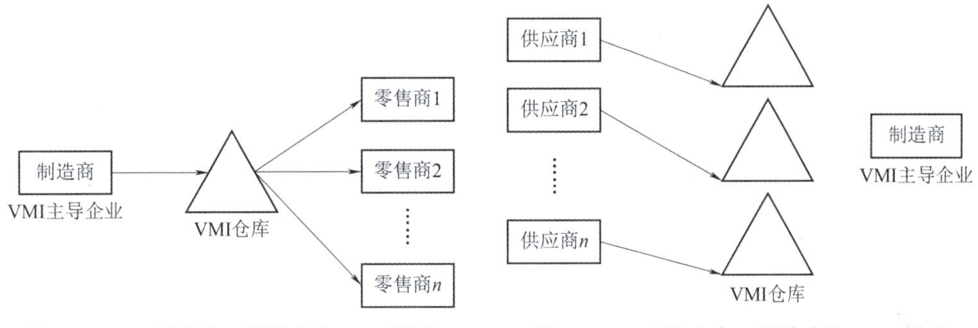

图 7-2-2 “制造商—零售商”VMI 模式　　图 7-2-3 “供应商—制造商”VMI 模式

③“供应商—3PL—制造商”VMI 模式，这种模式实际上是引入了一个第三方物流（3PL）企业，由其负责整个物流和信息流的管理，统一执行和管理各个供应商的零部件库存控制指令，负责向制造商配送零部件，而供应商则根据 3PL 的出库单与制造商按时结算，如图 7-2-4 所示。

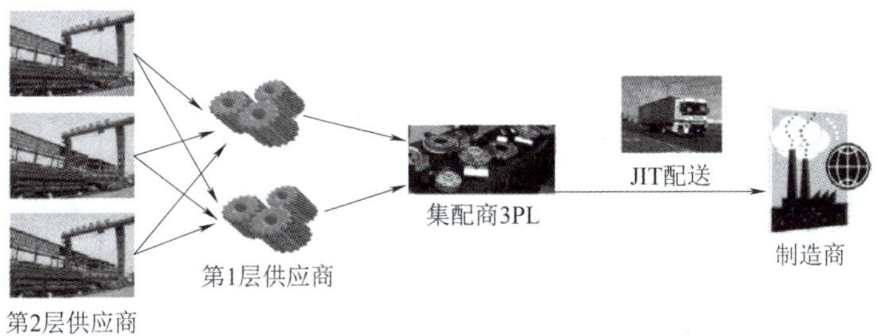

图 7-2-4 基于 3PL 的 VMI 模式

（二）VMI 策略的实施方法

首先，供应商和批发商一起确定供应商的订单业务处理过程中所需要的信息和库存控制的参数；然后，建立一种订单的处理标准模式。

①建立顾客情况系统。建立顾客的信息库后，供应商能够掌握顾客需求变化的有关情况，把由批发商进行的需求预测与分析功能集成到供应商的系统中。

②建立销售网络管理系统。供应商要想很好地管理库存，必须建立完善的销售网络管理系统，保证自己的产品需求信息和物流畅通。必须保证自己产品条形码的可读性和唯一性，必须解决产品分类、编码的标准化问题，必须解决商品存储运输过程中的识别问题。

③建立供应商与分销商（批发商）的合作框架协议。供应商和分销商（批发商）一起协商，确定处理订单的业务流程、控制库存的有关参数（如再订货点、最低库存水平等）、库存信息的传递方式等。

④组织机构的变革。过去一般由会计经理处理与客户有关的事情，引入 VMI 策略后，订货部门产生了一个新的职能，负责客户库存的控制、库存补给和保证服务水平。

三、 JMI 管理策略

（一）JMI 概述

1. 定义

JMI 指由供应商和客户联合管理库存。JMI 是一种上游和下游企业权利责任平衡和风险共担的库存管理模式，强调供需双方同时参与，共同制订库存计划，供应链中每个库存管理者都从相互之间的协调出发，保持供应链相邻各节点需求的确定都是供需双方协调的结果。基于协调中心的 JMI 流程如图 7-2-5 所示。

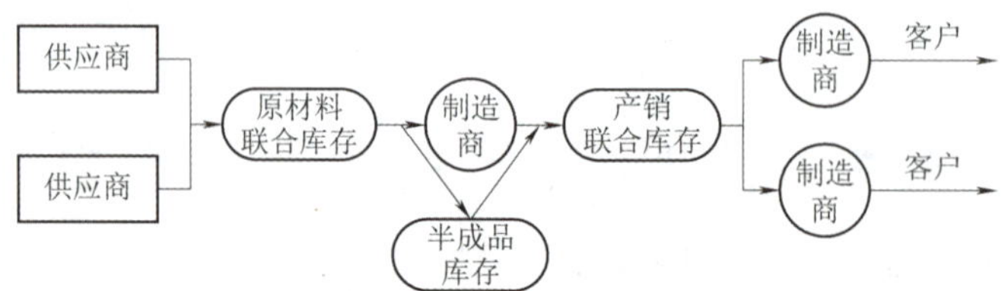

图 7-2-5 基于协调中心的 JMI 流程

2. JMI 的形式

①地区分销中心 JMI 模式。这是由大企业地区分销中心延伸出的 JMI 模式。在这个模式中，各个销售商只需要少量的库存，大量的库存由地区分销中心（物流中心、配送中心）进行储备。地区分销中心 JMI 模式如图 7-2-6 所示。

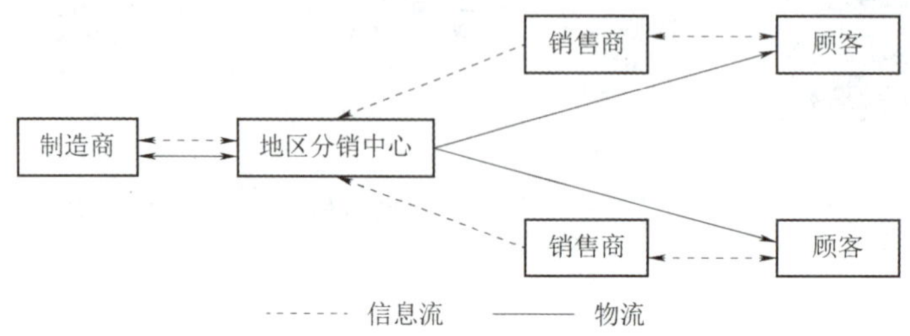

图 7-2-6 地区分销中心 JMI 模式

在这种模式中，各个销售商将其库存的一部分交给地区分销中心（物流中心、配送中心）负责，从而降低了安全库存及服务水平压力。

②供需 JMI 模式。这是将供应链上的供应商、制造商、销售商原先各自的独立库存转变为双方或多方联合库存的供应链库存管理模式。供需 JMI 模式如图 7-2-7 所示。

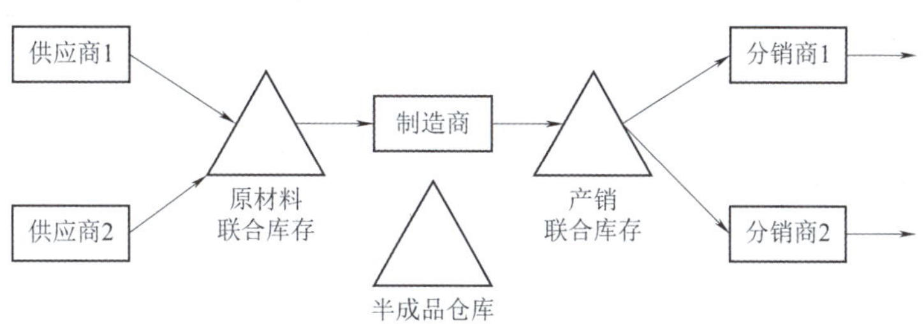

图 7-2-7　供需 JMI 模式

该模式减少了重复库存，降低了安全库存。这种模式需要参与 JMI 的成员之间建立协调机制。

③第三方物流 JMI 模式。这是利用独立于供需双方之外的第三方物流提供商的基础设施、设备和管理系统进行 JMI 的模式。这种模式不仅能起到减少重复库存、降低安全库存的作用，还能为供需双方提供第三方物流增值服务，有利于供应链上的成员企业集中业务核心能力，提升竞争力。

（二）JMI 的实施策略

1. 建立供需协调管理机制

为了发挥 JMI 的作用，供需双方应从合作的精神出发，建立供需协调的管理机制，明确各自的目标和责任，建立合作沟通的渠道，为供应链的 JMI 提供有效的管理机制。

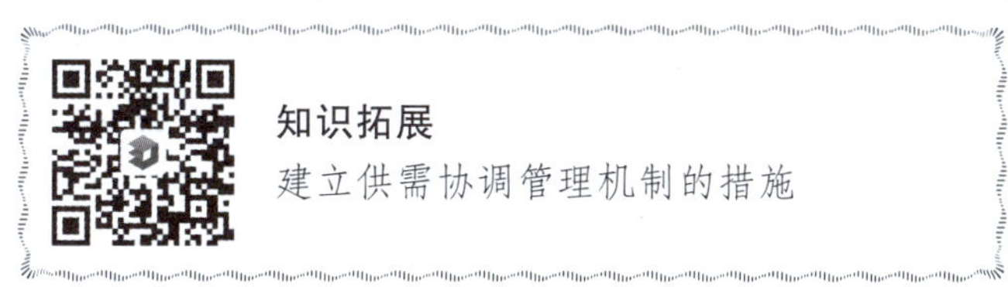

2. 充分利用信息系统

为了发挥 JMI 的作用，在供应链库存管理中应充分利用目前各合作方的信息系统并加以集成，从而实现信息的实时准确交互。由于各方的信息系统可能不兼容，因此应采用一些新技术把各个系统有机地结合起来，例如，建立一个池作为一个共同的信息交互平台，各方的数据可以在这里进行格式转换。

3. 建立快速反应系统

快速反应系统目前被认为是一种有效的管理策略，这套系统有相对成熟的发展模式，在 JMI 的实施中能起到直接借鉴的作用。在电子商务时代，产品根据客户需求定制的比例增加，这就意味着多品种、小批量成为供应链的特点，因此快速反应系统更需要供需双方的密切合作，协调库存管理中心的建立为快速反应系统发挥更大作用创造了有利的条件。

4. 充分发挥第三方物流的作用

第三方物流又称物流服务提供者，是供应链集成的一种技术手段，它为客户提供各种服务，如产品运输、订单选择、库存管理等。第三方物流的产生形式有两种，一种是由一些大的公共仓储公司通过提供更多的附加服务演变而来，另外一种是由一些制造企业的运输和分销部门演变而来的。

知识拓展

JMI 绩效评价

学习案例

安踏库存管理

四、 CPFR 管理策略

（一） CPFR 概述

CPFR，就是应用一系列的管理和技术模型，提供覆盖整个供应链的合作过程，通过共同管理业务过程和共享信息，来改善零售商和供应商的伙伴关系，提高预测的准确度，最终达到提高供应链效率、减少库存和提高消费者满意度的目标。

CPFR 能降低销售商的存货量，同时增加供应商的销售量，其模型如图 7-2-8 所示。

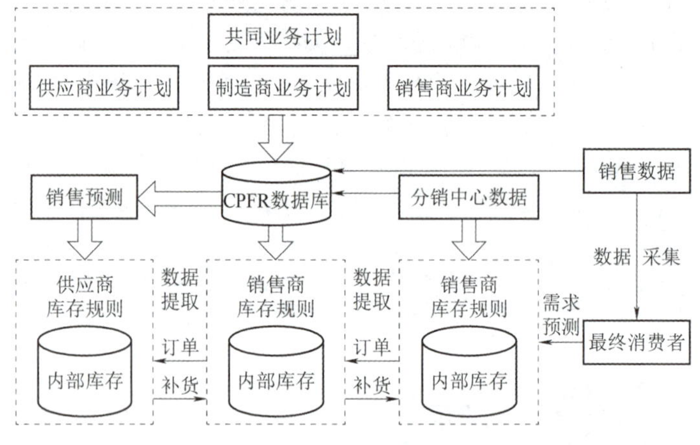

图 7-2-8 CPFR 库存管理模式

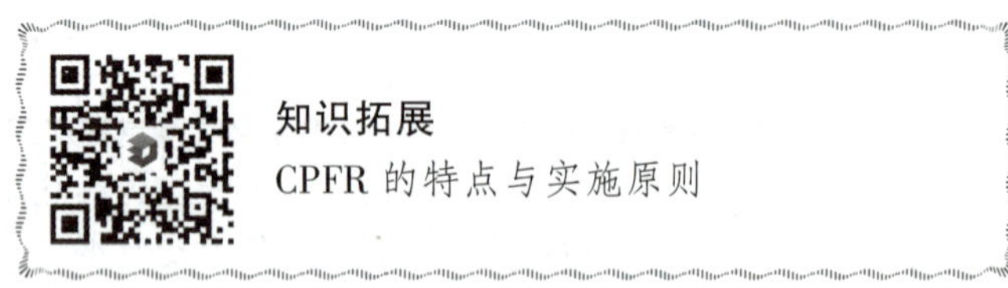

知识拓展

CPFR 的特点与实施原则

（二） CPFR 流程模型

CPFR 的流程模型中，其业务活动可划分为计划、预测和补给 3 个阶段，包括 9 个主要流程活动，如图 7-2-9 所示。

步骤一：制订框架协议

内容主要包括协同合作的范围、各方的期望值、为保证成功所需的行动和资源、合作的目的、保密协议、资源使用的授权、例外状况判定的法则等，它是所有业务的总纲领。

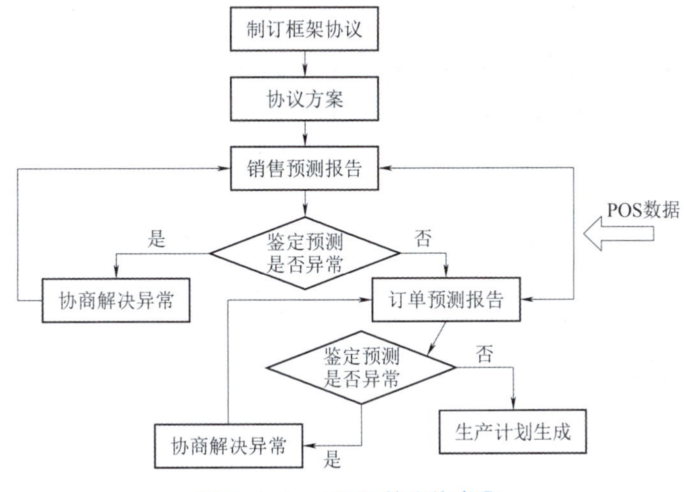

图 7-2-9　CPFR 的实施步骤

步骤二：协议方案

合作方基于共享信息制订商务发展计划，建立战略合作，确定部门责任、目标、策略。此方案是进行以后各种预测的基石，方便供应链上各部门间的交流与合作。

步骤三：销售预测报告

销售商或生产商根据销售数据等信息来制订销售预测报告，然后同另一方进行协商，双方也可各提出一份报告进行协商。

步骤四：鉴定预测是否异常

根据框架协议中规定的异常标准，对预测报告中的每一项目进行审核，得到异常项目表。

步骤五：协商解决异常

通过查询共享信息、电子邮件、电话交谈记录、会议记录等来解决异常项目，并对预测报告做相应变更。这种解决办法不但使预测报告更加准确，减少了风险，而且还加强了合作伙伴间的交流。

步骤六：订单预测报告

根据电子付款机（point of sale，POS）数据、库存信息及其他信息来生成具体的订单预测报告。订单实际数量要随时间变化而变化，并反映库存情况。报告的短期部分用来发布生产指令，长期部分则用来规划。

步骤七：鉴定预测是否异常

确定哪些项目的预测超出了框架协议中规定的预测极限。

步骤八：协商解决异常

解决办法和步骤五类似。

步骤九：生产计划生成

将预测的订单转化为具体的生产指令，对库存进行补给。指令的发布可由制造商完成，也可由分销商完成，这取决于他们的能力、资源等情况。

任务实施

小陈对 VMI 实施进行前期评估和准备，在有条件、有准备的情况下实施 VMI。VMI 是一个需要供需双方共同努力、协同管理的过程，只有供需双方在前期进行充分的沟通，在管理理念上达成一致、具备实施的相关条件（如信息化程度）和签署相关的协议后方可执行。

步骤一：客户沟通和评价

销售人员是客户沟通接洽的主体，是连接公司与客户的纽带。销售人员负责向客户提供 VMI 物料详细信息、确定物料采购价格、向公司提出 VMI 申请，及时反馈公司与客户双方的意向。

运营管理部门负责深刻解读客户需求，评估客户是否符合执行 VMI 的相关条件，并结合公司现有状况进行可行性分析和评估，最终达成一致意见。运营管理部门的另一个重要责任是制订 VMI 可行的操作方案，包括制订相关的操作流程、确定流程在各环节的执行、培训员工和提升员工技能。

步骤二：审核并与客户签订 VMI 框架协议

协议中明确规定双方的责任、义务、注意事项等问题。常规的 VMI 协议中会包含如下几项规定。

①供方库位置及管理：一般设在客户所在地，方便客户领用，由客户或有资质的第三方物流进行管理。

②产品属性：VMI 一般适用于产品通用、采购频率高、用量大和易于保管的物品。

③采购价格：签订协议时，约定好产品的价格和有效期。

④产品所有权：在客户未领用 VMI 仓库产品时，产品的所有权及风险由供应商承担；在客户领用 VMI 仓库产品后，所有权和风险变更为客户承担。

⑤库存管理：客户一般一周或更长时间提供 VMI 库存所需的预测，并对预测信息承担消化的责任；供应商根据客户的需求预测信息，确定合理的库存水平（一般为 4~6 周的库存量）；当客户需求量突然异常增大时，双方协商解决。

⑥运输：供应商存放在 VMI 仓库内的产品由供应商运输至 VMI 仓库，运输费用由供应商承担。

⑦库存领用：客户领用 VMI 物料时采用先进先出的原则，一般客户需在 3~6 个月内领完供应商的 VMI 产品。

⑧发票及付款：客户根据物料的耗用情况，定期（一般每月）向供应商发送物料清单，供应商进行开票结算事宜。客户根据双方协商的付款周期安排付款。

⑨异常处理：包含质量异议和退货等问题的处理。

⑩协议期限：一般签订协议后，协议有效期为一年。

供应商需对客户提供的 VMI 框架协议进行审核，协议条款分别由企业内部的运营管理部门对应人员进行审核，有异议部分与客户协商后进行修正处理。

步骤三：确定 VMI 实施的物料

实施 VMI 的物料一般要求周转率高、产品通透、易于管理。在 VMI 实施前，要对 VMI 实施物料进行评估，不接受客户单个项目使用的物料运行 VMI 策略。

步骤四：VMI 实施的相关数据

在 VMI 实施时，供需双方完善的系统配置也是保证 VMI 成功运营的重要因素。需方通过供应商管理系统来进行信息的共享、预测数据、开票及提供付款数据，供应商通过配置的参数能反馈需求、提供开票信息、执行送货单和对账操作。同样，供方也需要在自己的 ERP 系统中配置相关参数，如配置 VMI 仓库库位、配置订单类型、为相关人员进行 VMI 系统权限开放等，来保证 VMI 在企业的顺利运营。

步骤五：VMI 运作流程

VMI 是一个复杂的运营过程，需要运营管理人员对流程、系统和这种管理模式的充分理解，更需企业设定完整的运营流程细节，指导生产、物流和订单管理人员的操作。在供需双方达成一致意见后，由运营管理人员首先对需方系统作充分理解，然后结合到供方自己的 ERP 系统，制订 VMI 的运作流程并为操作人员实行相关培训。

素养园地

管理创新将是物流现代化发展的强大动力之一

课后习题

库存管理策略

项目评价

<table>
<tr><td colspan="3">知识巩固与技能提高（40 分）</td><td>得分：</td></tr>
<tr><td colspan="4">计分标准：任务课后习题得分 = 2×单选题正确个数+3×多选题与填空题正确个数+1×判断题正确个数+5×简答题正确个数
得分 = 项目任务课后习题得分总和/任务数量</td></tr>
<tr><td colspan="3">学生自评（20 分）</td><td>得分：</td></tr>
<tr><td colspan="4">计分标准：初始分 = 2×A 的个数+1×B 的个数+0×C 的个数
得分 = 初始分/22×20</td></tr>
<tr><td>专业能力</td><td>评价指标</td><td>自测结果</td><td>要求
（A 掌握；B 基本掌握；C 未掌握）</td></tr>
<tr><td>熟悉仓配库存管理</td><td>1. 库存的含义与类型；
2. 库存控制制约因素；
3. 牛鞭效应；
4. 库存需求预测；
5. 库存管理方法</td><td>A□ B□ C□
A□ B□ C□
A□ B□ C□
A□ B□ C□
A□ B□ C□</td><td>了解库存和库存管理的内涵，能根据具体情况正确选择和运用 ABC 分类法、EOQ 模式、MRP 库存控制法、JIT 库存管理法以及定量订货法和定期订货法进行库存管理</td></tr>
<tr><td>掌握库存管理策略</td><td>1. 供应链库存管理策略；
2. VMI；
3. JMI；
4. CPFR</td><td>A□ B□ C□
A□ B□ C□
A□ B□ C□
A□ B□ C□</td><td>了解供应链库存管理策略，能够准确选择和运用 VMI、JMI、CPFR 管理策略优化库存管理</td></tr>
<tr><td>职业道德思想意识</td><td>1. 合理规划、节约资源；
2. 实事求是、实践出真知</td><td>A□ B□ C□
A□ B□ C□</td><td>深入了解成本意识的重要性以及如何在实际生活中运用这种意识</td></tr>
<tr><td colspan="3">小组评价（20 分）</td><td>得分：</td></tr>
<tr><td colspan="4">计分标准：得分 = 10×A 的个数+5×B 的个数+3×C 的个数</td></tr>
<tr><td>团队合作</td><td>A□ B□ C□</td><td>沟通能力</td><td>A□ B□ C□</td></tr>
<tr><td colspan="3">教师评价（20 分）</td><td>得分：</td></tr>
<tr><td>教师评语</td><td colspan="3"></td></tr>
<tr><td>总成绩</td><td></td><td>教师签字</td><td></td></tr>
</table>

项目八 供应链仓配绩效管理

项目概述

本项目介绍供应链仓配绩效管理，阐述仓配中心内部成本管理、资产效率、装卸搬运作业成本、仓配中心评价的意义与原则、仓配中心绩效评价指标体系。应加深理解仓配中心内部成本管理，掌握仓配中心成本管理方式，针对仓配中心绩效评价指标，进行指标设计。

项目导航

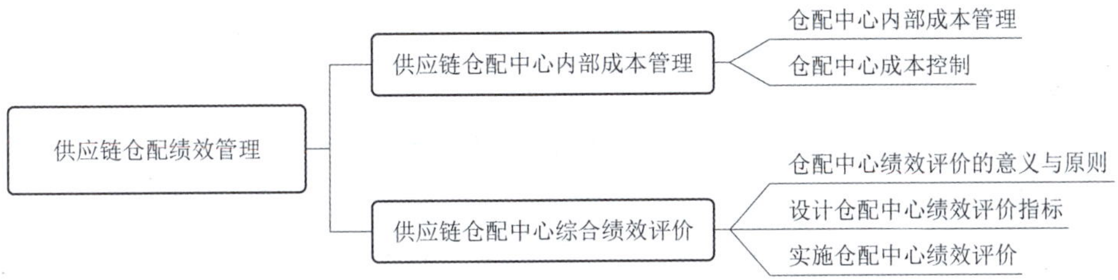

学习目标

知识目标：

了解仓配中心内部成本管理概述；

掌握仓配中心内部成本管理构成要素；

了解仓配中心绩效评价的意义与原则；

掌握仓配中心绩效评价指标；

掌握绩效评价的方法和工具；

掌握绩效评价的流程。

技能目标：

能够对仓配运营进行有效的经济分析；

能够对企业仓配运营进行成本核算和控制；

能够对供应链仓配运营的结果进行分析，对仓配运营的绩效进行综合评价。

素养目标：

培养节约仓配中心内部成本的意识；

培养灵活运用大数据进行信息化处理的能力，培养创新意识；

培养学生解决复杂问题的综合能力和高级思维。

任务一　供应链仓配中心内部成本管理

任务导入

小陈在查看A供应链公司近期财务报表时发现A供应链公司的内部仓配中心管理成本超出了预算额度，无法有效地实现成本最优化，使得公司资金紧张。小陈该如何解决存在的问题呢？

一、仓配中心内部成本管理

（一）仓配中心成本管理分类

仓储配送中心的成本，即物流成本，就是企业在物流活动中所涉及的装卸、搬运、包装、存储、加工、配送、信息管理、客户服务、物品回收处理及其他相关活动所耗费的人力、财力及物力成本之和。按不同的分类标准，物流成本分类如表8-1-1所示。

表8-1-1　常见的物流成本分类表

分类标准	成本分类	具体内容
根据物流功能分类	仓储成本	人工成本、仓储持有成本、缺货成本、在途库存持有成本
	运输成本	人工成本、运营成本、事故损失等
	加工包装成本	人工成本、设备成本、材料成本、电力和燃油成本
	装卸搬运成本	人工成本、运营成本、合理损耗
	信息流通成本	线路租用成本、入网成本
	物流管理成本	机构物流管理成本、现场物流管理成本
根据物流对象分类	物流筹备成本	物流预测成本、物流计划成本、物流准备成本
	供应物流成本	人工成本、采购成本、运输成本、装卸和搬运成本、验收成本、仓储成本、库存成本
	生产物流成本	人工成本、燃料动力成本、原材料和半成品的配送及搬运成本
	销售物流成本	人工成本、仓储成本、包装成本、运输成本、装卸和搬运成本
	逆向物流成本	运输成本、环境成本
根据物流形态分类	人工成本	工资、福利、奖金、津贴、社会保险
	材料成本	包装材料、燃油、油料、消耗性工具、器具等
	维持成本	与固定资产相关的修缮成本费、保险费、租借费、税金等
	公用事业成本	水电费

（二）仓配中心成本构成

仓配中心有配送和仓储活动，需要资本和劳动力的投入，这些资本和劳动力的投入就形成了配送和仓储的成本。

1. 仓储成本构成

仓储运营成本是在仓储过程中，为保证商品合理储存、正常出入库而产生的与储存商品运营有关的费用。仓储运营成本可以分为固定成本和变动成本两部分，如表8-1-2所示。

表 8-1-2　仓储成本的构成

构成	含义	包括的范围
固定成本	一定仓储存货量范围内，不随出入库货物量变化而变化的成本	库房折旧、设备折旧、库房租金、库房固定人工工资等
变动成本	仓库运营过程中跟出入库货物量有关的成本	水电气费用、设备维修费用、工人加班费、物品损坏成本等

知识拓展
仓储成本计算

2. 配送成本构成

配送成本包括备货、储存、分拣、配货、装配、送货、送达服务及配送加工等环节所发生的各项费用。其构成如下。

①配送运输费用：运费由运输成本、税金和利润构成，是影响配送成本的主要因素。

②分拣费用：是指分拣机械和人工在完成货物分拣过程中所发生的各种费用，包括分拣人工费和分拣设备费。分拣人工费是指从事分拣工作的作业人员及有关人员的工资、奖金、补贴等费用的总和，分拣设备费是指分拣机械设备的折旧费用、维修费用、燃料消耗等。

③装配费用：装配货物过程中所发生的各种费用，包括装配材料费用，常见的装配材料有木材、纸、自然纤维、合成纤维及塑料等，不同功能的包装材料，成本相差很大；装配人工费用；装配辅助费用，如包装标志的印刷费用等。

④流通加工费用：为了提高配送效率，方便销售，物资进入配送中心后需进行一定加工活动所支付的费用，包括流通加工设备费用、流通加工材料费用和流通加工人工费用。

⑤储存保管费用：物资在储存保管过程中所发生的费用，包括储运业务费用、仓储费、进出库费、服务费等。

⑥信息处理费用：信息处理过程中所消耗的费用，包括信息处理人工费用和信息处理设备费用等。

在实际应用中计算物流成本，应根据配送的具体流程归集成本。不同的配送模式和配送物品的性质都会影响成本构成。

配送成本的构成如表 8-1-3 所示。

表 8-1-3　配送成本的构成

构成	职能	项目举例
配送运输费用	运输	运输、人工、水电、燃油等
分拣费用	分拣	分拣人工费、设备费等
装配费用	包装	包装管理、通信、摊销费用等
流通加工费用	流通加工	流通加工的材料、折旧、人工费等
储存保管费用	保管	储存用的材料、租赁、辅助费用等
信息处理费用	信息处理	机器折旧、维修费等

二、仓配中心成本控制

由于仓配中心与流通型配送中心有较大的区别，因此取得成本、储存成本、缺货成本等这些并不完全适合于仓配中心。假如对仓配中心进行成本管理与控制，那么应该从各个环节上来削减成本。

（一）运输成本的控制

1. 减少运输环节

在组织运输时，对有条件直运的，应尽可能采取直达运输，由产地直运到销地或客户处，减少二次运输。

2. 合理选择运输工具

在目前多种运输工具并存的情况下，必须根据不同货物的特点及对物流时效的要求，对运输工具所具有的特征进行综合评价，以便合理选择运输工具，并尽可能选择费用少的运输工具。

3. 制订最优运输计划，实行运输优化

在物流过程中，运输的组织问题是很重要的。在企业到消费地的单位运费、运输距离及各企业的生产能力和消费量都已确定的情况下，可用线性规划技术来解决运输的组织问题。如果企业的生产量发生变化，生产费用函数是非线性的，则应使用非线性规划来解决。属于线性规划性类型的运输问题，常用的方法有单纯法和表上作业法。

4. 注意运输方式

采用零担凑整、集装箱、捎脚回空运输等方法，扩大每次的运输批量，减少运输的次数。采用合装整车运输是降低运输成本的有效途径。合装整车运输的基本做法有零担货物凑整车直达运输，零担货物凑整车接力直达或中转分运，整车分卸，整车零担等。

5. 提高货物装载量

改进商品包装，压缩商品体积并积极改善车辆的装载技术和装载方法，达到可以运输更多货物的目的。

学习案例

"最后一公里"快递成本控制

（二）仓储成本的控制

1. 优化仓库布局，减少库存点，削减不必要的固定费用

目前，许多企业通过建立大规模的物流中心，把过去零星的库存集中起来进行管理，对一定范围内的客户进行直接配送，这是优化仓储布局的一个重要措施。

2. 采用现代化库存计划技术来控制合理库存量

例如，采用 MRP、制造资源计划（manufacture resource plan，MRP Ⅱ）、准时制（JIT）生产和供应系统等来合理地确定原材料，以及在产品、半成品和产成品等每个物流环节最佳的库存量。用现代物流理念指导物流系统的运行，达到存货水平最低、浪费最少、空间占用最小的目的。

3. 加强仓库内部管理，降低日常开支

在保证货物质量安全的前提下，更好地堆放和储存货物，来节约保管费用；提高仓库与仓储

设备的利用率，掌握好储存额的增减变动情况，充分发挥仓库使用效能。

知识链接

降低仓配成本的途径

（三）配送成本控制

1. 优化配送作业，降低配送成本

优化配送作业的主要手段有混合配送、差异化配送、共同配送等。混合配送作业是指部分配送作业由企业自身完成，另一部分外包给第三方，这种混合配送作业可以合理安排配送任务，使配送成本达到最低。差异化配送是指按产品的特点、销售水平来设置不同的配送作业，即确定不同的库存、运用不同的配送方式及不同的储存地点。共同配送是一种战略运营层次上的共享，是几个企业联合、集小量为大量、共同利用配送设施的配送方式。

2. 运用系统分析技术，选择配送线路，实现货物配送优化

目前较成熟的优化配送线路的方法是节约法，又称节约里程法。

3. 采用自动化技术，提高配送作业的效率

配送作业包括入库、保管、装卸、备货、分拣、配载、发货等作业环节。入库和发货效率的提高可以通过提高条形码技术和便携式终端性能来实现；在保管和装卸作业中，可以通过自动化技术来降低人工成本，并实现作业的标准化。

4. 建立通畅的配送信息系统

在配送作业中，需要处理大量的数据。因此，配送中心内部成本降低的策略方法，主要是借助于通畅的信息系统，导入自动化仪器，力图实现配送中心作业的机械化和自动化，简化发货作业。

学习案例

京东物流成本管理对策

知识拓展

物流成本管控

任务实施

A 公司是一个区域性的鲜奶供奶企业，2022 年 10 月，A 公司接到了甲、乙两家的客户订单，现要对客户甲、乙耗费的资源费用进行核算。

步骤一：分析确认各类物流资源

根据 A 公司财务部门的数据显示，2022 年 8 月，客户甲、乙耗费的资源费用如表 8-1-4 所示。

表 8-1-4 资源费用汇总表

单位/元

资源项目	水费	电费	场地租赁费	燃油燃料费	设备折旧费	材料费	员工工资	管理费用
资源价值	750	3 300	6 000	10 000	1 900	5 800	31 500	960

步骤二：分析确认 A 公司主要的物流作业

A 公司物流成本是由采购、装卸、验收、存储、加工、拣货、配送、废弃处理、一般管理等活动成本所构成的，这些物流活动相互联系，共同影响着物流的总成本，如图 8-1-1 所示。

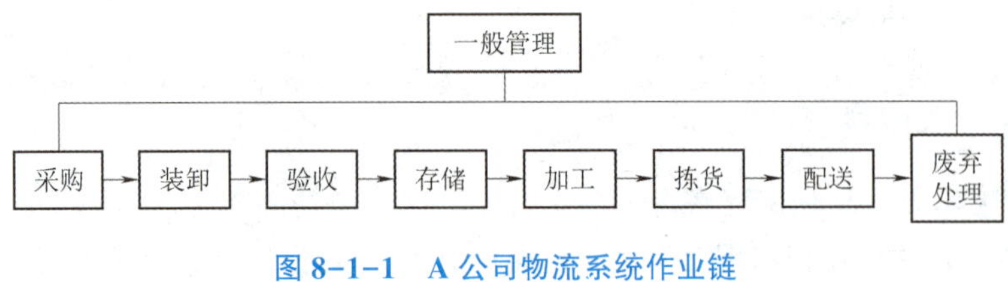

图 8-1-1　A 公司物流系统作业链

步骤三：确定物流资源费用

1. 水资源的分配

水费是根据用水量（单位为 t）计算的，价格为 3 元/t。由于酸奶的奶瓶是玻璃的，每天都会对奶瓶进行清洗、消毒，因此需要用到大量的水。A 公司用水资源分配如表 8-1-5 所示。

表 8-1-5　A 公司水费资源分配表

作业资源	采购	装卸搬运	验收	存储	加工	拣货	配送	废弃处理	一般管理	合计
用水量/t	0	50	0	0	100	0	0	50	50	250
水费/元	0	150	0	0	300	0	0	150	150	750

2. 电费资源分配表

电费是根据用电度数决定的，应该根据各项作业的用电量来分配，价格是 1 元/(kW · h)。A 公司的作业一般都是从早上 7 时开始持续到凌晨 2 时，日日循环。由于奶源检测、冷藏、加工、仓储等每一项作业都需要用电来维持，因此 A 公司的用电量很高，需求量很大，电费资源分配如表 8-1-6 所示。

表 8-1-6　A 公司电费资源分配表

作业资源	采购	装卸搬运	验收	存储	加工	拣货	配送	废弃处理	一般管理	合计
用电量/(kW · h)	100	300	200	1 100	800	200	300	200	100	3 300
电费/元	100	300	200	1 100	800	200	300	200	100	3 300

3. 场地租赁费用资源的分配

A 公司有 30 家牧场，可根据各项作业所占用的场地面积数量来分配，因此，场地面积是消耗场地租赁费资源的原因。而奶源存储、检测、加工、奶成品仓储、拣货等作业的场地产权都是 A 公司的。租赁场地主要是各个待转点和销售点，租赁场地资源分配如表 8-1-7 所示。

表 8-1-7　A 公司租赁场地资源分配表　　单位/元

作业资源	采购	装卸搬运	验收	存储	加工	拣货	配送	废弃处理	一般管理	合计
场地租赁费	0	0	500	3 500	1 000	400	0	0	600	6 000

4. 燃油费用资源的分配

A 公司拥有自己的运输车辆和装卸搬运设备，根据耗油量的不同，将装卸、配送作业所消耗的燃油费，分配到运输和装卸两项作业上。A 公司燃油资源分配如表 8-1-8 所示。

表 8-1-8　A 公司燃油资源分配　　单位/元

作业资源	采购	装卸搬运	验收	存储	加工	拣货	配送	废弃处理	一般管理	合计
燃油费	0	2 500	0	0	0	1 500	6 000	0	0	10 000

5. 设备折旧费用资源的分配

设备折旧费用只有在使用固定设备时才会产生，A 公司的固定资产设备主要有包装设备、分拣设备、运输设备、装卸搬运设备、地磅、冷藏库等，根据相关固定资产设备的使用年限、购进价格进行折旧后，分配到各项作业上，A 公司资源分配如表 8-1-9 所示。

表 8-1-9　设备折旧费用资源的分配　　单位/元

作业资源	采购	装卸搬运	验收	存储	加工	拣货	配送	废弃处理	一般管理	合计
设备折旧费	200	400	200	150	150	100	600	50	50	1 900

6. 材料费用资源的分配

奶产品的采购、加工、配送、装卸、搬运、验收等都要消耗掉许多的材料费，A 公司资源分配如表 8-1-10 所示。

表 8-1-10　A 公司材料费用资源分配　　单位/元

作业资源	采购	装卸搬运	验收	存储	加工	拣货	配送	废弃处理	一般管理	合计
材料费	100	300	300	0	3 800	100	200	850	150	5 800

7. 工资费用资源的分配

职工人数是工资费用的资源动因，可根据职工人数和各项作业的工资标准来分配工资资源。据调查了解，A 公司物流的职工人数和工资标准如表 8-1-11 所示。

表 8-1-11　A 公司工资费用资源的分配

作业资源	采购	装卸搬运	验收	存储	加工	拣货	配送	废弃处理	一般管理	合计
职工人数/人	2	3	1	1	2	2	2	0	1	14
工资标准/(元·月$^{-1}$)	2 000	2 500	2 500	2 000	2 500	2 500	2 000	0	1 500	—
工资费用/元	4 000	7 500	2 500	2 000	5 000	5 000	4 000	0	1 500	31 500

8. 管理费用资源的分配

A 公司除各个销售点、中转站的管理之外，还要接受地方政府机构的管理（如派出所、工商局等），A 公司资源分配如表 8-1-12 所示。

表 8-1-12　A 公司管理费用资源的分配　　单位/元

作业资源	采购	装卸搬运	验收	存储	加工	拣货	配送	废弃处理	一般管理	合计
管理费用	200	0	0	0	0	0	350	250	160	960

A 公司资源分配汇总如表 8-1-13 所示。

表 8-1-13 A 公司费用资源的分配 单位/元

作业资源	采购	装卸搬运	验收	存储	加工	拣货	配送	废弃处理	一般管理	合计
水费	0	150	0	0	300	0	0	150	150	750
电费	100	300	200	1 100	800	200	300	200	100	3 300
场地租赁费	0	0	500	3 500	1 000	400	0	0	600	6 000
燃油费	0	2 500	0	0	0	1 500	6 000	0	0	10 000
设备折旧费	200	400	200	150	150	100	600	50	50	1 900
材料费	100	300	300	0	3 800	100	200	850	150	5 800
工资费用	4 000	7 500	2 500	2 000	5 000	5 000	4 000	0	1 500	31 500
管理费用	200	0	0	0	0	0	350	250	160	960
合计	4 600	11 150	3 700	6 750	11 050	7 300	11 450	1 500	2 710	60 210

素养园地

德邦快递加快供应链升级完善现代物流体系建设

课后习题

供应链仓配中心内部成本管理

任务二　供应链仓配中心综合绩效评价

任务导入

年底，A 供应链公司要对仓配中心进行财务指标评价，通过财务指标评价来检验该年的收益，从而改进企业存在的问题。现总经理委托小陈对仓配中心进行财务指标评价，要求设计财务评价指标和标准。财务指标评价内容要全面、科学，要对仓配中心的绩效进行全面评价。小陈应该怎么做？

一、仓配中心绩效评价的意义与原则

（一）仓配中心绩效评价的意义

仓配中心担负着货主企业生产经营所需的各种货物的收发、储存、保管保养以及控制、监督、保证及时供应货主企业生产和销售经营需要等多种职能，这些活动对于货主企业能够按计划完成生产经营目标、控制仓配中心成本和物流总成本至关重要。因此，有必要建立系统科学的仓配中心生产绩效考核指标体系。

仓配中心生产绩效考核指标是仓配中心生产管理成果的集中体现，是衡量仓配中心管理水平高低的标准。仓配中心企业利用指标考核仓配中心工作的意义有两个方面。

1. 对内加强管理，降低仓配中心成本

仓配中心和物流企业可以利用仓配中心生产绩效考核指标对内考核仓库各个环节的计划执行情况，纠正运作过程中出现的偏差，具体表现如下。

（1）有利于提高仓配中心管理水平。

仓配中心生产绩效考核指标体系中的每一项指标都反映某部分工作或全部工作的一个方面。通过对指标的分析，能发现工作中存在的问题，从而为计划的制订、修改及仓配中心生产过程的管理提供依据。

（2）有利于落实岗位责任制。

仓配中心的各项指标是实行经济核算的依据。因此，仓配中心的绩效考核有利于落实责任制，实行按劳取酬和对各种奖励的评定。

（3）有利于仓库设施设备的现代化改造。

一定数量和水平的设施和设备是保证仓配中心生产活动高效进行的必要条件，通过对比作业量系数、设备利用等指标，可以及时发现仓库作业流程的薄弱环节，有利于仓配中心有计划、有步骤地进行技术改造和设备更新。

（4）有利于提高仓配中心经济效益。

经济效益是衡量仓配中心工作的重要指标，通过指标考核与分析，可以对仓库的各项活动进行全面的检查、比较、分析，确定合理的仓配中心作业定额指标，制订优化的仓配中心作业方案，从而消耗合理的劳动，获得理想的经济效益。

2. 对外进行市场开发，接受客户评估

仓配中心和物流企业还可以充分利用仓配中心生产绩效考核指标对外进行市场开发和维护客户关系，给货主企业提供相对应的质量评估指标和参考数据。具体表现如下。

（1）有利于说服客户，扩大市场占有率。

货主企业在仓配中心市场寻找供应商的时候，在同等价格的基础上，服务水平通常是最重要的因素，如果仓配中心能提供令客户信服的服务指标体系和数据，就会在竞争中获得有利地位。

（2）有利于稳定客户关系。

在我国目前的物流市场中，以供应链方式确定下来的供需关系并不多，供需双方的合作通常以 1 年为限，到期后，客户会对物流供应商进行评估，来决定今后是否继续合作，如果客户评估指标反映良好，则将继续合作伙伴关系。

（二）仓配中心绩效评价的原则

仓配中心评价指标制订应遵循的原则如下。

①科学性。要求所设计的指标体系能够客观地、如实地反映仓配中心生产的所有环节和活动要素。

②可行性。要求所设计的指标便于工作人员掌握和运用，便于获得数据，便于统计计算，便于分析比较。

③协调性。要求各项指标之间相互联系、互相制约，不能相互矛盾和重复。

④可比性。在分析指标的过程中，对指标进行比较是很重要的，如实际完成与计划相比、现在与过去相比、与同行相比等。可比性原则要求指标在区间、内容等方面一致，使指标具有可比性。

⑤稳定性。要求指标确定后，应在一定时期内保持相对稳定，不宜经常变动、频繁修改。在执行一段时间后，经过总结再进行改进并完善指标。

二、设计仓配中心绩效评价指标

仓储与配送绩效评价指标可以从作业流程和运营管理两个角度来设计。

（一）从作业流程角度来设计

从作业流程角度来看，企业可以从入库验收作业、装卸搬运作业、在库保管作业、出库作业、配送作业、全流程 6 个方面来设计仓储与配送绩效评价指标。

1. 入库验收作业

入库验收作业方面的仓储与配送绩效评价指标及其计算公式为

$$\text{差错率}=\frac{\text{计算期内某作业的差错量}}{\text{同期该作业的总量}}\times 100\%$$

注：作业量（包括作业的差错量、总量）可按票数计，也可按件数计；差错率也可用于评价装卸搬运作业、在库保管作业、出库作业、配送作业的绩效。

$$\text{收货准确率}=\frac{\text{准时收货量}}{\text{总收货量}}\times 100\%$$

$$\text{单位收货量}=\frac{\text{总收货量}}{\text{人员工时总和}}\times 100\%$$

$$\text{平均收货时间}=\frac{\text{收货时间总和}}{\text{供应商送货次数}}\times 100\%$$

2. 装卸搬运作业

装卸搬运作业方面的仓储与配送绩效评价指标及其计算公式为

$$\text{装卸搬运劳动率}=\frac{\text{装卸搬运作业人数}}{\text{仓库作业总人数}}\times 100\%$$

$$设备利用率=\frac{设备实际使用时间总和}{可使用时间总和}\times100\%$$

$$搬运货损率=\frac{货损量（货损值）}{搬运货物总量}\times100\%$$

$$移动作业比率=\frac{移动的数量}{生产性作业的数量}\times100\%$$

移动作业比率是反映装卸搬运作业全面效率的指标。要获得高比率，就需要减少搬运步骤或采用机械化、自动化的搬运设备。

3. 在库保管作业

在库保管作业方面的仓储与配送绩效评价指标及其计算公式为

$$货账相符率=\frac{货账相符笔数}{储存货物的总笔数}\times100\%$$

$$货损率=\frac{货损量}{货物总量}\times100\%$$

$$库存准确率=\frac{总库存数-库存差异数}{总库存数}\times100\%$$

$$盘点品项误差率=\frac{盘点品项误差数}{盘点品项实际数}\times100\%$$

$$单位盘点差品金额=\frac{盘点误差金额}{盘点误差量}\times100\%$$

4. 出库作业

出库作业方面的仓储与配送绩效评价指标及其计算公式为

$$出货时间延迟率=\frac{延迟出货的货物总量}{出货总量}\times100\%$$

5. 配送作业

配送作业方面的仓储与配送绩效评价指标包括作业数量指标、作业质量指标、作业效率指标等。

①作业数量指标。作业数量指标包括日均受理订单数、人均拣选数量、单车日均送货户数、单车日均送货里程、单车日均送货量，各指标的计算公式为

$$日均受理订单数=\frac{订单数量}{作业天数}\times100\%$$

$$人均拣选数量=\frac{计算期内的拣选数量}{计算期内的拣选作业人员数}\times100\%$$

$$单车日均送货户数=\frac{计算期内的送货户数}{车辆数\times实际作业天数}\times100\%$$

$$单车日均送货里程=\frac{计算期内的送货里程}{车辆数\times实际作业天数}\times100\%$$

$$单车日均送货量=\frac{计算期内的送货数量}{车辆数\times实际作业天数}\times100\%$$

②作业质量指标。常用的作业质量指标为订单处理正确率，其计算公式为

$$订单处理正确率=\frac{无差错订单处理数}{订单总数}\times100\%$$

③作业效率指标。作业效率指标包括订单按时完成率、货物准时送达率、订单延迟率、订单

货件延迟率、紧急订单响应率，各指标的计算公式为

$$订单按时完成率=\frac{按时完成订单数}{订单总数}\times100\%$$

$$货物准时送达率=\frac{准时送达订单数}{订单总数}\times100\%$$

$$订单延迟率=\frac{延迟交货订单数}{订单总数}\times100\%$$

$$订单货件延迟率=\frac{延迟交货量}{出货量}\times100\%$$

$$紧急订单响应率=\frac{未超过12\text{ h}出货订单数}{紧急订单总量}\times100\%$$

6. 全流程

全流程指标不属于任何流程，通常是反映整个流程绩效的结果性指标，如坪效、仓储成本占比、单位仓储成本等指标，其计算公式为

$$坪效=\frac{收益}{仓储面积}$$

$$仓储成本占比=\frac{仓储运营成本}{主营业务成本}\times100\%$$

$$单位仓储成本=\frac{仓储运营成本}{仓储面积}$$

（二）从运营管理角度来设计

从运营管理角度来看，企业可将仓储与配送绩效评价指标设计为财务指标、运营指标、安全指标、服务指标。

1. 财务指标

财务指标包括利润总额、每吨货物保管利润、工资利润率、资金利润率、收入利润率、营业收入完成率、利润总额完成率、存货周转率、人均利润率、直间工比率等，各指标的计算公式为

$$利润总额=计算期内的总收入额-同期总支出额$$

$$每吨货物保管利润=\frac{计算期内的利润总额}{计算期内的货物储存总量}$$

$$工资利润率=\frac{利润总额}{同期工资总额}\times100\%$$

$$资金利润率=\frac{利润总额}{固定资产平均占用额+流动资金平均占用额}\times100\%$$

$$收入利润率=\frac{利润总额}{仓库或配送中心的收入总额}\times100\%$$

$$营业收入完成率=\frac{营业收入}{目标营业收入}\times100\%$$

$$利润总额完成率=\frac{营业利润}{目标利润}\times100\%$$

$$存货周转率=\frac{主营业务成本}{期间平均存货}\times100\%$$

$$人均利润率=\frac{利润总额}{全员人数}\times100\%$$

$$直间工比率=\frac{直接作业人数}{总人数-直接作业人数}\times100\%$$

除指标外，坪效、仓储成本占比、单位仓储成本也常被用于评价仓库或配送中心的财务情况。

2. 运营指标

企业可从基础管理、质量管理、队伍建设等方面对仓库或配送中心的实际运营情况进行定性评价，也可以设计定量指标来进行量化评价。定量指标包括资源利用程度方面的指标、作业量方面的指标、质量方面的指标、效率方面的指标。

①资源利用程度方面的指标。资源利用程度方面的指标有仓库利用率和设备利用率，各指标的计算公式为

$$仓库利用率=\frac{实际使用仓储面积}{仓库总面积}\times100\%$$

$$设备利用率=\frac{全部设备实际工作时数}{同期设备日历工作时数}\times100\%$$

②作业量方面的指标。作业量方面的指标主要为货物吞吐量（货物周转量），其计算公式为

货物吞吐量（货物周转量）= 一定时期内的进库总量+同期出库总量+货物直拨量

③质量方面的指标。质量方面的指标包括差错率、破损率、准时率（在对这些指标进行计算时，作业量（包括作业的破损量、准时量、总量）可按票数计，也可按件数计），各指标的计算公式为

$$破损率=\frac{计算期内某作业的破损量}{同期该作业的总量}\times100\%$$

$$准时率=\frac{计算期内某作业的准时量}{同期该作业的总量}\times100\%$$

④效率方面的指标。效率方面的指标包括单位作业量、平均收发时间、全员劳动生产率、内部订单周期，各指标的计算公式为

$$单位作业量=\frac{计算期内某作业的总量}{人员工时总和}$$

$$平均收发时间=\frac{收发时间总和}{收发货总数}$$

$$全员劳动生产率=\frac{利润总额}{同期平均全员人数}\times100\%$$

$$内部订单周期=\frac{作业时间总和（不包括非工作日）}{发货订单量}$$

3. 安全指标

仓库或配送中心的安全包括人员、设施、车辆、货物、货款、信息等方面的安全。安全指标可用发生的各种事故（如人员伤亡、仓库失火、车辆损坏、货物被盗、货款丢失及被盗、保密信息泄露等）的大小和次数来表示。

4. 服务指标

服务指标是企业内部为客户提供全部服务行为的评价指标。仅有服务意识并不能代表有满意的服务，企业还要建立一套完整的服务指标体系，作为服务工作的指导和依据。如果说服务意识是服务的软件保证，服务指标就是服务的硬件保证。常用的服务指标有客户满意程度、客户投

诉率、客户投诉及时处理率、订单满足率、交货准时率，各指标的计算公式为

$$客户满足程度=\frac{满足客户要求的数量}{客户要求的数量}\times 100\%$$

$$客户投诉率=\frac{投诉客户数}{总客户数}\times 100\%$$

$$客户投诉及时处理率=\frac{客户投诉及时处理数量}{客户投诉总数量}\times 100\%$$

$$订单满足率=\frac{满足订单数}{订单总数}\times 100\%$$

$$交货准时率=\frac{准时交货次数}{客户要求交货的次数}\times 100\%$$

三、实施仓配中心绩效评价

（一）绩效评价标准

绩效评价标准是对评价对象进行分析和评价的标尺。根据用途的不同，仓储与配送绩效评价标准常被划分为 4 类。

1. 历史标准

采用历史标准，是指以历史同期水平或历史最高水平为衡量标准，将仓储与配送绩效实际达到的水平与自身历史水平进行纵向比较。这种比较能够反映仓储与配送绩效评价指标的发展动态和方向，为进一步提升仓储与配送绩效提供决策依据，但采用历史标准的评价结果缺乏横向的可比性，具有排他性特点。

2. 计划标准

计划标准又称预算标准，是仓储与配送绩效评价的基本标准。采用计划标准，是指以事先确定的计划、预算和预期目标为评价标准，将仓储与配送绩效实际达到的水平与计划水平进行对比。采用计划标准的评价结果反映了仓储与配送绩效计划的完成情况。但计划标准的人为因素较多，主观性较强。

3. 同行标准

采用同行标准，是指以国际或国内同行业的绩效状况作为评价本企业仓储与配送绩效的标准。采用同行标准的评价结果比较切合实际且具有横向的可比性，便于了解企业在行业中所处的位置，有助于企业制定仓储与配送发展战略。

4. 客户标准

采用客户标准，是指从客户角度衡量企业的仓储与配送绩效。客户的满意程度是评价企业仓储与配送服务水平的重要指标，是企业改进和提高仓储与配送服务水平的重要依据。

（二）绩效评价方法与工具

1. 绩效评价方法

绩效评价方法很多，这里介绍几种常用的仓储与配送绩效评价方法。

（1）直接指标法。

直接指标法采用可监测、可核算的指标构成若干评价要素，作为对仓储与配送绩效进行评价的主要依据。该方法属于结果导向型的绩效评价方法。

直接指标法简单易行，能节省人力、物力和管理成本。在运用该方法时，评价人员需要重视

基础资料，建立、建全各种原始记录。

（2）目标管理法。

目标管理法是通过将企业的整体目标逐级分解至个人目标，根据评价对象完成工作目标的情况来进行评价的一种绩效评价方法。在开始工作之前，评价人员和评价对象对需要完成的工作内容、时间期限、评价标准达成一致。在工作结束时，评价人员根据评价对象的工作状况及事先制订的评价标准来进行评价。

（3）绩效标准法。

绩效标准法与目标管理法类似，但它采用更多、更直接的评价指标，而且标准更加具体详细。评价人员先依照标准逐一评价，然后按照依据各评价标准的重要性确定的权重，进行评价分类汇总。绩效标准法的优点是为评价对象提供了清晰、准确的努力方向，具有更加明确的导向和激励作用，其局限性是需要消耗较多的人力、物力和财力，管理成本较高。

需注意的是，评价指标要明确、具体、合理；要有时间、空间、数量、质量的约束限制；要按规定的先后顺序完成目标，保证评价对象目标与企业目标的一致性。

（4）等级评定法。

等级评定法是应用普遍且容易操作的一种绩效评价方法。该方法的操作步骤为：首先，给出不同等级的定义和描述；其次，针对每个评价指标按照给定的等级进行评价；最后，给出总的评估。在应用等级评定法时，每个评价人员都对 N 个事物排出一个等级顺序，最小的序数为 1，最大的序数为 N，若并列等级，则平分共同应该占据的等级，例如，平时所说的两个事物并列第一名，他们应该占据第一，第二名，所以他们的等级应是 1.5。

等级评定法的运用容易遇到一些问题：首先，操作上的简便使人们容易做表面工作，在进行等级评定时敷衍了事；其次，一些主管人员习惯将较多的员工评定为较高等级，因此常常出现大量绩效为优秀的员工；最后，有时对等级评价标准的表述得比较抽象和模糊，让人产生误解，从而导致不同的评价人员选用的评价标准不一致。

（5）重要事件法。

重要事件法又称关键事件法。在运用重要事件法时，评价人员要在平时注意收集评价对象的重要事件。这里所说的重要事件是指那些对部门的整体工作绩效产生积极或消极影响的事件。评价人员要对这些重要事件形成书面记录，并对这些书面记录进行整理和分析，最终形成评价结果。

重要事件法的优点：对事不对人，让事实说话；评价人员不仅要注重对行为本身的评价，还要考虑行为产生的背景。重要事件法的缺点：重要事件的观察和记录费时费力；评价人员只能做定性分析，不能做定量分析。

知识拓展

360 度考核法、比较分析法和功效系数法

2. 绩效评价工具

评价人员使用一些绩效评价工具能方便地实施仓储与配送绩效评价。常用的绩效评价工具有检查表、平衡计分卡（balanced score card，BSC）。

（1）检查表。

检查表可用于记录评价对象的各项评价数据，为进行问题分析及关键因素识别提供数据。检查表的使用非常便捷，易于数据的整理和分析。例如，评价人员可以用 Excel 表格来记录检查到的问题，可将问题发生的频率数据直接输入 Excel 表格中，以便于数据整理和分析。评价人员可以根据需要设计各种检查表。仓储与配送质量检查表示例如表 8-2-1 所示。

表 8-2-1 仓储与配送质量检查表示例

月份	送达延迟/次	包装损坏/次	差错率/%	紧急订单响应率/%

（2）平衡计分卡。

平衡计分卡是一种综合绩效评价体系。平衡计分卡的内容包括财务、内部流程、客户、学习与成长四个维度的内容。

①财务维度：财务指标是一个重要的指示器，企业力争改善内部流程、关注学习与成长、提高客户满意度最终都是为了改善财务指标。

②内部流程维度：主要关注企业在哪些流程上表现优异才能实现战略目标。例如，为了获得客户的满意，为提供高质量的产品和服务，为获取市场领先地位，企业在各内部流程上分别应该做到什么程度。

③客户维度：主要关注客户如何看待企业，企业能在多大程度上提供使客户满意的产品和服务。这个维度的重要指标有市场份额、客户满意度、客户保有率等。

④学习与成长维度：主要关注企业必须具备或提高哪些关键能力才能改善内部流程，进而实现财务和客户维度的目标。

平衡计分卡中的每个指标都是一系列因果关系中的一环，既是结果，又是驱动因素。通过各个指标把相关部门的目标同企业战略联系在一起。员工的技术素质和管理素质决定产品和服务的质量，产品和服务的质量等决定客户满意度和客户信任度，客户满意度、客户信任度、产品和服务的质量等决定企业的财务状况和市场份额。为取得更好的经营成果，企业必须让产品和服务赢得客户的信赖；要赢得客户的信赖，企业必须提供能让客户满意的产品服务，并为此改进内部生产流程；要改进内部生产流程，企业必须对员工进行培训，开发新的信息系统。

知识链接

关键绩效指标法

（三）绩效评价的流程

目前，学术界关于绩效评价的流程已达成基本共识，不少学者同意将绩效评价的流程分为制订评价计划、确定评价标准与方法、收集资料、分析与评价、运用评价结果五个环节。

1. 制订评价计划

为了保证绩效评价顺利进行，企业需要制订评价计划，在明确评价目的的前提下，有针对性地选择评价的对象、内容、期限、人员等。

2. 确定评价标准与方法

评价标准是对评价对象进行分析和评价的标尺。仓储与配送绩效评价标准有历史标准、计划标准、同行标准、客户标准四类。在确定评价标准后，还要选择相应的评价方法。

3. 收集资料

在收集资料环节，企业面临的问题是资料处理量非常大，这是因为资料的来源非常广泛。既有财务资料，又有非财务资料；既有企业内部资料，又有外部资料；既有近期资料，又有远期资料等。

4. 分析与评价

在分析与评价环节，企业要采用科学、合理的评价方法与工具，对评价指标进行分析与计算，从而得出评价结果。其具体步骤为：用评价指标评价仓储与配送绩效的各部分，如从财务角度、运营角度、安全角度、服务角度得出各部分的单项评价值；利用一定的计算方法（如加权平均法），得出关于评价对象的评价值；将得出的评价值与标准值进行比较，形成评价报告。

5. 运用评价结果

得到评价结果并不意味着评价工作的结束。在获得仓储与配送绩效评价结果后，企业还应将仓储与配送绩效评价结果运用到经营管理中。

学习案例

区域汽车零部件配送中心绩效评价指标体系构建

任务实施

A 公司仓配中心的小陈设计了新的仓配绩效评价指标，为了更好地开展仓配绩效评价工作，绩效评价小组需要制订仓配绩效考核计划并实施。

步骤一：制订仓配绩效评价计划

评价对象：A 公司的仓配中心。

评价内容：仓配绩效。

评价期限：本年度 1~6 月份。

评价人员：由 A 公司的人力资源部门、财务部门、行政部门、配送中心等部门组成的绩效评价小组。

评价标准：历史标准、计划标准、客户标准。

评价方法：根据 A 公司的规模、企业文化、绩效考核制度及仓配中心的发展情况，绩效评价小组选择的评价方法有直接指标法、目标管理法、绩效标准法、重要事件法、比较分析法。

评价工具：为更好地评价 A 公司的仓配绩效，绩效评价小组选用的评价工具为检查表。

仓配绩效评价的流程如下。

1. 收集资料

绩效评价小组对照仓储与配送绩效评价指标，从人力资源部门、财务部门、行政部门、配送中心等部门收集人员数量、利润总额、仓储面积、设备类型与数量、客户投诉、客户满意度、作业数据、安全管理等资料。

说明：绩效评价小组应全面收集有关资料，力求做到客观、准确和全面；在此环节可使用检查表。

2. 分析与评价

绩效评价小组使用直接指标法、目标管理法、绩效标准法、重要事件法、比较分析法等方法对 A 公司的仓储与配送绩效进行分析与评价。具体步骤：①运用直接指标法得出各部分的单项评价值，对安全指标的评价采用重要事件法；②对照历史标准、计划标准、客户标准，运用目标管理法、绩效标准法、重要事件法、比较分析法等方法对A公司的仓储与配送绩效进行综合分析与评价。

3. 运用评价结果

绩效评价小组将评价结果用于A公司的经营管理中。

步骤二：按计划进行仓储与配送绩效评价

绩效评价小组按计划对A公司仓配中心进行仓配绩效评价。

注意事项。

①不能缺少评价标准。

②资料收集要客观、准确和全面。

③熟练掌握常见的绩效评价方法与工具。

素养园地

发展以人民为中心的现代物流体系

课后习题

供应链仓配中心综合绩效评价

项目评价

<table>
<tr><td colspan="3">知识巩固与技能提高（40 分）</td><td>得分：</td></tr>
<tr><td colspan="4">计分标准：任务课后习题得分 = 2×单选题正确个数+3×多选题与填空题正确个数+1×判断题正确个数+5×简答题正确个数
得分 = 项目任务课后习题得分总和/任务数量</td></tr>
<tr><td colspan="3">学生自评（20 分）</td><td>得分：</td></tr>
<tr><td colspan="4">计分标准：初始分 = 2×A 的个数+1×B 的个数+0×C 的个数
得分 = 初始分/24×20</td></tr>
<tr><td>专业能力</td><td>评价指标</td><td>自测结果</td><td>要求
（A 掌握；B 基本掌握；C 未掌握）</td></tr>
<tr><td>了解供应链仓配中心内部成本管理</td><td>1. 仓配中心成本管理分类；
2. 仓配中心成本构成；
3. 运输成本控制；
4. 仓储成本控制；
5. 配送成本控制</td><td>A□ B□ C□
A□ B□ C□
A□ B□ C□
A□ B□ C□
A□ B□ C□</td><td>了解仓配中心内部成本管理分类，熟悉仓配中心成本构成，掌握运输、仓储和配送成本的控制，能够对企业仓配运作进行成本核算和控制</td></tr>
<tr><td>掌握供应链仓配中心综合绩效评价</td><td>1. 仓配中心评价；
2. 仓配中心绩效评价指标；
3. 仓配中心绩效评价标准；
4. 仓配中心绩效评价方法与工具；
5. 仓配中心绩效评价流程</td><td>A□ B□ C□
A□ B□ C□
A□ B□ C□
A□ B□ C□
A□ B□ C□</td><td>了解仓配中心评价的意义与原则，熟悉其各类评价指标，掌握绩效评价的方法、工具和流程。能够合理设计仓配中心绩效评价指标，对供应链仓配运营的结果进行分析，对仓配运营的绩效进行综合评价</td></tr>
<tr><td>职业道德思想意识</td><td>1. 改善不足之处，不断进步；
2. 资源的合理使用，避免浪费</td><td>A□ B□ C□
A□ B□ C□</td><td>不断提高自己的工作能力和专业水平，注重把控成本，进行精细化管理，为企业节省成本</td></tr>
<tr><td colspan="3">小组评价（20 分）</td><td>得分：</td></tr>
<tr><td colspan="4">计分标准：得分 = 10×A 的个数+5×B 的个数+3×C 的个数</td></tr>
<tr><td>团队合作</td><td>A□　B□　C□</td><td>沟通能力</td><td>A□　B□　C□</td></tr>
<tr><td colspan="3">教师评价（20 分）</td><td>得分：</td></tr>
<tr><td>教师评语</td><td colspan="3"></td></tr>
<tr><td>总成绩</td><td></td><td>教师签字</td><td></td></tr>
</table>

项目九 供应链智慧仓配数字化运营

项目概述

全球正在由行业经济向数字经济转型过渡，物流业正在并将长期处于数字化转型发展的阶段，沿着数字化、网络化、智能化阶段不断跃升。我国数字化进程在不断加快，作为国民经济重要一环的物流业数字化转型趋势已成定局。同时，电子商务物流保持高速发展态势。数字化促进电子商务健康发展，使电商企业与仓配物流企业形成联动，使物流在智慧化过程中“聪明”起来。

项目导航

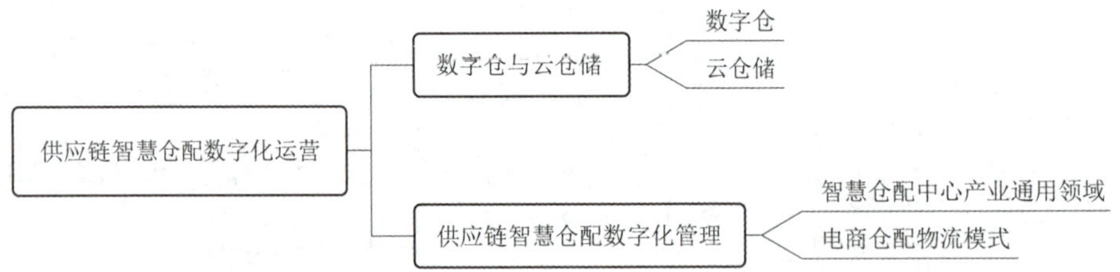

学习目标

知识目标：

熟悉数字仓与电商发展的内在联系；

了解行业中云仓储的模式特点和运用价值；

掌握云仓储模式在互联网下的商业运作模式及作用；

掌握电子商务下的仓配物流模式。

技能目标：

能够利用所学知识掌握数字仓的主要内容、运作流程及特点；

了解我国云仓储的发展趋势，发现云仓储在发展中存在的问题并提出改进措施。

素养目标：

培养学生综合应用所学知识的能力；

养成创新管理的思维模式，善于发现工作中的问题，提出解决问题的方案。

任务一　数字仓与云仓储

案例导入

中通数智云仓储

任务导入

随着物流信息技术的不断进步，A 公司想要提升仓配中心的竞争力，于是安排小陈整理数字仓与云仓储的方案，通过技术改进来提升客户服务质量。

一、数字仓

在“互联网+”的带动下，电商企业正在摒弃之前自建物流仓储与第三方物流之间的模式竞争，把竞争焦点集中在物流智能化上。这也给仓配一体化发展带来了前所未有的创新发展机遇。从整个物流服务市场看，物流智能化布局已久，已经是电商企业的下一个蓝海。现在，优秀的电商企业将物流战略核心纷纷瞄准智能化的推动，从智能仓储到无人机送货，仓配物流浸透着智慧气息。在我国电商加速发展的进程中，企业纷纷将信息化手段运用到仓配物流之中，而这都离不开“互联网+智慧”在其中发挥的作用。

目前，物流信息的收集也体现出数字化的特征；在信息的处理方面又体现出计算机化和电子化的特征；在仓配物流信息传递的过程中，已经呈现出实时化和标准化的特征。信息化和智能化是现代物流发展中的重要特征，这些信息技术又为仓配管理创新提供了基础。

（一）数字仓管

数字仓的核心是数字仓管，在仓库租赁关键词搜索排名方面，大多数仓配服务商往往没有充足的营销推广资金与技术。解决这一问题的方式是采用更加简单、经济、高效的在线数字仓管策略。

1. 数字仓管的概念

数字仓管是物联云仓联合优质的仓配服务商，依托领先的仓储物流专业管理系统与物联网智能硬件技术，共同为货主打造的数字化仓储服务网络平台，使仓配管理更简单、灵活、经济、高效。满足仓库作业流程重塑与作业人员充分互动，实现电子仓配精准管控与科学管理的目标，保证品牌统一推广，货品动态增减不爆仓、不浪费。

2. 数字仓管的技术手段

实现仓库租赁推广和管理活动的经济、高效是数字管理的目的，数字仓管依托物联网实现仓库管理数字化，首先体现在云仓有在线仓配服务需求，可带来大量的客源；其次体现在提供专业仓库作业优化流程，积极拓展高峰期订单作业能力；最后体现在提供云仓广域增强系统（wide area augmentation system，WAAS）、WMS、TMS 等智能软件管理系统支持，流量计费，动态增减仓，不再爆仓和浪费。

（二）数字仓管特色服务

1. 数字仓管的增值服务

数字仓管的增值服务是核心服务内容。第三方仓配物流服务并非简单的库房发货，这是较低技术含量的服务。数字仓管除了为仓配服务商提供客户来源、专业的市场推广和专业的仓储规划设计方案，还联合全国优质的仓配服务商，共同打造了覆盖全国的仓配一体化网络平台共同仓配，有效解决了现有第三方仓配物流服务存在的问题。

2. 数字仓管的金融服务

数字仓管的金融服务是提供仓配企业表外业务的基础。数字仓可以联合相关金融机构，为广大仓配服务商提供智慧仓配融资服务，支持仓配服务商升级改造；携手保险公司提供仓配保险服务，共同为客户降低存货风险；通过平台商城实现耗材拼团采购，降低成本等增值服务。

3. 数字仓管的延伸服务

数字仓管的延伸服务可以衍生多项服务内容，提高仓配企业自身服务产品的个性化和多样化。数字仓管的出现，不仅可以将仓配服务商的精力更多地解放出来以经营高端的运营和管理，还可以有效提高仓库租用率，提升仓储设施的柔性，解决因缺少智能管理系统、缺少优质客户和仓库闲置率高造成的难题。

二、云仓储

云的概念来源于云计算，是一种基于互联网的超级计算模式，在远程的数据中心里，成千上万台电脑和服务器连接成一片。云仓储的概念正是基于这种思路，在全国各区域中心建立分仓，由公司总部建立一体化的信息系统，用信息系统将全国各分拣中心联网，分仓为云，信息系统为服务器，实现配送网络的快速反应。

在这一模式下，货品可直接由仓储被送到公司的公共分拨点，实现就近配送，极大地减少了配送时间，提升了用户体验，这给那些对物流水平需求极高的企业带来了新的机遇。

（一）云仓储的概念

云仓储是一种全新的仓配体系模式，它主要依托科技信息平台，充分运用全社会的资源，做到迅速地选择理想的仓储服务。云仓储平台是集仓储管理、货物监管为一体的现代仓储平台，通过条形码监控、视频监管、互联监管、联盟监管这四大功能，对货物的入库、出库、移库、加工等环节进行规范化、可视化管理，可为客户提供可视稽查、实时监控、信息归集、全局控制、信息智能推送等系统化、全方位服务。

对于传统的，与人们生活息息相关的物流行业而言，信息时代技术的飞速发展已经对行业的走向及成长产生了深远的影响，云热潮将给整个仓配行业带来深层次的变革。

1. 云技术

云技术主要是指云计算。云计算是由分布式计算、并行处理和网格计算发展而来，是由大量计算机构成的资源，用来共同处理计算任务，并为各种应用系统提供计算能力、存储空间及服务的新兴商业计算模型。

通俗来讲，云计算中的“云”是存在于互联网中服务器集群上的大量资源，本地计算机用户通过互联网发送需求信息，就可以申请使用这些资源，节省了本地计算机的大量计算和处理工作，获得了更高的工作效率和质量。例如，中通云仓科技将仓储和快递服务无缝衔接，客户只需将生产出的商品放入到设在中通快递分拨中心楼上的“中通云仓”后，便可享受“楼上仓储发货，楼下快递配送”的极速物流供应链服务。

知识拓展

物流云技术

2. 移动云仓储

移动云仓储是“云”技术整合物流行业资源的媒介，利用“云”概念整合运力、仓储、配送等资源，突破物流信息流转障碍，减少重复物流活动，降低资源浪费。

（1）移动云仓储的概念。

移动云仓储的基本思想是结合物流行业已有的 RFID，GPS 等信息管理技术，实现物流过程中信息流转的对称性，将存在于物流网络中的众多资源，如分散的运力、规模不等的仓储等，借助大数据分析，进行资源的重新整合和调配。同时利用云计算中分布式计算、并行处理、集中管理的技术，将在闲置期间的这些资源作为服务提供给需要的企业和用户，让传统物流过程中的搬运和仓储不只是固定不变的流程，而是融入移动搬运的过程，进入动态的调控和管理中，从而减少物流过程中存在的大量资源浪费，最终实现物流网络中资源的最优化配置。

（2）移动云仓储的作用原理。

一般来说，物流中的货物具有两种属性，即物理属性和逻辑属性。

物理属性是指货物当前的状态、所处位置，以及未来将到达的位置等基本物理信息。逻辑属性指的是货物在逻辑上所处的位置。经销商对生产厂家下单后，生产厂家相应造出产品的逻辑属性就是“经销商”，只不过此时是属于“经销商的分销中心”，而产品在离开前，物理属性中的位置都是属地。当分销中心确定货物被发往属地的销售部门后，这批产品的逻辑属性就变成了“属地销售部门”，而此时货物的物理属性还需要经过几次变化，才能再次回到“属地”，达到物理位置和逻辑归属的契合。在这个过程中，可以看到，货物在物流活动的最后阶段，一般都需要实现物理属性和逻辑属性的重合，而移动云仓储要做的，就是要简化这个重合的过程。

（3）移动云仓储赋能物流。

移动云仓储中，物流管理者通过云网络和信息技术，解决物流信息不对称、不开放的问题。在实现物流过程中各个环节间信息流转的及时性和对称性的基础上，进行资源的大规模整合配置，在云端的处理过程中完成货物物理属性和逻辑属性的契合。物流管理者将统一的货物属性归纳为物流属性，在物流属性的支配下，货物的运输过程可以省去很多不必要的环节。从经销商下单到厂家开始，直到货物到达最终目的地的过程，物流管理者以货物的物流属性为指引，通过移动云仓储的云平台，对整个物流过程进行动态调控，削减重复的运输和堆积的存储，提高资源的利用率及物流环节的效率。

（4）移动云仓储对物流功能的扩张。

在云平台的环境下，正是由于满足了物流过程信息流转的需求，移动云仓储得以进一步扩大了仓储的概念，将传统的仓储概念延伸到移动单元，为传统物流过程中单一的搬运工具赋予了一定的仓储属性，利用云技术实现物流过程中搬运到仓储的跨越，甚至可以说，搬运，即仓储。在云仓储分担一部分仓储的工作后，物流网络中原有的资源可以被用于更需要的地方，同时物流过程中往返于不同仓储地点间的重复搬运也大大减少，实现资源的高效利用和最少浪费，这也将是未来物流行业向高度集成化、网络化、信息化发展的必要条件。

知识链接

云仓体系的搭建

（二）云仓储与传统仓储的区别

1. 仓储物品种类差异

传统仓储储存货物往往体现货物品类单一化，一个仓储只有几种品类，云仓则可以根据客户订单到不同仓库取货，甚至是异地就近匹配货物。自动化、智能化设备提高了货物的拣选效率，进一步提高了物流效率，改变了以往仓储的方式，根据订单自动化或人工拣选，形成最终包裹。由于电商货物体积重量相对较轻，因此使得方案可以实施。

2. 货物匹配方式

传统的仓储是货物品类单一存放，配送是单一制的集中配送。而云仓是利用大数据实现就近仓储下订单、拣选配送，可以节省物流费用、提高配送效率。

3. 物流设备及技术

除了要求管理精益求精外，如何才能提高整体流程的效率呢？这就要应用云仓的自动化装备和信息化软件。和传统仓储不同，云仓由于其发货的特点是多批次小批量，因此为了保证正确率，需要通过软件系统和硬件装备来共同完成。软件方面：WMS 及 RFID 的条码信息化处理；硬件方面：自动分拣机、巷道堆垛起重机等一系列自动化设备。这些都是传统仓储所不具备的，也是同云仓主要的差异所在。

4. 商业模式

云仓中的云是飘在天上的，仓是在地上的，有点类似线上线下（online to offline，O2O）商务模式，是线上和线下的结合。而传统仓储更关注的是在哪里有仓、多大的仓。O2O 模式中云包含的内容很多，不仅是 WMS 系统里面的数据，而且是整个供应链环节的信息，如商流、信息流、资金流等，即大数据。

5. 运营模式

云仓更具互联网思维，例如，很多客户不知道传统仓储，但是知道云仓，说明云仓更容易抓住用户眼球。再例如，“双十一”的时候企业都在宣传自己首单的拣货效率，把客户关注不到的库内的地方用数据展示出来。

6. 管理模式

在技术不一样、商业模式不一样、管理的思维不一样的情况下，管理方式肯定会有些变化。要顺应新技术、新模式、新思维的发展。例如，云技术很厉害，上下架策略、拣选路径计算肯定更准确，仓管操作系统更便捷，那么在操作管理上是不是可以更依赖云技术，就需要结合经验和熟练度来判断了。

知识拓展

云仓储的优势与效益分析

任务实施

A 公司通过嵌入式、物联网、RFID 等技术，搭建一个云平台仓配物流实训系统，模拟云仓储的管理过程。

步骤一：云仓储系统总体架构

基于 RFID 技术的云仓储管理系统总体构造有物流跟踪检测环节、手持终端、仓库基本设施、智能小车，如图 9-1-1 所示。

步骤二：云仓储硬件系统

目前，由于条件因素只能对系统进行初步模型的研究与设计，后期逐步优化，进而形成一个完整的云仓储物流系统。系统的硬件主要包含 RFID 电子标签、手持读写设备、无线基站、WiFi 网络交换机、计算机和服务器，硬件结构如图 9-1-2 所示。

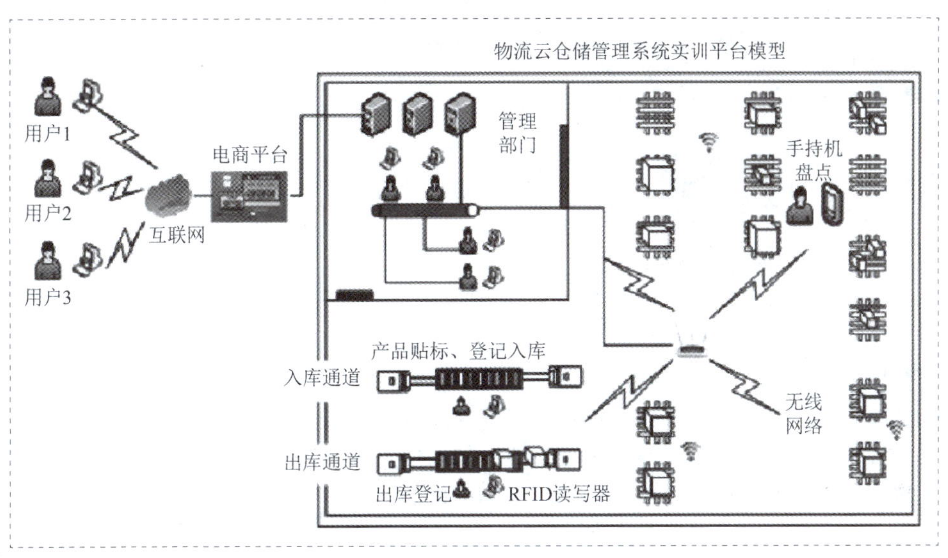

图 9-1-1　云仓储管理系统原理框架图

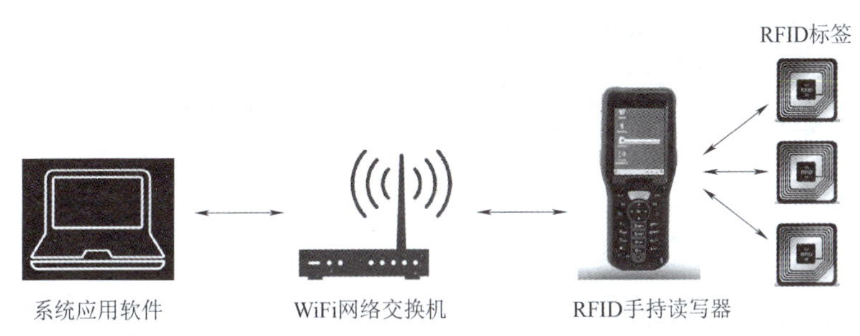

图 9-1-2　系统硬件框架图

步骤三：云仓储软件系统

包括以下几个模块：数据查询部分、基础数据部分、入库部分、出库部分、盘点部分、门禁管理部分、人员管理部分、智能管理分析部分、货位管理部分和系统设置部分。

步骤四：系统运行窗口实现

基于云仓的货架物资管理系统窗口中包括“物资监控”“设置”和“帮助”3 个菜单。“物资监控”菜单中包括物资“监控”和“库存预警”。“设置”菜单中包括“物资参数”设置和“系统参数”设置，选择各个菜单会出现相应的窗口。

素养园地

服务粮食融资监管，助力乡村振兴

课后习题

数字仓与云仓储

任务二　供应链智慧仓配数字化管理

案例导入

丹鸟物流运用大数据来提高自己的时效和运力

任务导入

A公司想要将科技充分应用在实践及管理中，提高生产效率，提升企业价值。信息是物流企业发展的基石，对仓配物流公司而言十分重要。如果信息不通畅，不能有效处理信息，就会造成企业与客户的交流阻碍，面对这样的问题，小陈应该如何应对？

相关知识

大数据、互联网、物联网、5G、人工智能技术等开启了新时代物流行业高质量发展的新征程。当今，新技术的发展趋势不断扩大，物流与供应链模式将发生巨大变革。新技术的应用使物流行业得到充分提升，数据成为能源、土地之后的新型经济驱动要素。利用数字挖掘与价值创新，随着高质量发展，基于智能化、数字化转变，物流行业拓展了新领域，在战略规划和商业运营创新模式等方面进行全方位部署，避免了同质化竞争，并开创智能化、数字化等新技术在物流领域的应用。

一、智慧仓配中心产业通用领域

大数据应用全面铺开存在较大难度，但集中应用于智能物流中心和智能物流园区则较为容易。智能物流上升为智能供应链，就是大数据的应用。

1. 仓配中心智能控制

基于先进技术建立全自动化仓配中心（园区），使智能管理控制实现“四流合一”的全面协调。先进的自动化仓配中心，可实现机器人装卸与堆垛，如AGV进行物料的搬运、自动化的堆垛机操作、自动化的传输与拣选、自动出入库。智能物流中心（园区）信息与ERP系统无缝对接，整个仓配中心（园区）与生产制造等各环节实现全自动化，这是物联网的基本应用模式。

2. 智慧物流供应链

（1）构建智慧物流供应链体系。

目前，供应链中大量的大数据技术正在使用，利用计算机技术、传感技术、RFID技术、条形码技术、视频监控技术、无线网络传输技术、物联网技术等现代信息技术，构建完善的采购需求子系统、物料需求计划子系统、配送管理子系统、仓库管理子系统。这些子系统的数据经过一系列整理后，在大数据技术的支持下可以实现产品生产、供应全流程的可追溯。基于大数据技术构建数据交换平台、物流信息共享平台、财务管理和结算系统、决策支持分析系统，实现物流企业的信息化、整体供应链的信息化，构建智能物流供应链体系。

（2）智慧物流供应链管理。

在大数据背景下，智慧物流联合云制造、云销售等技术，对采购物流数据、生产物流数据、销售物流数据及客户数据进行采集与分析，实现智能物流供应链一体化运营管理。

3. 传统供应链管理向智能化、数字化供应链转型

（1）从传统供应链管理向数字化供应链转型。

①由“链式”供应链向“网状”数字化供应链转型。物联网、大数据、云计算、人工智能等前沿技术的发展，推动传统“链式”供应链向“网状”数字化供应链转型。这给全球范围内的企业带来了新一轮的发展机遇，促进传统供应链改造升级，并向数字化供应链转型。在数字经济时代，传统业务模式正在被彻底颠覆，创新型技术正在推动数字化转型。

②全方位的转型实现商业模式的创新。传统供应链向数字化供应链转型，并非只是在企业内部引入智能化、数字化的高新技术、信息系统，还需要企业从供应链的各个环节，对企业管理、人力资源管理、客户管理、市场管理、运输和仓储管理等各个方面进行全方位的转型，最终实现整个商业模式的创新。

③预测个性化需求。利用大数据预测市场供需方面的变化与个性化需求。

④共享共赢。带动上下游合作伙伴打通数据信息，建设数字化供应链，这需要获取供应链中不同参与者的数据，仅靠供应链自身的运作是无法向数字化供应链转型的。

⑤流程设计合理化。利用大数据技术，通过改善库存管理、质量管理、员工管理，使流程设计合理化。

（2）实施路径和行业经验。

①产业智能化升级。产业智能化升级有利于整个物流行业的技术提升，在整合物联网的同时可以提高产业数字化管理能力，推动物流行业从数字化向智能化转型。产业智能化升级是我国物流行业发展的方向和路径。

智能物流业与传统物流业有七点不同，分别是智能感知、智能整理、智能分析、智能优化、智能链接、智能修正、智能反馈。

②产业价值链之根。大数据思维是“链”式数字产业价值链之根，这一前沿理念正成为引领每一个行业的新未来。

（3）智能供应链建设的三大趋势。

一是物流与供应链生态整合；二是以需求驱动为价值导向；三是智能的物流与信息流协同互动。

4. 仓配数字化应用管理

仓库的数字化改造体现在数据与物理场景的融合方面。利用移动感知视频、电子围栏、GPS、无线 RFID 等技术，对物流及库存商品实施远程监测，提升智能风控水平，利用人工智能技术可以实现货物管理和物流调度。一系列科技企业开发出相应的新科技，例如，能够反映状态的传感装置，实时追踪货品的性状；引进 3D（three dimensions）激光扫描堆位体积的方式，实时采集质量信息；针对食品物资，引进了用于质检的传感设备，监视仓库环境的温度、湿度。全部数据将通过物联网系统实时上传至云端，货物进入仓库后的一切变动，包括到货、入库、看货、出库、离场、盘库、移库、过户等变动将实时呈现。

①库存管理。传统的库存管理实践效率较低，根据需求预测结果可以预先判断库存管理是否合理及具有先进性，还可降低库存、减少资金占用。

②物资配送。在解决物资配送问题时，可以运用人工智能技术规划出最优的配送路线，减少运输时间和成本。无人配送车通过自动驾驶技术实现无接触、自动化配送。

③物资可视性。利用 RFID 信息，跟踪所有货物运输环节。

④设备保护预测。运用物联网技术，在设备上安装芯片，可实时监控设备运转数据，并经过大数据剖析进行预先保护，延长设备使用寿命。随着机器人在物流环节中的应用，设备保护预测将是未来十分广泛的应用。

⑤评估指标及结果。针对供应链管理的评估维度，用来进行评估的指标包括：决策、能力、预测、行动、计划、监控、效果、展示。多个维度各项指标的评价结果，是企业供应链运营能力的一个客观评定。

二、电商仓配物流模式

以最初实施电商仓配一体化业务为起点的快递、快运企业，其主要业务还是个人商务快件、公路零担，很少有企业把整体物流业务综合外包给快递、快运企业。然而，B2C 电商的快速发展驱动了基于电商仓配一体化服务的新业务的发展。这次变革作为商品销售渠道，超越了以前的综合性大卖场，如百货公司、连锁零售企业的单个门店。B2C 电商通过提供正品、低价、便捷的支付和收货方式，刷新着消费者的购物体验。

知识拓展

B2C 电商履约

（一）电商仓配一体化模式改变

随着客户对电商物流服务要求越来越高，为了支持最终消费者订单快速得到满足的需求，急需实现库存本地化。大多数电商考虑将仓储管理交给电商平台或快递企业，由其完成仓储管理、商品拣选、包装、上门配送，以实现商品的快速交付。

1. 电商仓配一体化

电商仓配一体化将收货、仓储、拣选、包装、分拣、配送等功能集成起来，由一家企业完成，服务贯穿整个供应链的始终。与各环节独立运行的物流服务模式相比，电商仓配一体化简化了商品流通过程中的物流环节，缩短配送周期，提高物流效率，使整个业务流程无缝对接，实现货物的实时追踪与定位，减少物流作业差错率。同时，货物周转环节的减少，势必减少物流费用，降低货物破损率，还可以根据供应链的性质和需求定制服务流程。

2. 仓配一体化的合同制物流

现在，随着电商业务高速发展，越来越多的物流包裹由合同制物流公司流向京东、苏宁等电商物流企业和顺丰、“四通一达”等快递企业。

合同制物流尚有一定作用空间，经过多年的业务磨合，其服务范围不仅仅限于货物装卸、运输、仓储业务，还关系到客户企业的销售计划、库存计划、订货计划、生产计划等整个生产经营过程。但轻资产型、管理型的运作模式在市场上发展空间受限，使合同制物流到 B 领域的业务不断萎缩，业务规模一直发展滞后。

与合同制物流公司相比，快递企业、电商物流企业坚持投入资产型，物流网点数以千计，配送队伍数以万计，网络覆盖能力更强，为实现全国范围内的仓配一体服务打下了坚实的基础，支持批量更小、频次更高的物流，既可服务电商到 B 领域的大批量物流，还可实现电商到 C 领域的包裹级仓储、分拣、配送，业务兼容性强，反应灵敏。

3. 仓配一体化的标准化物流

电商精细化、精准化、可视化运营，离不开科学的计划，而有效率的仓配物流管理体系能解决这个问题。仓配标准化、发货标准制订、库房规划、仓库绩效、物流绩效实现等问题也会在一体化背景下逐步得到解决。

在电子商务三大系统中问题最大的是物流系统，完善仓储物流的模式创新是电子商务在新时期快速发展的关键。目前，电子商务企业的发展参差不齐，除了采取企业自营的方式之外，中小企业也探索了其他形式的仓储物流模式，实现企业的健康发展。

在创新仓配模式的同时，借助新零售的推力，在物流的发展进程中，需要优化流程和制度，从而降低成本。改变交付节点和商业模式，从而减少层次和节点，使客户体验更好。不断优化细节，从货架的智能摆放、条码摆放、库位管理、智能配展、智能调度等出发，优化仓配技术，降低成本和操作错误率。对于配送而言，则一定要实现调度的智能化。

（二）电商仓配运作模式

1. 电子商务自建仓配物流

自建仓配物流模式是电子商务企业为了满足自身对于物流业务的需求，自己投资建设的仓配系统，这包含了企业自身投资购置仓储的设备、配置必要的仓储人员、开展自主的管理和经营等。企业自建仓配物流有利于强化对货物仓储的制约能力，可以使企业的仓配物流完全服务于企业自身的战略发展，有利于企业自身的发展和壮大。同时，自建仓配物流也能够有效地提升企业的形象，从长远来看，还能够为企业节约不必要的物流成本。但是仓配物流中心因为投资比较大，建设的周期比较长，所以往往要占用大量的资金，企业需要付出更多的机会成本。自建仓配物流的优缺点如表 9-2-1 所示。

表 9-2-1　自建仓配物流模式优缺点

优点	缺点
（1）更大程度地控制仓配； （2）储位管理更具灵活性； （3）仓配成本较低； （4）最大程度体现企业实力	（1）企业资金投入大，长期占用一部分资源； （2）仓库位置和结构的灵活性差

2. 第三方仓配物流模式

第三方仓配物流模式注重利用社会资源，强化了社会分工协作，并且一般情况下，第三方物流企业的效率要高于企业内部的物流仓储部门，具有专业化和低成本等优势，所以近年来一直受到物流行业的关注。

第三方仓配物流模式的专业化能够很好地消除电商企业在物流配送方面的各种问题，使电商企业能够更加关注自身的网络商品，能够有效降低电商企业的物流仓储和配送成本。第三方仓配物流模式的优点如下。

①完善的内部管理标准。用户在选择合作方的时候通常会要求对方出示其内部管理文件，如设计作业指导书、标准作业手册、商业流程设计说明等。通过这些文件可以了解该第三方的内部操作是否细致、内部流程的标准是否合理。

②合理的报价避免隐性消费。目前电商仓配的收费模式有两类：一类是按操作量进行收费，如入库按件收费、发货按单或件收费、存储按件收费、退货按件收费等；另一类是按耗用资源、开放式合同收费，如使用仓库、人员、设备、耗材进行收费等。对于客户来说，通常会计算自己的物流成本，然后对比第三方物流报价，不同的报价之间会有差异，需要客户将费用核算清楚，避免一些隐性的消费。

③合理有效的项目运营计划。客户在与第三方仓储物流合作之前，首先要明确好自身的需

求、自身需要的工作量、要达到的目标等。根据客户的需求，优秀的第三方会在整体业务层面上设计出一个未来的运营方案。客户可以大致判断方案是否符合自身的需求及方案的合理性。

④先进的项目实施流程。在制订物流方案的基础上，第三方会在采购、销售、财务管控等主要流程上，针对客户的特性做出具体的业务流程和设计。对客户而言，在了解第三方基本情况之后，会比较与其他企业业务流程的差异，分析第三方的仓配管理规律，考虑如何与已有的 ERP 系统对接，财务管理方面也会考虑库存账目核算问题。

知识链接

电商模式的迭代升级对数字化仓配运营的挑战

3. 仓配物流联盟模式

仓配物流联盟模式又称为共用仓配物流。在电子商务条件下，消费者所在地的分散和运输的远距离，已经非常普遍，一个企业无论物流功能多强大，其物流网络也无法覆盖全国所有地区。在这种情况下，构建物流企业之间的仓配联盟可以很好地解决单个物流企业网络覆盖率小的问题；同时，还可以增强仓配物流企业之间的信息交流，有效地实现物流信息的共享。

①仓配物流联盟建立的要点。随着仓配一体化平台的不断涌现，自建物流已不能占据大量的市场份额。仓配物流联盟建立的要点是利用网络平台实现电商企业之间的竞争，竞争会为行业带来更优质的用户体验和价值获得感。随着大数据、智慧管理系统的运用，以及一体化平台的不断发展，电商企业之间的物流仓配一体化平台竞争日趋激烈。

②仓配物流联盟形式创新。仓配物流联盟是基于“互联网+”的高效物流的多式联运、一体化运作、一站式服务、多网协同、多业联动的一体化综合性仓配服务行业，这成为物流联盟形式创新的内驱力。

③资源整合平台建设。目前，在部分区域、行业领域，由政府或企业搭建了一些社会化或专业化的资源整合平台，一体化网络平台在“互联网+”的时代效应下，不断成为物流行业资源共享、降本增效的关键因素。

④企业平台建设效益明显。为了解决行业发展瓶颈问题，仓配物流联盟精选全国优质仓储服务商和城配服务商，共同打造了一个覆盖全国的仓配一体化网络平台共同仓配。这里提供的仓配一体化，既有仓储网络，还有配送网络，从而真正满足仓储物流业一条龙服务的需求。

任务实施

小陈以“如何实现仓配数字化运营管理”为题展开谈论会议，最后总结出了如下步骤。

步骤一：搭建信息数字化平台，实现信息交流共享

进行数字化转型首先要找到转型的突破点和发力点，对物流企业来讲，物流信息是应该关注的重点。企业数字化转型的基础是要实现各类信息的连通，从而实现多环节联运。实现信息的连通并不只是单纯地构建信息平台，而是把业务信息从线下变为线上，推动物流企业的信息数字化转型，精准完整地搭建信息数字化平台，促进传统物流与 IT 技术的深度融合，注重对物流信息的日常收集、整理和分析，尽可能确保企业和客户之间的信息准确和及时沟通，同时加强物流企业内部的信息交流与共享，优化信息沟通形式，提高决策反应敏捷性，进一步提高物流企业信息利用率。

步骤二：完善业务数字化系统，优化业务内外环境

推进企业数字化进程，除了实现基础的数字化转型，还需要在突破点上实现转型。在物流企业中，企业业务的开展、评估与改进都需要充分利用各类信息，信息数字化转型的下一个阶段是业务模式的数字化转型。企业在进行业务模式的数字化转型时应该深入挖掘自身业务的长处与短处，根据自身业务特点实施有针对性的数字化转型举措，完善企业的业务数字化系统，加强数字化技术在物流业务模式中的运用。这要求企业针对关键业务识别物流需求，利用数字化新技术、新手段加快融合业务数字化技术，升级业务运营模式，进而提升企业业务的运营效率。

步骤三：加强供应链数字化建设，提升数字化认知

数字化转型实现价值创造的路径是从物流过程中提炼出来的，物流企业数字化转型的最终目的是实现转型全面化，汇点成线、聚线成面。对物流企业来讲，数字化转型的全面化应立足于物流企业的供应链系统，上到供应端，下到消费端。京东物流在数字化转型过程中充分展示了供应链的优化路径，逐步实现了供应链生态圈企业的多赢。因此，对物流企业来讲，要推动企业数字化转型的全面发展，必须形成清晰的创新思维，加强供应链数字化全流程建设。

步骤四：强化数字人才培养体系，建设数字化团队

企业数字化转型离不开数字化人才的配置，数字化人才和良好的数字化经验团队是实现企业数字化转型的核心竞争力。物流企业要想实现高质量的数字化转型，提高市场地位，必须构建完善的人才机制，集聚具有前瞻知识的人才，纳入信息技术人才队伍，加大科研投入，强化数字人才培养体系，组建高端数字化团队。

素养园地

新体验新风尚　数字经济赋能新消费

课后习题

供应链智慧仓配数字化管理

项目评价

<table>
<tr><td colspan="3">知识巩固与技能提高（40 分）</td><td>得分：</td></tr>
<tr><td colspan="4">计分标准：任务课后习题得分＝2×单选题正确个数+3×多选题与填空题正确个数+1×判断题正确个数+5×简答题正确个数
得分＝项目任务课后习题得分总和/任务数量</td></tr>
<tr><td colspan="3">学生自评（20 分）</td><td>得分：</td></tr>
<tr><td colspan="4">计分标准：初始分＝2×A 的个数+1×B 的个数+0×C 的个数
得分＝初始分/18×20</td></tr>
<tr><td>专业能力</td><td>评价指标</td><td>自测结果</td><td>要求
（A 掌握；B 基本掌握；C 未掌握）</td></tr>
<tr><td>认识数字仓与云仓储</td><td>1. 数字仓与数字仓管；
2. 云技术；
3. 移动云仓储；
4. 云仓储与传统仓储</td><td>A□ B□ C□
A□ B□ C□
A□ B□ C□
A□ B□ C□</td><td>了解仓配中心内部成本管理分类，熟悉仓配中心成本构成，掌握运输、仓储和配送成本的控制，能够对企业仓配运作进行成本核算和控制</td></tr>
<tr><td>熟悉供应链智慧仓配数字化管理</td><td>1. 智慧仓配中心产业应用；
2. 电商仓配一体化；
3. 电商仓配运作模式</td><td>A□ B□ C□
A□ B□ C□
A□ B□ C□</td><td>了解仓配中心智能控制，熟悉电商仓配一体化模式的转变，掌握仓配数字化应用管理和电商仓配运作模式</td></tr>
<tr><td>职业道德思想意识</td><td>1. 综合应用能力；
2. 与时俱进，开拓创新</td><td>A□ B□ C□
A□ B□ C□</td><td>适应不断变化的市场需求，保持敏锐的洞察力和灵活的思维</td></tr>
<tr><td colspan="3">小组评价（20 分）</td><td>得分：</td></tr>
<tr><td colspan="4">计分标准：得分＝10×A 的个数+5×B 的个数+3×C 的个数</td></tr>
<tr><td>团队合作</td><td>A□ B□ C□</td><td>沟通能力</td><td>A□ B□ C□</td></tr>
<tr><td colspan="3">教师评价（20 分）</td><td>得分：</td></tr>
<tr><td>教师评语</td><td colspan="3"></td></tr>
<tr><td>总成绩</td><td></td><td>教师签字</td><td></td></tr>
</table>

参考文献

[1] 牛东来．配送中心实施要点系列讲座⑥：第六讲配货作业的实施与分析［J］．商场现代化，2001（08）：21-22.
[2] 黄河．K 公司智慧仓储和配送研究［D］．南昌：南昌大学，2020.
[3] 周兴建，冷凯君．现代仓储管理与实务［M］．3 版．北京：北京大学，2021.
[4] 党争奇．智能仓储管理实战手册［M］．北京：化学工业出版社，2020.
[5] 李海民，薛刚．物流配送实务［M］．3 版．北京：北京理工大学出版社，2020.
[6] 柳荣．智能仓储物流、配送精细化管理实务［M］．北京：人民邮电出版社，2020.
[7] 郭冬芬．仓储与配送管理项目化实操教程［M］．北京：人民邮电出版社，2016.
[8] 金跃跃，刘昌祺，刘康．现代化智能物流装备与技术［M］．北京：化学工业出版社，2020.
[9] 张晓川．现代仓储物流技术与装备［M］．北京：化学工业出版社，2013.
[10] 邱江妮．湖北中百仓储连锁超市配送中心选址和配送路径设计［D］．秦皇岛：燕山大学，2020.
[11] 霍艳芳，齐二石．智慧物流与智慧供应链［M］．北京：清华大学出版社，2020.
[12] 卢桂芬，王海兰．仓储与配送实务［M］．2 版．北京：中国人民大学出版社，2018.
[13] 李锋皋．ABC 分类法在企业库存管理中的应用探讨［J］．会计师，2012（13）：40-41.
[14] 杨田华．对存货经济批量模型几个专门问题的探讨［J］．河南职业技术师范学院学报，2002（2）：108-112.
[15] 傅静芳．小型制造企业如何改进利用 MRP 制订采购计划［J］．宁波工程学院学报，2008（03）：9-11.
[16] 王宗君．现代物流管理方法在企业物资管理中的应用［J］．中国高新技术企业，2008（11）：70+75.
[17] 施先亮．智慧物流与现代供应链［M］．北京：机械工业出版社，2020.
[18] 王猛，魏学将，张庆英．智慧物流装备与应用［M］．北京：机械工业出版社，2021.
[19] 陈小芹．我国快递最后一公里配送方案设计［J］．物流工程与管理，2018，40（07）：116-117.
[20] 刘常宝．现代仓储与配送管理［M］．北京：机械工业出版社，2020.
[21] 奚倩倩．面向电商企业的仓配一体化服务模式研究［J］．物流工程与管理，2016，38（12）：57-58+96.
[22] 吴海军．对物流仓储管理机制优化策略的分析［J］．营销界，2019（13）：11.
[23] 沈羿．优化仓储中心配送策略的途径探讨［J］．商场现代化，2016（12）：39-40.
[24] 陆柏．软件即服务型运输管理系统的优化［J］．物流工程与管理，2021，43（06）：42-44.
[25] 卢少平，王林．物流信息技术与应用［M］．武汉：华中科技大学出版社，2009.
[26] 李海民，薛刚．物流配送实务［M］．北京：北京理工大学出版社，2019.
[27] 董政．天长市大达物流组织变革应对策略研究［D］．兰州：兰州大学，2019.
[28] 易梁武．久凌储运大客户开发方案设计与实施研究［D］．武汉：华中科技大学，2017.
[29] 魏学将，王猛，张庆英．智慧物流概论［M］．北京：机械工业出版社，2020.
[30] 周兴建，蔡丽华．现代物流管理概论［M］．北京：中国纺织出版社，2016.
[31] 王继祥．中国智慧物流五大新发展理念［J］．中国工业和信息化，2023（Z1）：15-21.
[32] 罗静．实战供应链：业务梳理、系统设计与项目实战［M］．北京：电子工业出版社，2022.